Thomas Dienberg

Sinn finden – Kraft schöpfen

Grundkurs christliche Spiritualität

Thomas Dienberg

Sinn finden – Kraft schöpfen

Grundkurs christliche Spiritualität

kbw bibelwerk

1. Auflage 2022
© 2022 Verlag Katholisches Bibelwerk GmbH, Stuttgart
Alle Rechte vorbehalten

Für die Texte der Einheitsübersetzung der Heiligen Schrift,
© 2016 Katholische Bibelanstalt GmbH, Stuttgart
Alle Rechte vorbehalten

Umschlaggestaltung: Finken & Bumiller, Stuttgart
Umschlagmotiv: © shutterstock.com, yoshio511
Baumgrafik im Innenteil: © brgfx – www.freepik.com
Gestaltung und Satz: Olschewski Medien GmbH, Stuttgart
Hersteller gemäß ProdSG:
Druck und Bindung: Finidr s.r.o., Lípová 1965, 73701 Český Těšín,
Tschechische Republik
Verlag: Verlag Katholische Bibelwerk GmbH,
Silberburgstraße 121, 70176 Stuttgart

www.bibelwerkverlag.de
ISBN 978-3-460-25561-6

Inhalt

Einleitung	8
I. Spiritualität und Sinnsuche oder:	
Aus den Quellen leben	12
EINBLICK UND GESCHICHTE	12
Grundlagen und Quelle christlicher Spiritualität:	
die Heilige Schrift	18
Christliche Spiritualität oder: Von der Nachfolge	
Christi	24
Der Versuch einer Definition	27
Spiritualität und Kirche	30
Unterscheidung der Geister	37
Eine gesunde Spiritualität	40
EINLADUNG ZUR REFLEXION UND ÜBUNG	44
II. Umgang mit Angst und Unsicherheit	**48**
EINBLICK UND GESCHICHTE	48
Spiritualität und Angst	56
Gelassenheit, Geduld und Großmut – die drei G	61
Die Angst vor dem Altern und dem Tod oder:	
Von der Kunst des Sterbens	68
Spiritualität und Lebenslust	77
EINLADUNG ZUR REFLEXION UND ÜBUNG	83

III. Ausdrucksformen des Glaubens   86
EINBLICK UND GESCHICHTE   86
Gebet   87
Meditation und Kontemplation   97
Mystik und Askese   103
Geistliche Trockenheit   111
Über die geistliche Begleitung und Exerzitien   115
Spiritualität und Kunst   122
EINLADUNG ZUR REFLEXION UND ÜBUNG   129

IV. Einsatz für Leben und Spiritualität   132
EINBLICK UND GESCHICHTE   132
Prophetisch sein   141
Das Seufzen der Schöpfung   149
Eine Schöpfungsspiritualität   151
Prophetie und Schöpfung   158
Gerechtigkeit, Frieden, Bewahrung der Schöpfung   162
EINLADUNG ZUR REFLEXION UND ÜBUNG   171

V. Leben in Beziehungen   174
EINBLICK UND GESCHICHTE   174
Gemeinschaft leben   181
Spiritualität und Digitalisierung   187
Vulnerabilität und Resilienz   194
Spiritualität und Heimat   201
Geistliche Freundschaft   205
EINLADUNG ZUR REFLEXION UND ÜBUNG   209

VI. Umkehr und Alltag — 211
EINBLICK UND GESCHICHTE — 211
Grenzen erfahren und eine Spiritualität des Scheiterns leben — 219
Die spirituelle Grundtugend der Demut — 223
Die Pilgerreise des Lebens — 229
Von der Macht der Spiritualität — 234
EINLADUNG ZUR REFLEXION UND ÜBUNG — 237

Auf den Punkt gebracht — 240
Spiritualität im Alltag und im Beruf leben — 240
Spiritualität als Lebensfreude — 245

Weiterführende Literatur — 248
Quellen — 248
Geschichte und Systematik — 249
Praxis und Reflexion — 250

Autor — 256

Einleitung

Ein alter Baum mit dickem Stamm. Seine Äste reichen in schwindelerregende Höhen. Er strotzt vor Leben, mit all den Blättern und seinem Wurzelwerk. Die Sonne dringt durch das Geäst und die Blätter, nährt sie und gibt ihnen Kraft.
Ein Sinnbild für Spiritualität: Festigkeit, Wurzeln, Früchte und Blätter, genährt von der Sonne – vieles von dem, worum es in diesem Buch geht, drückt dieses Bild auf dem Buchumschlag aus. Wenn ich unter einem solchen Baum stehe, dann träume ich manchmal, bin ganz ergriffen von dem Wunderwerk der Natur – und auch von der Spiritualität, die mich nun schon so lange begleitet.

Ich hätte mir nie träumen lassen, dass ich einmal Spiritualität, geschweige denn Theologie der Spiritualität, studieren würde. Als meine Ordensoberen mich vor mehr als 30 Jahren fragten, ob ich mir nach meinem theologischen Grundstudium ein Doktorat in (Theologie der) Spiritualität vorstellen könne, da zuckte ich spontan zurück. Ich konnte wenig damit verbinden. Ein Mitbruder fragte mich sogar, ob ich nun ‚Gebetsbuchwissenschaften' studieren würde. Das sagt alles aus über die Einschätzung von Spiritualität zu der damaligen Zeit. Eigentlich konnte ich es mir nicht vorstellen, habe mich dann aber trotzdem darauf eingelassen. Es war etwas Neues, es forderte mich heraus – und ich konnte frei wählen, wo und wie ich es studieren wollte.
Im Nachhinein war das eine der besten Entscheidungen meines Lebens. Das Studieren, das Nachdenken und auch das Ringen um eine gelebte Spiritualität prägte und prägt noch

immer mein Leben. Es ist eine Wirklichkeit im Leben, die mit allem, was wichtig und Teil dieses Lebens ist, zu tun hat. Keine Dimension ist davon ausgenommen. Denn Spiritualität hat es mit Suche und Sinn, mit Sehnsucht nach dem ‚Mehr im Leben' zu tun. Spiritualität verbindet und zeigt Zukunft auf.

So möchte ich Sie, liebe Leser:innen, auf eine kleine Reise mitnehmen; eine Reise durch das Leben, eine Reise mit schönen und erstaunlich inspirierenden Seiten; eine Reise auf unvermuteten und neuen Wegen; eine Reise mit so manchen Begegnungen: mit Gestalten der Vergangenheit und Gegenwart, mit Personen aus Ihrem Umfeld – und letztlich die Begegnung mit Ihnen selbst.
Das Buch erhebt keinen Anspruch auf Vollkommenheit. Manche Themen fehlen, die anderen Theologen und Suchenden vielleicht wichtig sind. Einige Themen sind persönlich geprägt und finden von daher ihren Platz im Grundkurs. Es zeigt aber auch, dass die christliche Spiritualität ein ungeheuer großes Feld und kaum zu vereinheitlichen ist – und eine Vielfalt erlaubt und ermöglicht, die sich hier in meinen Gedanken widerspiegelt. Auch die Auswahl der großen und kleinen Gestalten unserer Spiritualitätsgeschichte ist meine Auswahl. Wichtige Gestalten fehlen. Andere, die sich in diesem Buch finden lassen, überraschen vielleicht. Die franziskanische Spiritualität kommt ein wenig stärker vor als andere, da es nun einmal die Spiritualität ist, in der ich mich beheimatet fühle. Das Buch ist kein Lexikon und kein Nachschlagewerk. Es ist mein Versuch, das Wesentliche der christlichen Spiritualität kurz und nachvollziehbar darzule-

gen und Sie, liebe Leser:innen einzuladen, über Ihre eigene Spiritualität nachzudenken und ihr mithilfe meiner Gedanken nachzuspüren.

Dazu dienen vor allem auch die biblischen Texte, die Fragen und Übungen, die Sie jeweils am Ende der Kapitel vorfinden.

Im Laufe des Buches stelle ich auch im Text immer wieder Fragen. Manche werden beantwortet, manche bleiben unbeantwortet. Manchmal ist eine gute Frage einfach besser als eine schnelle, fromme oder auch falsche Antwort. Auf manche meiner Fragen finde ich keine Antwort. Spiritualität hat es eben nicht mit fertigen Antworten zu tun, sie weiß nicht auf alles eine Antwort. Und sie bewährt sich nicht in klugen Reden, sondern im gelebten Tun.

Am Ende des Buches finden Sie einige Anmerkungen und Endnoten. Zudem habe ich auch Literatur angeführt, die aber keinen Anspruch auf Vollständigkeit erheben soll: Es sind wichtige Quellen aus der christlichen Spiritualitätsgeschichte, Literatur, die sich mit der Geschichte der christlichen Spiritualität beschäftigt sowie Bücher, die eine Anregung zur Gestaltung der eigenen Spiritualität geben und zum Nachdenken und Stöbern einladen wollen.

Ich erhebe mit meinen Ausführungen keinen wissenschaftlichen Anspruch. Es sind die Gedanken, die mir im Laufe meiner vielen Jahre in der Beschäftigung mit der christlichen Spiritualität wichtig geworden sind: für mich selbst, für meine theologische Auseinandersetzung, vor allem aber für die Verkündigung und Seelsorge, und damit für und in der Begegnung mit vielen Menschen, die meine Spiritualität so sehr bereichert haben. Am überzeugendsten ist immer noch die gelebte Spiritualität – da lerne ich viel von den Menschen, die mir begegnen. Dafür bin ich unendlich dankbar.

Nun starte ich die Reise und mache mich gemeinsam mit Ihnen auf die Suche nach dem, was Spiritualität ist. Ich hoffe, dass Sie an der einen oder anderen Stelle zum Nachdenken angeregt werden, und dass es Ihnen beim Lesen so wie mir beim Schreiben ergeht: Sie erkennen, dass die christliche Spiritualität ein ungeheurer Schatz ist, Ihnen eine unglaubliche Vielfalt, eine große Freiheit und auch Lebensfreude mit an die Hand gibt, um in dieser Welt nicht nur bestehen zu können, sondern das Leben und die Welt voller Freude und Vertrauen, Zuversicht und Hoffnung lebendig und gelungen gestalten zu können. Ich würde mich sehr freuen, wenn meine Gedanken Ihnen dabei helfen, den Sinn und die Kraft in Ihrem Leben zu stärken, deutlicher zu sehen und lebendiger zu gestalten.

Ganz herzlich danke ich Heinz Finking. Wie immer hat er auch dieses Buch kritisch und inspirierend begleitet und hervorragend Korrektur gelesen.

Münster, Ende Januar 2022
Br. Thomas Dienberg

I. Spiritualität und Sinnsuche oder: Aus den Quellen leben

Fragen
Ist Spiritualität nur etwas für Fromme oder Esoteriker, für Weltentrückte und Versponnene? Was ist Spiritualität überhaupt? Kann man auch ohne Religion, ohne Kirche und Institution spirituell leben?

EINBLICK UND GESCHICHTE

Spiritualität ist in aller Munde. Spiritualität wird gesucht und gelebt, von Gruppen und einzelnen. Sie wird vor allem mit Religion und Kirche in Verbindung gebracht. Aber auch außerhalb von Religionen wird von Spiritualität gesprochen. Unternehmen sprechen von ihrer Spiritualität, also ihrem Unternehmensgeist. Spirituell ist, wer Yoga und Qi Gong praktiziert, wer in den Wald und in die Natur geht und sich dabei mit allem, was ihm oder ihr begegnet, in Verbindung und Beziehung setzt. Spiritualität wird von den Frommen in Anspruch genommen, genauso aber auch von Esoterikern, Nicht-Religiösen, Organisationen und Unternehmen. Gibt es etwas, was all diese Gruppen und Strömungen miteinander verbindet? Ein gemeinsamer Geist, ein gemeinsamer Spirit – oder geht es einfach nur um einen irgendwie gearteten

Geist? Spiritualität ist zu einem Begriff geworden, den manche nicht mehr hören können. Denn er wird so häufig benutzt, dass er schon wieder alles und nichts aussagt. So wie die Worte ‚Gott' oder auch ‚Liebe' ist er zu einem Containerbegriff geworden: Es passt so vieles in einen Container. Es wird unbesehen alles Mögliche hineingeworfen, und am Ende findet man die unterschiedlichsten Gegenstände, Dinge und Inhalte, die überhaupt nicht zusammenpassen. Ein großes Sammelsurium bleibt übrig. So scheint es auch dem Begriff der Spiritualität ergangen zu sein. Hinzu kommt, dass er in den Kirchen und Religionsgemeinschaften immer wieder wie das Zauber- oder Allheilmittel aus dem Hut gezogen wird, wenn es um Veränderungen, Begegnungen mit den Herausforderungen der Welt oder auch Umstrukturierungen geht. Dann heißt es immer wieder: „Auf die Spiritualität kommt es an"; „zuerst die Spiritualität und dann die Strukturen"; „die Spiritualität ist das Wichtigste und zeichnet uns aus" – doch ein genauerer Blick entlarvt das Gesagte, denn die Wirklichkeit sieht oft ganz anders aus. Strukturen gehen vor, Veränderungen werden am Reißbrett geplant – und es ist wenig von einem Geist, von Spirit zu spüren. Spiritualität ist dann nicht mehr als ein Aufruf oder ein Wunschdenken. Insgesamt entsteht der Eindruck, dass das Wort ‚Spiritualität' etwas ausdrückt, was wichtig ist, ansonsten würde es nicht so oft benutzt werden. Der Gebrauch ist jedoch so unterschiedlich, manchmal auch missbräuchlich, dass Spiritualität am Ende nur noch eine weitere Worthülse zu sein scheint.

Spiritualität ist ein Sehnsuchtsbegriff in einer Welt, die mehr und mehr verwundet, zerbrechlich bis zerbrochen zu sein scheint. Menschen sehnen sich nach Heil und Ganz-Sein, nach Halt und Zuversicht. Spiritualität scheint all das auszudrücken. Verbunden sein mit allem, was ist und lebt, eine Einheit spüren mit der Welt und der Natur, von der sich Mensch und Gesellschaft immer mehr zu entfremden scheinen – das sind Dimensionen, die mit Spiritualität verbunden werden. Ist Spiritualität dann auch eine Dimension der Transzendenz, einer Verbundenheit mit dem, was der Welt und dem Menschen Leben einhaucht und gibt? Ist Spiritualität immer mit etwas Göttlichem verbunden? Was also meint Spiritualität eigentlich wirklich? Was ist das? Wie lässt sich dieser Begriff und die damit zum Ausdruck gebrachte Wirklichkeit ins Wort fassen, und zwar so, dass man es auch versteht, also jenseits einer wissenschaftlichen Theologensprache? Was ist so bedeutsam an diesem Wort, was spricht sich darin aus?

Spiritualität hat mit der Grundinspiration im Leben eines Menschen zu tun. Spiritualität ist das, was ein Mensch auf die Frage antwortet: Wes Geistes Kind bist Du? Also: Was beseelt Dich, was gibt Dir Halt, was inspiriert Dich und Dein Leben? Diese Aspekte berühren die Existenzmitte jedes Menschen, egal welcher Religion, Konfession oder Weltanschauung. Somit ist Spiritualität nicht nur etwas für Fromme, für Esoteriker oder religiös Angehauchte. Spiritualität ist ein Wort für die Quelle und die Lebensenergie im Leben eines (jeden) Menschen.

Ein Blick in die Geschichte dieses Wortes kann dabei helfen, noch genauer und präziser zu formulieren, was Spiritualität ist, vor allem auch: Was ist christliche Spiritualität im Vergleich zu anderen Spiritualitäten? Wie prägt sie den Menschen? Ist Spiritualität vielleicht sogar etwas, das in allen Menschen angelegt ist? Kommt es nur darauf an, es sich bewusst zu machen und sein Leben entsprechend zu gestalten? Es mag viele verwundern, aber der Begriff Spiritualität kommt ursprünglich aus dem christlichen Kontext. In der heutigen Zeit, so scheint es, wird den Kirchen und oftmals auch den anderen institutionellen Religionen, wenn nicht die Spiritualität, so doch zumindest die Kompetenz zur Spiritualität abgesprochen. Gottesdienstliche Räume und Liturgien werden als statisch und kaum lebendig erfahren. Und doch ist Spiritualität ein christlich geprägter Begriff. Was also bedeutet christliche Spiritualität?

Zum ersten Mal in der Geschichte wird der Begriff vom Apostel Paulus in der Bibel benutzt. Paulus bezeichnet jeden Christen und jede Christin als spirituell, also als Menschen, die vom Geist beseelt sind. In dem Wort ‚Spiritualität' steckt das lateinische Wort ‚spiritus': Geist. Im Griechischen, der Sprache des Neuen Testaments, steht für den Geist das Wort ‚pneuma'. Das griechische Wort ‚pneumatikos' (im Lateinischen mit ‚spiritualis' übersetzt), das Paulus in seinen Briefen im Neuen Testament in der Bibel benutzt, bedeutet so viel wie ‚geistig, geistlich' oder auch ‚vom Geist durchwirkt', ‚vom Geist bestimmt'. „Ihr aber seid nicht vom Fleisch, sondern vom Geist bestimmt, da ja der Geist Gottes in euch wohnt" (Röm 8,9). Der Geist Gottes also ist die Wirkkraft im Leben des Christen und bestimmt das Leben der Christen. Doch was heißt das?

Für den Apostel Paulus ist das eine Bezeichnung, welche die Existenzweise des Christen ausdrückt: Christsein bedeutet, dass der Geist Gottes den Menschen führt, ihn belebt und trägt. In der Taufe ist jeder Christ und jede Christin mit diesem Geist ausgestattet worden – und kann sich darauf berufen. Sich nicht von sich selbst oder anderen abhängig machen, sich nicht von dem Materiellen und der Materie abhängig machen – das bedeutet, vom Geist Gottes beseelt zu sein. Christsein bedeutet dann zu wissen, dass diese Welt nicht alles ist und es eine Welt in der Welt, hinter der Welt und über dem Leben in dieser Welt hinaus gibt. Hoffnung, Zuversicht und der Glaube an eine Zukunft, die Gott verheißt, sind daraus resultierende Tugenden. Von daher macht sich der Christ nicht von dieser Welt abhängig. Die Kirchenväter beschrieben es mit der Aussage, dass der Christ zwar in dieser Welt sei, aber nicht von dieser Welt oder auch: „Christen sind Bürger zweier Reiche: Himmel und Erde, Diesseits und Jenseits. Hier sind sie zuhause, dort gehören sie hin."[1]

Insofern, geschichtlich betrachtet, ist Spiritualität der ‚Terminus technicus' für die christliche Existenz, also nicht nur eine Haltung, eine Erfahrung, ein Gefühl oder die Gestaltung des Lebens für einige wenige Augenblicke am Tag oder in der Woche. Der sonntägliche Kirchgang oder andere Momente in der Kirche, sind nur Teile einer spirituellen Lebenshaltung. Diese umfasst mehr, eben das gesamte Leben, das gesamte Tun und Lassen, Haltungen und die Gestaltung des Alltags, die Begegnungen mit anderen Menschen, Solidarität und Liebe. Im gelebten Leben, nicht nur in den Gottesdiensten oder der Meditation, zeigt sich das Antlitz der konkreten

Spiritualität, die Liebe zum Leben, zur Welt und zum anderen. Alle Dimensionen des Menschseins sind mit diesem christlichen Verständnis der Spiritualität verbunden. Der Mensch wird als Ganzer und als Ganzes gesehen mit Kopf und Herz, mit Sinn, Verstand und Gefühl, mit Körper und Leib.

Paulus ist in seinen Ausführungen zum Christsein vor allem von einer Naherwartung geprägt, d.h. er rechnet mit der baldigen Wiederkehr des auferstandenen Jesus. Die Endzeit und damit auch das Endgericht stehen für Paulus nahe bevor, und für die Christ:innen bedeutet das, dass sie sich vorzubereiten haben. Die Christenheit befindet sich für Paulus in einer Zeit des Advents, einer Zeit der Erwartung und Hoffnung. Er fordert von daher die Tugenden der Aufmerksamkeit und der Wachsamkeit, um bereit zu sein, wenn Gott kommt. Paulus scheint davon auszugehen, dass noch zu seinen Lebzeiten diese Endzeit und damit das Reich Gottes eintreten werden: „Denn dies sagen wir euch nach einem Wort des Herrn: Wir, die Lebenden, die noch übrig sind bei der Ankunft des Herrn, werden den Entschlafenen nichts voraushaben. Denn der Herr selbst wird vom Himmel herabkommen, wenn der Befehl ergeht, der Erzengel ruft und die Posaune Gottes erschallt. Zuerst werden die in Christus Verstorbenen auferstehen; dann werden wir, die Lebenden, die noch übrig sind, zugleich mit ihnen auf den Wolken in die Luft entrückt zur Begegnung mit dem Herrn. Dann werden wir immer beim Herrn sein. Tröstet also einander mit diesen Worten!" (1 Thess 4,15-18). Paulus wird zu einem eindringlichen Mahner. Hier wird auch deutlich, warum Paulus das

Materielle scheinbar abwertet und davor mahnt, sich nicht von den Dingen der Welt abhängig zu machen. Ihm geht es um die klare Ausrichtung auf die Wiederkehr Christi, und alles, was davon ablenkt, muss vermieden werden. Die Zukunft liegt bei Gott. Die Zukunft dieser Welt ist bei Christi Wiederkehr in Gottes Zukunft aufgehoben. In seinen Schriften ist diese Spannung zwischen dem Schon und Noch Nicht, der Gegenwart und der erhofften und ersehnten Zukunft bei Gott, die Spannung zwischen dem Jetzt und der Endzeit zu spüren. Im Laufe der Geschichte mit dem Ausbleiben der Wiederkehr Christi, so wie Paulus sie ersehnt hat, nimmt diese Spannung zwar nicht ab, aber die Perspektive ändert sich und der Blick der Christ:innen richtet sich auf die Gegenwart Jesu in der Welt und der Verheißung der Zukunft.

Grundlagen und Quelle christlicher Spiritualität: die Heilige Schrift

Franziskus von Assisi (1192-1226) ist eine der großen Lichtgestalten der christlichen Spiritualität. Viele kennen zumindest seinen Namen, auch wenn sie mit dem Christentum nichts oder nichts mehr zu tun haben. Papst Franziskus hat seinen Namen in Anlehnung an diesen kleinen Mann aus Assisi gewählt und damit ein Programm übernommen, das seinesgleichen sucht. Franz von Assisi hat Kreise gezogen, bis heute. Er berührt immer noch Menschen, die seinen Weg der Nachfolge Jesu wählen. Er steht für eine radikale Neuorientierung im Leben und in der Kirche. Vom reichen Jüngling einer angesehenen Familie in Assisi verwandelte er sich in einen Bettler mit einer einfachen Kutte, der von dem lebte, was die Menschen ihm gaben. Er wollte radikal Jesus nachfolgen – und tat dies in so eindrücklicher Weise, dass schon bald andere ihm auf dem Weg der Armut in einer brüderlichen Gemeinschaft folgten. Einer der ersten Biographen des heiligen Franziskus, Thomas von Celano, erzählt eine interessante Begegnung des Heiligen mit einem Kardinal in Rom: „Ein andermal, als er in Rom im Haus eines Kardinals weilte, wurde er über dunkle Schriftstellen gefragt, und er brachte so tiefsinnige Gedanken ans Licht, dass man hätte meinen können, er sei immer schon in der Schrift daheim gewesen. Der Herr Kardinal sagte zu ihm: ‚Ich stelle Fragen an dich, nicht als an einen Gelehrten, sondern als an einen Mann, der den Geist Gottes besitzt. Die Ansichten, die du äußerst, nehme ich deshalb gerne an, weil ich weiß, dass sie von Gott allein stammen.'"[2] Man hätte meinen können, dass er schon immer in der Schrift daheim gewesen sei, so charakterisiert der Biograph Franziskus. Es sind eindrückliche Worte, geht es doch um die Grundlage der christlichen Spiritualität, nämlich die Heilige Schrift. Franziskus war in der Schrift daheim. Sie war seine Wohnung, in der er sich wohl fühlte, die ihm Heimat und Halt gab. Sie war die Quelle seines Lebens. So konnte Franziskus dem Kardinal in Rom auch die dunklen Seiten der Schrift nennen, also wahrscheinlich wohl die Stellen, die schwer verständlich und womöglich auch theologisch fragwürdig sind. Er kannte sich aus in seiner Wohnung. Er kannte jede Ecke und jeden Winkel und wusste insofern auch die für andere schwer verständlichen Stellen der Schrift zu deuten. Für ihn war die Schrift die Quelle seines Lebens. Es ist eine starke Zuschreibung von

Thomas von Celano: Franziskus hat in der Bibel seine Heimat gefunden. Damit umschreibt er einen Aspekt christlicher Spiritualität, der elementar ist: Christliche Spiritualität ist immer eine biblische Spiritualität. Die Bibel ist Quelle und Nahrung christlichen Lebens. In ihr hat sich Gott offenbart. Damit ist auch ein Anspruch formuliert, nämlich dass sich christliches Leben immer wieder aus der Schrift speist. Sie lesen, so Franziskus, bedeutet, die Worte zu ‚verkosten‘: sie nicht einfach nur verstandesmäßig zu begreifen suchen, sie vielmehr verinnerlichen, ihnen nachspüren, sie als Nahrung des Lebens zu verstehen. Die Worte der Schrift lesen, sie meditieren, ihnen nachspüren, sie zu beten – auch das ist elementarer Bestandteil christlicher Spiritualität.

Andere große geistliche Gestalten der christlichen Spiritualitätsgeschichte lebten ähnlich verwurzelt in der Bibel, so z.B. die heilige Gertrud von Helfta (1256-1302) im 13. Jahrhundert. Sie lebte als Zisterzienserin im heutigen Osten Deutschlands inmitten einer Gemeinschaft von Schwestern, die geistliche Gesprächspartnerinnen waren und so etwas wie einen spirituellen und auch intellektuellen Schwerpunkt im Deutschland der damaligen Zeit bildeten. Für Gertrud, die schon als junges Mädchen ins Kloster nach Helfta kam, war die Bibel grundlegend in ihrer alltäglichen Erfahrung. Die über mehrere Jahre erfolgte Ausbildung in den Dingen des klösterlichen Alltags und in den geistlichen Übungen, vor allem aber die tägliche, fast schon ‚Einverleibung‘ der Bibel in der Liturgie, führten dazu, dass Gertrud, wie viele andere auch in ihrer Zeit, dem armen und liebenden Christus, wie er sich in den Evangelien zeigte, nachfolgen wollte.

Viele taten es, indem sie sich auf die Wanderschaft begaben und radikal Christus nachzufolgen versuchten. Manch einer folgte den Aufrufen der Kirche und begab sich im Gefolge der Kreuzzüge auf eine Wallfahrt zu den Stätten des irdischen Jesus. Gertrud lebte ihre Nachfolge im täglichen Gehorsam, im alltäglichen Gebet und in der Liturgie, in der Schriftlesung und in der Liebe ihren Schwestern gegenüber. Das Wort Jesu: „Wenn einer hinter mir hergehen will, verleugne er sich selbst, nehme täglich sein Kreuz auf sich und folge mir nach" (Lk 9,23), fand in ihrem alltäglichen Klosterleben seine Entsprechung.

„Vater [...] nicht mein, sondern dein Wille soll geschehen" (Lk 22,42): Für Gertrud war das das klösterliche Leben. Und sie spricht gar davon, dass sich die Wundmale Jesu ihr innerlich einprägten, wie äußerlich einem Franziskus. Passion und Kreuz, darin aber die Auferstehung und Liebe, wie sie sich in den Auferstehungserzählungen der Evangelien zeigen, waren für Gertrud treibende Kräfte ihres Lebens in der Nachfolge.

In ihren „Exerzitica spiritualia" (geistliche Übungen), im Übrigen keine Exerzitien im heutigen Sinne, vielmehr sieben Betrachtungen mit entsprechenden Gebetsübungen, hat sie die Sprache der Bibel völlig verinnerlicht. Anspielungen, Zitate, Bilder und Personen der Schrift geben sich die Hand. Schön aufzeigen lässt sich das z.B. schon an der ersten Übung, die sich an der Taufe als ein grundlegendes Ereignis im Leben eines Christen orientiert. Gertrud durchwebte ihren Text immer wieder mit Gebeten, die sie an den Symbolen der Taufe orientierte und mit Assoziationen und Erinnerungen an die Bibel mischte. Es taucht so z.B. die Samariterin am Jakobsbrunnen auf (Joh 4,1-26), Gott ist die Quelle des Lebens (Ps 36,10), der Christ auf seinen Tod getauft (Röm 6,3), der Christ möge Christus als Gewand anziehen (Gal 3,27), um nur einige der vielen Anspielungen zu nennen. Gertrud hat den Geist der Schrift auch in der Sprache verinnerlicht und ihre eigenen Erfahrungen im Sinne der Schrift betrachtet. Die eigenen Erfahrungen haben sich an der Schrift zu messen.

Es ging ihr in allem darum, die Mystik sozusagen auf die Erde zurückzuholen, also nicht das irdische Leben hinter sich zu lassen, sondern die Begegnung mit dem Göttlichen ‚fruchtbar' werden zu lassen im alltäglichen Leben. Gertrud schöpfte dafür aus der Bildwelt der Bibel. Sie dachte vor allem metaphorisch und symbolisch, dabei ging sie sehr kreativ mit den Schrifttexten um, die sie in der Liturgie hörte. Bei Gertrud fällt immer wieder auf, wie sehr sie in der Bibel geradezu beheimatet war. Gertrud lebte in und mit biblischen Texten, die ihr tagein und tagaus in der Liturgie, in der Meditation und im Gebet begegneten.

Nicht die großen intellektuellen Kenntnisse nähren das geistliche Leben, sondern das Leben in und mit der Bibel. Wie sehr sind die Christ:innen von heute beheimatet in der Schrift, so dass sie, wie Gertrud, sich in ihr bewegen, aus ihr leben und das eigene Leben immer wieder mit den Augen der Bibel zu lesen versuchen?

Konkret bedeutet das, die Aufmerksamkeit zu schulen und regelmäßig die Bibel zu lesen, sie zu studieren und sie auf ihre Bedeutung für den eigenen und den Alltag der Gemeinde zu hinterfragen.

Ein weiterer Impuls, der sich aus der Beschäftigung mit der hl. Gertrud ergibt, liegt in der Sprache. Gertrud spricht eine biblische Sprache, voller Bilder und Erzählungen über die Gegenwart Gottes. Welche Sprache sprechen die Christen, spricht die Kirche heute? Ist diese Sprache biblisch zu nennen? Wäre die Sprache biblischer, d.h. erzählender und einfühlender, würde dann nicht vielleicht auch in der Kirche eine Sprache gesprochen, die mehr berührt und anrührt, die Menschen in ihrem Innersten trifft und nicht abschreckt? Und schließlich: Obgleich Gertrud mystische Erfahrungen hatte, versuchte sie nicht, den Leser dazu zu bringen, die gleichen Erfahrungen zu machen. Aufgrund ihrer Erfahrungen, und das ist sehr biblisch, versuchte sie, die Leser:innen auf die Gegenwart Gottes im eigenen Leben zu verweisen. Es geht also nicht um die großen und hellstrahlenden Erfahrungen, die der Mensch ohnehin nicht provozieren kann. Es geht nicht um das Erlebnis, sondern um die alltägliche Gestaltung des eigenen Lebens aus der Schrift und dem Glauben heraus, und um die Umsetzung der Liebe, die gelebt und weitergegeben werden will, mit oder ohne mystische Erfahrungen. „Ahmt Gott nach!" (Eph 5,1) – darum ging es Gertrud, darum ging es anderen Mystiker:innen in der Geschichte. So stellen sich im Umgang mit der Bibel wichtige Fragen: Welche Rolle spielt die Bibel im Alltag? Ist sie nur schöne und fromme Erinnerung – oder provokativer Stachel? Steht sie nur im Regal, oder wird sie auch gelebt, ganz persönlich? Ist sie nur schöne Literatur, oder auch Ratgeber? Ist sie das Buch des Lebens?

Christliche Spiritualität oder: Von der Nachfolge Christi

Mit der Verschiebung und dem Ausbleiben der Wiederkunft Christi rückt das Tun Jesu noch mehr in den Vordergrund. Die christlichen Gemeinden und die einzelnen Christ:innen orientieren sich in ihrem Lebenswandel an der Person Jesu. Er ist der Maßstab ihres Handelns, ihrer Haltungen und ihrer Spiritualität. Christsein heißt nun nichts anderes, als die Nachfolge Jesu zu leben. Diese Nachfolge Jesu wird durch die Jahrhunderte mit ganz verschiedenen Akzenten gelebt. Es gibt viele verschiedene Formen, eine christliche Spiritualität zu leben. Die Tradition und Geschichte sind reich an Gestalten und Schulen der Spiritualität. Menschen machten sich auf den Weg, getragen von einer Erfahrung, die sie so tief im Innersten berührte, dass sie ihr Leben verändert haben, zum Teil radikal. Andere Menschen schlossen sich ihnen an, und es entstanden große Bewegungen, die bis heute Nachahmer und Menschen finden, die sich von dieser Spiritualitätsform inspirieren lassen; zu nennen wären hier z.B. die Wüstenväter und Wüstenmütter im 3. bis 6. Jahrhundert nach Christus, die benediktinische Spiritualität, die sich auf Benedikt von Nursia beruft; die franziskanische Spiritualität, die sich auf Franziskus und Klara von Assisi beruft; die ignatianische Spiritualität, die sich auf Ignatius von Loyola beruft oder auch die Devotio Moderna, eine Laienbewegung im Mittelalter.[3]

Der Begriff der Nachfolge Jesu unterstreicht vor allem die praktische Dimension von Spiritualität. Es handelt sich nicht nur um eine Geisteshaltung oder eine Einstellung. Spiritualität ist immer auch die Umsetzung in den Alltag mit allem, was diesen ausmacht. Schon die Urgemeinde in Jerusalem beruft sich auf Jesus. Paulus mahnt die Christ:innen, es Jesus gleichzutun, dabei beruft Jesus den Menschen in seine Nachfolge. Wie im Alten Testament, so geht auch im Neuen Testament die Initiative von Gott aus. Er spricht den Menschen an. Jesus wendet sich an die Jünger und ruft jeden einzelnen, ihm zu folgen, also sich mit ihm auf einen Weg zu begeben. Wen Jesus anspricht, und das ist das Interessante im Neuen Testament, der folgt ihm unmittelbar, verlässt Heim und Hof, lässt seine Arbeit liegen und macht sich mit Jesus auf den Weg. Jesus trifft also den Menschen in seinem Innersten, er berührt ihn und packt ihn. Und dieser Ruf ist nicht an Rang und Namen geknüpft. Er trifft jeden, ob Zöllner oder Sünder, ob Fischer oder Landarbeiter. Allerdings gibt es Rahmenbedingungen: Die Nachfolge ist radikal. Vom Evangelisten Lukas wird eine Begegnung geschildert, in welcher sich ein Mann an Jesus wendet und ihm nachfolgen will: „Als sie auf dem Weg weiterzogen, sagte ein Mann zu Jesus: Ich will dir nachfolgen, wohin du auch gehst. Jesus antwortete ihm: Die Füchse haben Höhlen und die Vögel des Himmels Nester; der Menschensohn aber hat keinen Ort, wo er sein Haupt hinlegen kann. Zu einem anderen sagte er: Folge mir nach! Der erwiderte: Lass mich zuerst weggehen und meinen Vater begraben! Jesus sagte zu ihm: Lass die Toten ihre Toten begraben; du aber geh und verkünde das Reich Gottes! Wieder ein anderer sagte: Ich will dir nachfolgen, Herr. Zuvor aber lass mich Abschied nehmen, von denen, die in meinem Hause sind. Jesus erwiderte ihm: Keiner, der die Hand an den Pflug gelegt hat und nochmals zurückblickt, taugt für das Reich Gottes" (Lk 9,57-62). Nicht zurückblicken, heimatlos sein – das sind harte Bedingungen, die Jesus hier stellt.

Bei den zuvor erwähnten Heiligen, Franziskus von Assisi und Gertrud von Helfta spielte das Kreuz eine große Rolle. Es ist Zeichen des Leides und Schmerzes, der Verurteilung und des Todes. Gleichzeitig aber ist es für die Christ:innen auch Zeichen der Erlösung und der Auferstehung, Zeichen des Lebens und der Hoffnung. Franziskus sprach immer wieder von der Nachfolge des armen und gekreuzigten Herrn Jesus Christus. Gertrud verwies immer wieder auf die Aufforderung Jesu, dass jeder, der ihm nachfolgt, das Kreuz auf sich nehmen solle. Christliche Spiritualität in diesem Sinne ist Kreuzesnachfolge.

Aber was heißt Kreuzesnachfolge für den konkreten Alltag? Kreuzesnachfolge bedeutet nicht, wie es leider oft missverstanden wird, eine Vertröstung nach dem Motto: „Alle Leiden sind nichts im Vergleich zu den Leiden Jesu". Im Gegenteil, Kreuzesnachfolge nimmt Leid, Schmerz und Tod ernst, spielt sie nicht herunter, verniedlicht sie nicht und benutzt sie nicht als frommen Überguss über alles, was wehtut. Dadurch, dass im Christentum das zentrale Symbol zugleich ein Symbol des Schmerzes, des Todes und der Hoffnung auf Leben über den Tod hinaus darstellt, wird das Leid ernst- und angenommen. Man kann ihm nicht entfliehen, wenn es einen trifft. Man muss sich dem Leid stellen und damit umgehen lernen. Das ist leicht gesagt, und doch: Wer davor davonrennt, den wird es früher oder später einholen, denn es gehört zum Leben dazu, genau wie der Tod, wie an späterer Stelle noch in den Ausführungen zur Kunst des Sterbens zu sehen sein wird.

Ein anderer Punkt steht im Zusammenhang mit der Nachfolge als Kreuzesnachfolge. Nicht nur die Akzeptanz von Leid, Schmerz und Tod, sondern auch die Hoffnung auf den gekreuzigten Gott, der Leben verheißt, ist damit verbunden. So scheint in allem Leid doch auch ein Licht auf, eine Hoffnung, die sich nicht so ohne weiteres ‚unterkriegen' lässt, eine Zuversicht, dass Gott ein Leben über den Tod hinaus all denen verheißen hat, die an ihn glauben. In diesem Sinne ist das Kreuz Zeichen des Lebens.

Ein letztes: Dadurch, dass Katholiken und Orthodoxe das Kreuzzeichen schlagen, dass protestantische Christ:innen sich zum Kreuz bekennen, stellen sie ihr Leben unter den Schutz und den Segen des Kreuzes. „Im Namen des Vaters und des Sohnes und des Heiligen Geistes" – es ist ein Bekenntnis zum Gott der Schrift, der ein Gott der Lebenden und nicht der Toten ist. „Er ist doch kein Gott von Toten, sondern von Lebenden; denn für ihn leben sie alle" (Lk 20, 38).

Der Versuch einer Definition

Auch wenn Definitionen immer zweischneidig sind, da sie Sachverhalte sehr verdichtet und damit manchmal auch nicht umfassend oder gar einseitig darlegen, soll am Ende dieses Kapitels eine Definition stehen. Sie dient der Anregung, der Auseinandersetzung und vor allem der eigenen Reflexion. Das im April 2016 gegründete Kompetenzzentrum der PTH Münster IUNCTUS hat folgende Definition zur christlichen Spiritualität gewagt: „Wir verstehen unter christlicher Spiritualität die fortwährende Umformung (transformatio) eines Menschen, der antwortet auf den Ruf des menschgewordenen Gottes. Diese Umformung verwirklicht sich in engagierten und verantworteten Beziehungen zur Welt, zum Mitmenschen und zu sich selbst."[4]

Im Zentrum dieser Definition stehen zwei Begriffe, die auch in diesem Grundkurs noch an anderer Stelle ausführlicher besprochen werden: Umformung oder auch ‚transformatio' sowie Beziehung. Christliche Spiritualität hat mit Veränderung (Umformung) und Beziehung und die Gestaltung von Beziehungen zu tun. Im Alten und im Neuen Testament ergreift Gott die Initiative. Er wendet sich an den Menschen, berührt ihn und drängt den Menschen, ihm zu antworten. Die Umformung geschieht also nicht einfach aus heiterem Himmel oder durch eine Bewusstseinsänderung des Menschen, vielmehr durch Gottes Anruf und seine Initiative. In Freiheit kann sich der Mensch zu diesem Anruf positionieren und antworten.

Die vorgelegte Definition erweitert die Antwort in der Beziehungsgestaltung, auf die Aspekte des anderen und der Welt hin. Christliches Glaubensgeschehen ist immer ein Geschehen, das im Kontext von Gemeinschaft und mit anderen zusammen passiert. Dabei übernehmen die Gläubigen Verantwortung für die Welt und die anderen. Das Schicksal der Welt darf Christ:innen nicht kalt lassen, denn die Menschwerdung Gottes hat sich in die Welt hinein ereignet und damit Welt und Mensch geheiligt. Überall dort, wo dieses missachtet wird, wo Gerechtigkeit und Frieden mit Füßen getreten werden, wo Menschen in ihrer Würde nicht wahr- und ernstgenommen werden und wo die Natur nur mit der Brille der Unterordnung und Ausbeutung gesehen wird, überall dort sind Christ:innen aufgefordert, Stellung zu beziehen und sich aktiv engagiert einzumischen.

Insofern ist Spiritualität nicht nur eine Dimension des christlichen und menschlichen Lebens. Sie ist nicht nur eine Erfahrung, die man in einem Ritual oder einem Gottesdienst am Wochenende machen kann. Spiritualität umfasst Haltungen, Rituale und Formen. Sie ist ganzheitlich und bestimmt die Werte des Individuums. Sie ist mehr als nur ein Lebensstil, sie verleiht vielmehr dem Leben seinen Sinn und seine Bestimmung. Will man sie genauer umschreiben, so lässt sie sich als die ‚Grundinspiration des Lebens' bezeichnen. Diese verbindet in der christlichen Spiritualität den Menschen mit all dem, was existiert und von Gott geschaffen worden ist – in einer gelebten Geschwisterlichkeit. Die Grundinspiration ist für das Leben unverzichtbar, gibt ihm nicht nur Halt, sondern auch Zuversicht und Hoffnung. Sie umfasst schließlich auch einen dynamischen Prozess, denn Spiritualität ‚hat' man nicht, indem man sie sich aneignet und für immer so bleibt. Sie kann sich verändern. Sie kann den Menschen herausfordern, neu die eigenen Werte, die eigene Grundinspiration und die Konsequenz in der Umsetzung zu reflektieren und zu hinterfragen. Die eigene Quelle zu nähren und nicht versiegen zu lassen, das ist die herausfordernde Aufgabe eines jeden spirituell lebenden Menschen.

Dadurch, dass Spiritualität nicht etwas ist, das man einfach hat, sondern das man durchlebt und mit dem man lebt, unterliegt sie den Gesetzen eines Prozesses und einer Dynamik, die unter vielen Einflüssen steht. Das heißt, dass es auch so etwas wie ein ‚Auf und Ab' gibt, Erfahrungen von Tiefe auf der einen und Erfahrungen von Leere und Trockenheit auf der anderen Seite. Die je eigene Spiritualität bzw. die Formen und Rituale der Spiritualität sind nicht in Stein gemeißelt, sie unterliegen den Gesetzen der Veränderung, die auf Verlebendigung beruhen. Das macht Spiritualität so spannend und herausfordernd, manchmal aber auch mühsam. Man muss sich immer wieder darum bemühen, die je angemessene Form der Spiritualität zu leben und immer wieder von neuem die Frage beantworten: Was ist meine Spiritualität? Was ist unverzichtbar und was steht in Frage? Auch die Frage, wie viel Raum man dem Geist Gottes gibt und ihm vertraut, gilt es, je neu zu stellen.

Spiritualität und Kirche

Kirche bildet den Rahmen für die christliche Spiritualität. Franz von Assisi konnte und wollte nur in der Kirche das leben, was er gelebt hat. Doch die Vorzeichen haben sich inzwischen radikal verändert. Kirche steht auf dem Prüfstand! Zugleich wird das Spektrum der Bedürfnisse vieler Menschen immer größer, weil die Gruppierungen innerhalb und auch außerhalb von Kirche und Religion immer unterschiedlicher werden und die Grenzen fließend sind. Versteht sich jemand als spirituell, ist gläubig und „der Kirche treu"? Oder bezeichnet sich jemand als spirituell, gottgläubig, aber kirchenfern, d.h. wenig interessiert oder angesprochen von der Institution? Oder ist jemand spirituell, religiös und lehnt die Kirche ab? Oder ist jemand spirituell, aber nicht religiös? Die Gruppierungen sind sehr unterschiedlich, überlappen sich in ihren Bedürfnissen und müssen auch von der Kirche je unterschiedlich angesprochen werden. Es wird differenzierter, diffuser und herausfordernder. Religion und Spiritualität gleichen einem großen Markt der Möglichkeiten. In den USA gibt es eine Strömung, die zwangsläufig auch die Länder Europas erreicht: spirituell, aber nicht religiös. Religion spielt keine Rolle mehr, Spiritualität sehr wohl, aber in einem säkularen Kontext. Hier ist eine Doppelbewegung zu erkennen: zum einen die Abnahme und der Bedeutungsverlust des Christlichen, zum anderen die Individualisierung von Religion. Schon 2013 bezeichneten sich, laut Religionsmonitor, ca. 20% der Bevölkerung Deutschlands eher spirituell als religiös. Ist das die Institution, die hier infrage steht, ist es der personale Gottesglaube, der infrage gestellt wird? Wie auch immer, es scheint mehr und mehr eine spirituell-religiöse Diffusität oder auch Gleichgültigkeit einzutreten. Viele stört das auch nicht weiter. Die Bindung berührt immer weniger Menschen. Immer mehr Menschen wenden sich von den Kirchen ab. Sie misstrauen ihnen, fühlen sich nicht wahr- und ernstgenommen. Gleichzeitig scheint die Sehnsucht des Menschen nach dem Mehr im Leben und nach Sinn und Halt zuzunehmen. Die traditionelle Kirchlichkeit kommt dagegen, so scheint es, kaum mehr an. Organisierte und institutionalisierte Kirche und Religion scheinen Auslaufmodelle zu sein. Die Individualität steht im Mittelpunkt, die eigene Religion und Spiritualität haben Vorrang. Gleichzeitig will sich niemand mehr vorschreiben lassen, wann er/sie diese zu praktizieren hat. „Ich wähle, ich entscheide und ich handle" – so die Aussagen. Kirchliche Religiosität und individuelle Spiritualität entfernen sich voneinander und werden schon fast zu einem Gegensatzpaar. Lässt sogar vielleicht das Religiöse nach und wird durch eine Spiritualität ersetzt, die der Religion keinerlei Tribut mehr zollt? Nimmt vielleicht sogar der Glaube an einen persönlichen Gott ab und geht schleichend in eine verschwommene, d.h. unklare Frömmigkeit über, in der an etwas Höheres geglaubt wird, das nicht unbedingt mehr mit einem alt- oder neutestamentlichen Gottesbild einhergeht? Zudem stellen offensichtlich viele Menschen fest, dass sie die Kirche gar nicht (mehr) brauchen, dass sie in ihrem Leben keine Rolle mehr spielt. Die Erfahrungen in der Pandemie haben das noch verstärkt, indem Menschen oftmals die kirchliche Hilfe vermissten, das tröstende und helfende Wort, die ansprechende und berührende Verkündigung. Stattdessen nahmen sie fromme Worte wahr, eine mehr mit sich selbst beschäftigte Kirche, die sich in den Fragen von Zölibat, Priestertum der Frau und der hierarchischen Ordnung von Kirche selbst zerfleischte. Hier, so meinen viele, liege das Hauptproblem von Kirche: die Beschäftigung mit sich selbst und darin der Umgang mit Macht und die Angst vor Machtverlust. Hinzu kommt dann natürlich die Frage nach dem Umgang mit Machtmissbrauch: Die strukturelle Verfasstheit der Kirche lade Menschen mit Machtproblemen und psycho-sexuellen Problemen nahezu dazu ein, ungehemmt ihren Fantasien Handlungen folgen zu lassen. Da helfe auch die Aufarbeitung der Missbrauchsfälle nicht mehr. Die komme zu spät und werde auch nur halbherzig angegangen. Die Kirche hat schon längst ihren Glaubwürdigkeitsbonus verloren, offenbar ein für allemal.

Doch Glaube, in welcher Form auch immer, scheint zum menschlichen Leben dazuzugehören. Nur die institutionelle Verfasstheit wird mehr und mehr abgelehnt bzw. als Ballast empfunden, zumal sie sich in vielem offensichtlich als veränderungsresistent erweist.

Glaubensüberzeugungen und eine gelebte Spiritualität spielen in der Bewältigung von Lebenskrisen eine bedeutsame Rolle: Spiritual Care, Spiritual Coaching, Körperbewusstsein durch Praktiken wie Yoga, Meditation, Atemübungen, die Betonung von Aufmerksamkeit und ‚Mindfulness' finden eine große Resonanz in den westlichen Gesellschaften. Sinnfindung und Sinnerleben helfen, ganzheitlich zu leben, eine Work-Life-Balance und einen Halt im Leben zu finden, der wiederum gesundheitsförderlich ist. Ein gefundener Sinn im Leben dient der Gesundheit.

Was bedeutet das nun für die gelebte christliche Spiritualität?
Christliche Spiritualität spielt sich nicht allein im privaten Kämmerlein ab. Sie will geteilt und gemeinsam gelebt werden. Christliche Spiritualität und christlicher Glaube sind eine Beziehungsweise, eine Art, dem Leben und den anderen zu begegnen, vor allem in Beziehung zu treten zu allem, was lebt und ist. Christliche Spiritualität ist eine ‚Beziehungs-Spiritualität'.
Allerdings haben sich die Vorzeichen in den letzten Jahren sehr verändert. Gesellschaftliche Entwicklungen, globale Tendenzen, die vielen Freikirchen und der religiöse Markt sowie kircheninterne Entwicklungen, wie sie zuvor angedeutet worden sind, haben gravierende Veränderungen im Verhalten und auch in der Beziehung vieler Menschen zur Kirche bewirkt und die Veränderungen sogar beschleunigt. Aber: Christliche Spiritualität ist immer auch kirchliche Spiritualität. Es hat sich jedoch in diesem Bereich aufgrund der aufgezeigten Entwicklungen vieles verändert, und eine Dimension von Spiritualität ist in den Vordergrund getreten,

die man für gewöhnlich wohl nicht mit Spiritualität verbindet: Christliche Spiritualität geht nicht immer mit Harmonie Hand in Hand, sie legt den Finger in manche Wunden, ist kritisch um des Lebens und der gelebten Nachfolge Jesu willen. Und ein ‚Ja' zur konkreten Kirche, das in der kirchlichen Frömmigkeit eigentlich zum Ausdruck kommen sollte, bedeutet nicht gleichzeitig ein ‚Ja-Sagen' zu allen Entwicklungen, eher im Gegenteil. In einem ganz anderen Zusammenhang schreibt Paulus, dass die Liebe Christi ihn dränge (vgl. 2 Kor 5,14), so kann man vielleicht auch für die Christ:innen heute sagen: die Liebe zur Kirche drängt dazu, Missstände aufzuzeigen und zu benennen. Was ist das für eine Liebe, die alles zulässt, die alles hinnimmt, und zu allem ‚Ja und Amen' sagt? Ist das Liebe – oder nicht eher Konfliktunfähigkeit?

Ein Blick in die Spiritualitätsgeschichte konkretisiert die Ausführungen. Mechthild von Magdeburg (ca. 1207/1210-1282/1294), eine Begine aus dem 13. Jahrhundert, war eine starke Frau. Gemeinsam mit anderen Frauen lebte sie in einem Häuserverbund in der Stadt. Im Zentrum stand eine kleine Kirche; jede Frau hatte ein kleines Häuschen mit kleinem Garten. Sie waren sozial und in der Bildung engagiert. Die Beginen waren eine große Bewegung, ausgehend aus den heutigen Niederlanden mit enormer Breitenwirkung. Vor allem war es auch eine Möglichkeit für Witwen und engagierte Frauen, in einer Männerwelt Akzente zu setzen, so auch Mechthild. Sie nahm kein Blatt vor den Mund. Sie schreibt in ihren autobiographischen Notizen „Das fließende Licht der Gottheit" folgende Worte über die geistlichen Herren ihrer Zeit:

„O weh, Krone der heiligen Christenheit,
Wie sehr bist du verdunkelt!
Deine Edelsteine sind dir entfallen,
Weil du ärgerst und schändest den christlichen Glauben;
Dein Gold ist verfault im Pfuhl der Unkeuschheit,
Denn du bist verarmt und hast die wahre Liebe nicht;
Deine Keuschheit ist verbrannt im gierigen Feuer des Fraßes,
Deine Demut ist versunken im Sumpfe deines Fleisches,
Deine Wahrheit ist vernichtet in der Lüge der Welt,
Deine Blumen der Tugenden sind dir abgefallen,
Deine Früchte sind dir erstorben.
Weh dir Krone des heiligen Priestertums!
Wie bist du dahingeschunden,
Du hast nichts mehr als die Überreste deiner selbst,
Das ist die geistliche Gewalt."[5]

Klare Worte, die Mechthild hier für den Klerus findet. Sie klagt die Geistlichen an, dass sie sich um alles kümmern, nur nicht um ihre Berufung und die Menschen, zu denen sie gesandt sind. Für Mechthild, und viele andere Menschen der christlichen Spiritualitätsgeschichte, schließen sich wahre Liebe zu Christus und seiner Kirche und heftige Kritik nicht aus, ganz im Gegenteil! Und wenn es nötig ist, muss das in Worte gefasst werden. Für heute und das Leben in und mit der Kirche in der Gegenwart mag das ein wenig helfen.

Was also ist die Konsequenz? Eine kritische Liebe ist gefordert und gefragt, die sich nicht den Mund verbieten lässt, eine kritische Liebe, die darum weiß, dass die Kirche auf der einen Seite der Raum der Eucharistie, des Abendmahls und der Gemeinschaft ist, auf der anderen Seite aber auch aus Menschen besteht – und Menschen sind fehlerhaft und sündig. Das soll kein einfacher Trost sein, den gibt es nicht. Gerade wenn manche Gruppierungen heute erleben, dass sie gegen eine Hierarchie innerhalb der (katholischen) Kirche anrennen, die sich verschließt, die verschleiert, die sich der offenen Diskussion nicht stellt – und sich hinter Bürokratie und fadenscheinigen theologischen Gründen versteckt. Das löst Frust aus – und gemeinsam mit Erfahrungen von Enttäuschungen und mangelnder Hilfe in Krisenzeiten wie der Pandemie ist dann der Schritt zu einem Austritt aus der Kirche nicht mehr weit. Es tut weh zu sehen, wie Missbrauch verschleiert, Macht missbraucht oder Gruppierungen in der Kirche an den Rand gedrängt werden. Das ist nur schwer zu ertragen. Und da hilft auch nicht der Verweis auf die eigenen Unzulänglichkeiten und die notwendige Barmherzigkeit. Doch ist das Verlassen der Kirche die einzige Möglichkeit? Was fehlt, wenn der sonntägliche Gottesdienst fehlt? Kirche, so wird mit den Worten der Tradition betont, ist eine Kirche, die immer wieder zu reformieren ist. Doch ist Kirche nicht auch noch etwas anderes? In der christlichen Tradition ist Kirche mehr als Hierarchie. Das haben gerade in den Zeiten der harten Lockdowns während der Pandemie viele Menschen erfahren: mit den Gottesdiensten, die man selbst in den eigenen Wänden mit Nachbarn gestaltete; in den kreativen Zeichen und Handlungen von pastoralen Mitarbeiter:innen, die von Tür zur Tür gingen und Gläubige mit Brot und Wein, mit einem tröstenden Wort und Vorschlägen für gottesdienstliche Gestaltungen versorgten. Kirche ist auch Caritas, die liebende Zuwendung zum anderen, das Teilen von Glaubenserfahrungen und Glaubensfragen, also auch eine Form gemeinsam gelebter Solidarität. Den

Raum der Kirche aufgrund vieler frustrierender Erfahrungen verlassen, das bedeutet auch, so manch andere zurückzulassen, sie sogar im Stich zu lassen. Kirche ist, trotz und in allem, mehr als Hierarchie und Institution. Sie war für einen Franziskus, eine Gertrud von Helfta und auch eine Mechthild von Magdeburg der notwendige Lebensrahmen.
Aber es stimmt: Kirchen müssen sich öffnen, den Dialog suchen, offen für Argumente und Diskussionen sein, sich nicht hinter Tradition verschanzen. Das bedeutet auch, dass die kirchliche Spiritualität der Zukunft eine ökumenische Spiritualität sein muss, ansonsten hat sie keine Zukunft. Ein wichtiges Element in der christlichen Tradition ist die Unterscheidung der Geister.

Unterscheidung der Geister

Wenn es um Entscheidungen geht bzw. um die Einordnung von Überlegungen, Abwägungen und z.B. auch die Frage, wie lange man denn eigentlich noch die Institution Kirche unterstützen will oder welche Spiritualitätsform die Geeignete und Beste für das eigene Leben ist, kommt eine alte Tradition der christlichen Spiritualitätsgeschichte zum Tragen: die Unterscheidung der Geister. Eine Unterscheidung der Geister ist dann notwendig, wenn es um eine Entscheidungssituation oder um die Frage einer Wahl geht. Unterschieden werden vor allem die Antriebe, ob etwas gut und damit echt ist, oder ob man in einer Situation irregeleitet wird durch Gefühle, Ängste oder äußere Einflüsse. Gefragt wird auch, ob eine Entscheidung und Wahl vom Geist (auch von welchem Geist) geführt ist – oder eben nicht. Es geht also letztlich um die Frage der Motivation einer Entscheidung und Wahl für oder gegen etwas. Was sind die treibenden Gründe und Kräfte? Sind diese ‚ungesund' oder ‚ungut', oder verhelfen und dienen sie dem gelingenden Leben? Es geht also nicht um eine moralische Abwägung oder Beurteilung, sondern um eine gute und tragfähige Wahl und/oder Entscheidung. Oft stellt sich im Leben einzelner die Frage, ob die Stimmung, das Gefühl und die Intuition die guten und richtigen Ratgeber sind, oder ob sie nicht auch zu Fehlentscheidungen führen können. Wie den eigenen ‚Spleen' vom Geist Gottes unterscheiden?

Für den Apostel Paulus ist die Unterscheidung der Geister eine Gabe des Hl. Geistes. Diese Gaben des Geistes werden den Christen in der Taufe geschenkt. Es sind die unterschiedlichsten Charismen, die Menschen prägen: „Es gibt verschiedene Gnadengaben, aber nur den einen Geist. Es gibt verschiedene Dienste, aber nur den einen Herrn. Es gibt verschiedene Kräfte, die wirken, aber nur den einen Gott: Er bewirkt alles in allen. Jedem aber wird die Offenbarung des Geistes geschenkt, damit sie anderen nützt. Dem einen wird vom Geist die Gabe geschenkt, Weisheit mitzuteilen, dem andern durch den gleichen Geist die Gabe, Erkenntnis zu vermitteln, einem anderen in demselben Geist Glaubenskraft, einem anderen – immer in dem einen Geist – die Gabe, Krankheiten zu heilen, einem anderen Kräfte, Machttaten zu bewirken, einem anderen prophetisches Reden, einem anderen die Fähigkeit, die Geister zu unterscheiden ..." (1 Kor 12,4-10). Es geht in der Unterscheidung darum, die Dinge zu prüfen, um das Gute und Richtige zu bewahren.

Kriterien dieses guten Geistes und der richtigen Entscheidung werden ebenfalls schon in der Bibel genannt: Liebe, Freude, Ruhe und Geduld. Es sind die Früchte des Geistes, wie Paulus sie nennt: „Die Frucht des Geistes aber ist Liebe, Freude, Friede, Langmut, Freundlichkeit, Güte, Treue, Sanftmut und Enthaltsamkeit" (Gal 5,22-23). Diese sind gleichzeitig Kennzeichen einer gesunden Spiritualität.

Dabei spielen auch die Gefühle und der Verstand eine wesentliche Rolle. Beides ist notwendig. Schlägt die Waage zugunsten der einen Seite aus, so stimmt etwas nicht. Rationalität und Gefühl sind beide zusammen und gleichwertig wichtige Faktoren einer gelebten Spiritualität. Nur aus dem Bauch heraus zu urteilen kann ebenso zu falschen Entscheidungen führen, wie das restlose und einzige Vertrauen in das Denken und den Verstand. Im Rahmen der Globalisierung und der Säkularisierung wird es für viele immer unübersichtlicher, wem sie trauen können und wer ihnen Wegweisung für ihre Spiritualität geben kann.

Wahl- und Entscheidungssituationen sind gerade in heutiger Zeit zahlreich. Sie erfordern Mut und Wagnis, gleichzeitig aber Klugheit und Demut. Edith Stein (1891-1942), mit Ordensname Sr. Theresia Benedicta a Cruce, spricht von der ‚sancta discretio', der heiligen Unterscheidung: „Die sancta discretio ist demnach radikal unterschieden vom menschlichen Scharfsinn. Sie unterscheidet nicht durch schrittweise vorgehendes Denken wie der forschende Menschengeist, nicht durch Zergliedern und Zusammenfassen, durch Vergleichen und Sammeln, durch Schließen und Beweisen. Sie unterscheidet, wie das Auge im klaren Tageslicht mühelos die scharfen Umrisse der Dinge vor sich sieht. Das Eindringen in Einzelheiten lässt den Überblick über die Zusammenhänge nicht verlieren. Je höher der Wanderer steigt, desto mehr weitet sich der Blick, bis vom Gipfel die ganze Rundsicht frei wird. Das von himmlischem Licht erleuchtete Geistesauge reicht in die weiteste Ferne, nichts verschwimmt, nichts wird ununterscheidbar. Mit der Einheit wächst die Fülle, bis im einfachen Strahl des göttlichen Lichtes die ganze Welt sichtbar wird."[6]

Eine gesunde Spiritualität

In der gelebten Spiritualität geht es letztlich darum, den Weg für sich selbst zu finden: den Weg zu sich selbst, zu den anderen und zu Gott, so wie es die Definition der christlichen Spiritualität im IUNCTUS zum Ausdruck bringt.

Ein wesentliches Element von Spiritualität in der christlichen Geschichte ist das Moment der gesunden Spiritualität, dem dient auch die Unterscheidung der Geister. Immer wieder gab es in der Geschichte und gibt es in der gelebten Spiritualität in der Gegenwart Spiritualitätsformen und ein Verständnis von Spiritualität, das Menschen krank macht und sie nicht im Sinne der Nachfolge des menschgewordenen Gottes zum Leben befreit. Eine gesunde Spiritualität trennt nicht, sondern verbindet. Sie ist nicht leistungsorientiert und damit schnell überfordernd, sondern sie will befreien. Sie ist nicht moralisierend, sondern lebt das Geheimnis des Glaubens und die Schönheit des Lebens. Vor allem aber ist sie nicht vereinheitlichend, lebt aber die Einheit.[7] Sie fordert geradezu den Pluralismus und die Vielfalt, denn es gibt zwar die eine christliche Spiritualität, doch darin gibt es viele verschieden gelebte und praktizierte Spiritualitäten und Schulen der Spiritualität. Eine Gottesbeziehung will mit allen Sinnen gelebt und erfahren werden. Eine Spiritualität ist nur dann gesund, wenn sie ganzheitlich ist und entsprechend gelebt wird. Gleichzeitig bedeutet eine gesunde Spiritualität auch ein angemessenes Maß von Annahme seiner selbst und der Fähigkeit zu lieben, ganz nach dem Motto der goldenen Regel des Evangeliums: „Du sollst deinen Nächsten lieben wie dich selbst" (Mt 22,39). Wer sich selbst nicht annehmen kann, der kann es zumeist auch bei anderen nicht. Doch Spiritualität, vor allem auch christliche Spiritualität, ist eine liebende Spiritualität. So beschreibt Johannes Cassian im fünften Jahrhundert, dass Gott die Liebe ist und Nachfolge nichts anderes bedeutet, als Gott und den Nächsten zu lieben: „Du könntest sagen: Ich sehe Gott nicht. Doch kannst du auch sagen: Ich sehe den Menschen nicht? (vgl. 1 Joh 1,12.20). Liebe dein Geschwisterkind. Denn wenn du dein Geschwisterkind liebst, das du siehst, wirst du zugleich auch Gott sehen, weil du die Liebe siehst, und in ihr wohnt Gott."[8]

Gesund ist ebenfalls das rechte Maß zwischen Nähe und Distanz, die rechte Berührung und das Fragen und Suchen. Mit der Spiritualität ist der Mensch nicht fertig und hat sie dann ein Leben lang. Sie ist ein Prozess und hat eine Dynamik, der man sich immer wieder von neuem stellen muss. Suchen und Fragen hält diese lebendig und gesund für das Leben.[9]

Eine gesunde Spiritualität findet im Alltag und im Kontext von Welt und Mensch statt, nicht in einer esoterischen und geheimnisvollen Welt außerhalb der erfahrbaren Realität.

Eine gesunde Spiritualität bedeutet, Gott immer wieder von neuem zu suchen, sich nach ihm zu sehnen. Sie sucht nicht das wohlige Gefühl und das Aufgehobensein in einer tollen Gemeinschaft (auch wenn das wichtige Punkte im Erleben des Religiösen sind). Sie sucht Gott. Um es mit den Worten des Psalmisten auszudrücken: „Mein Herz denkt an dich: Suchet mein Angesicht! Dein Angesicht, HERR, will ich suchen" (Ps 27,8).

Ein letztes Kriterium ist die Freude, nicht die aufgesetzte und billige Freude, sondern die tiefe Lebensfreude, die sich verdankt und getragen weiß, die sich in Gott weiß. Franziskus von Assisi beschreibt diese Freude in einer Mahnung an seine Brüder: „Und sie [die Brüder] sollen sich hüten, sich nach außen hin traurig und wie düstere Heuchler zu zeigen; vielmehr sollen sie sich als solche zeigen, die sich im Herrn freuen, heiter und liebenswürdig, wie es sich geziemt."[10] Die Freude im Herrn macht nicht griesgrämig, sie strahlt vielmehr Leben aus.

> Einige Thesen für eine gesunde Spiritualität, welche die Elemente der Tradition und gleichfalls Zeichen der Zeit aufgreifen, seien an dieser Stelle an den Schluss der Überlegungen zur christlichen Spiritualität gestellt.
>
> 1. Eine gesunde Spiritualität dient dem Leben. Sie überfordert nicht und erhebt keinen moralischen Zeigefinger.

2. Eine gesunde Spiritualität stellt sich den Unwägbarkeiten und Ängsten der Zeit. Sie läuft nicht davon, vielmehr lebt sie mit Krisen und versucht, diese positiv zu bewältigen.

3. Eine gesunde Spiritualität lebt in Beziehungen und gestaltet diese aktiv.

4. Eine gesunde Spiritualität geht Konflikten nicht aus dem Wege, geht diese vielmehr konstruktiv und auf der Basis der Wertschätzung und des Respekts gegenüber allem, was auf der Erde lebt, an.

5. Eine gesunde Spiritualität gründet auf dem Vertrauen, dass Gott, der diese Welt geschaffen hat, so wie sie ist, ein Gott des Lebens ist und dem Menschen und der Welt eine Zukunft verheißt, wie auch immer diese aussehen mag.

6. Eine gesunde Spiritualität ist neugierig und sucht den Dialog.

7. Eine gesunde Spiritualität zeichnet sich heute vor allem durch Demut aus: Diese zeigt sich in einer tiefen Dankbarkeit dem Schöpfer und der Schöpfung gegenüber und in dem Wissen um die Abhängigkeit und Vernetzung mit allem, was lebt. Diese Demut korrigiert den Wunsch, das Leben und die Welt beherrschen zu wollen, denn sie weiß um den Herrscher der Welt, der ein anderer ist, nämlich Gott.

8. Eine gesunde Spiritualität drückt sich in einer tiefen Lebensfreude aus, die das Dunkle und Schwere mit dem Schönen und Leichten verbinden kann.

9. Eine gesunde Spiritualität zeichnet sich dadurch aus, dass die Hoffnung das letzte Wort hat; eine Hoffnung, die Gottes Wort und Gottes Zusage traut und darauf baut, dass die Welt mit und in Gott eine Zukunft hat.

EINLADUNG ZUR REFLEXION UND ÜBUNG

„Als Jesus weiterging, sah er einen Mann namens Matthäus am Zoll sitzen und sagte zu ihm: Folge mir nach! Und Matthäus stand auf und folgte ihm nach. Und als Jesus in seinem Haus bei Tisch war, siehe, viele Zöllner und Sünder kamen und aßen zusammen mit ihm und seinen Jüngern. Als die Pharisäer das sahen, sagten sie zu seinen Jüngern: Wie kann euer Meister zusammen mit Zöllnern und Sündern essen? Er hörte es und sagte: Nicht die Gesunden bedürfen des Arztes, sondern die Kranken. Geht und lernt, was es heißt: Barmherzigkeit will ich, nicht Opfer! Denn ich bin nicht gekommen, um Gerechte zu rufen, sondern Sünder" (Mt 9,9-13).

Fragen

1. Was ist mir in meinem Leben unverzichtbar, ist mir Quelle und gibt mir Kraft?
2. Was ist die Grundinspiration meines Lebens oder anders gefragt: Wes Geistes Kind bin ich?
3. Wenn ich an Nachfolge Jesu denke: Was versuche ich zu leben und was gelingt mir gut? Wo könnte ich noch mehr oder andere Akzente setzen?
4. Was ist meine Berufung?
5. Was bedeutet mir die Kirche?
6. Wie würde ich meine Spiritualität umschreiben oder sogar definieren?

Übungen

Zur Spiritualität

Ich nehme mir viel Zeit, ein bis zwei Stunden. Dafür gehe ich an einen Ort und suche mir einen Platz, an dem ich in Ruhe nachdenken kann, der mich zur Stille einlädt.

Ich nehme mir etwas zu schreiben mit: ein Notizbuch oder einige weiße Blätter. Ich kann auch ein großes Blatt Papier mitnehmen und mich mit Buntstiften o.ä. ausstatten – und statt des Schreibens male ich.

Ich werde nun erst einmal, nachdem ich an dem Ort bin oder mir den Platz in der Wohnung bereitet habe, ruhig, suche eine gute Sitzposition, kontrolliere meinen Atem und versuche ruhig ein- und auszuatmen.

Ich beginne ein Gebet, verbinde mich mit Gott, keine langen Worte, sondern nur die Vergewisserung, dass ich in seiner Gegenwart bin.

Nun schaue ich auf meine Geschichte, die Geschichte meiner Spiritualität:

- Wie hat sie sich entwickelt?
- Wer hat mich in der Kindheit geprägt (negativ oder positiv)?
- Was ist mir an Erinnerungen wichtig und bedeutsam, wenn ich an Spiritualität und meine Kindheit zurückdenke?
- Welche weiteren Erfahrungen und Begegnungen auf meinem Weg der Spiritualität sind nennenswert, vielleicht sogar unverzichtbar?
- Gab es Höhen, Tiefen, Momente, in denen Gott ganz weit weg war – oder er mir sogar egal?
- Wo stehe ich jetzt?

Ich schreibe auf, was mir dazu in den Sinn kommt (oder male es). Ich lasse mir viel Zeit und entdecke meine Geschichte der Spiritualität.
Zum Abschluss bete ich noch einmal zu Gott: ein Dankgebet, das die vergangenen ein-zwei Stunden einschließt und abrundet.

Zur Kirche

Ich lenke meinen Blick auf die Kirche, auf meine Beziehung und meine Geschichte mit der Kirche.

- Wie habe ich sie erlebt? Wo war und ist sie mir wichtig? Warum?

- Woran leide ich und was tut mir weh?

- Wo und wie kann ich im Kleinen etwas verändern, gemeinsam mit anderen – und so die Kirche vor Ort lebendig werden lassen? Wo muss ich auch etwas sagen und tun?

II. Umgang mit Angst und Unsicherheit

Fragen
Darf ich als Christ Angst haben, Angst im Leben und Angst vor dem Tod? Wie wichtig ist der Glaube an die Auferstehung für die gelebte Spiritualität? Was gibt Hoffnung und Kraft? Wie kann ich das Leben gut, lustvoll und gelingend gestalten?

EINBLICK UND GESCHICHTE

Jedes Lebewesen, so auch der Mensch, kennt das Gefühl der Angst. Angst ist seit Beginn der Menschheitsgeschichte ein Lebensbegleiter von Menschen, mal mehr, mal weniger. Wenn Gefahr naht, dann stellen sich buchstäblich die Nackenhaare auf, und Mensch und Tier reagieren entweder vorsichtig oder aber aggressiv. Es gibt verschiedene Verhaltensweisen, mit einer Gefahr umzugehen. Es gibt aber auch die Angst, die nicht unmittelbar mit einer Bedrohung einhergeht, die vielmehr und eher ein ständiges Lebensgefühl darstellt. „Es könnte etwas passieren", so der Grundtenor. Und das ist ein Gefühl, das das Leben lähmt, es zu einer ständigen Herausforderung werden lässt und dazu führen kann, sich dem Diktat der Angst völlig zu unterwerfen. Damit wird der Mensch unfrei und kann nichts und niemandem mehr vertrauen.

Auch die Menschen in der Bibel zeichnen Verzagtheit und Mutlosigkeit, Furcht und Angst aus. Schon gleich zu Beginn nach dem sogenannten Sündenfall antwortet Adam Gott: „Ich habe deine Schritte gehört im Garten; da geriet ich in Furcht, weil ich nackt bin, und versteckte mich" (Gen 3,10). Es ist als ob der Sündenfall ihm die Augen geöffnet hat und nun die Angst in das Leben der Menschen einkehrt. In den nachfolgenden Büchern der Bibel ist immer wieder von Angst die Rede – bis zum letzten Kapitel in der Bibel, im Buch der Offenbarung. In einer der markantesten und für die Geschichte des Volkes Israels wichtigsten geschichtlichen Erfahrung, dem Exodus aus Ägypten, teilt Mose im Auftrag Gottes das Meer. Zuvor versammeln sich alle am Meer und wissen nicht, wie sie diese Hürde vor den herannahenden und sie verfolgenden Ägyptern überwinden können. Mose spricht ihnen zu, dass sie sich nicht fürchten sollen und dem Herrn vertrauen mögen. Er wird sie retten. Er teilt das Meer, sie gehen hindurch und über den Ägyptern schlagen die Wassermassen zusammen und lassen alle sterben (vgl. Ex 14,10f.).

Die Propheten zeigen Angst. Nicht alle sind hoch erfreut, dass Gott sie beruft und beauftragt. So zeigt der Prophet Jeremia großen Unwillen und versucht, sich aus der Anfrage Gottes herauszuwinden: „Das Wort des HERRN erging an mich: Noch ehe ich dich im Mutterleib formte, habe ich dich ausersehen, noch ehe du aus dem Mutterschoß hervorkamst, habe ich dich geheiligt, zum Propheten für die Völker habe ich dich bestimmt. Da sagte ich: Ach, Herr und GOTT, ich kann doch nicht reden, ich bin ja noch so jung. Aber der HERR erwiderte mir: Sag nicht: Ich bin noch so jung. Wohin ich dich auch sende, dahin sollst du gehen, und was ich dir auftrage, das sollst du verkünden. Fürchte dich nicht vor ihnen; denn ich bin mit dir, um dich zu retten – Spruch des HERRN. Dann streckte der HERR seine Hand aus, berührte meinen Mund und sagte zu mir: Hiermit lege ich meine Worte in deinen Mund" (Jer 1,4-10). Jeremia fühlt sich der Aufgabe nicht gewachsen. Er findet Ausreden, dass Gott sich seiner erbarmt: Er ist zu jung, kann doch gar nicht reden – doch Gott bleibt dabei und beauftragt Jeremia, der sich dem schließlich nicht entziehen kann.

Der Prophet Jona wiederum macht sich zwar auf den Weg, den Gott ihm gewiesen hat, doch mit dem klaren Willen, zu fliehen. Aber das Boot, das er bestiegen hat, gerät in Seenot, und die Matrosen erkennen, dass Jona ein Bote seines Gottes ist und diesem entfliehen will. Jona selbst macht den Vorschlag, die Männer mögen ihn über Bord werfen, weil sie durch seine Schuld in diese Notlage geraten sind – und nach längerem Zögern werfen sie ihn über Bord. Das Meer beruhigt sich, und Jona wird von einem Wal verschluckt. Im Bauch des Wales betet er: „In meiner Not rief ich zum HERRN und er erhörte mich. Aus dem Leib der Unterwelt schrie ich um Hilfe und du hörtest meine Stimme" (Jona 2,3). Wie Jeremia macht er die Erfahrung, dass er Gott nicht entfliehen und sich ihm nicht entziehen kann. Gott rettet Jona und Jona macht sich auf den Weg nach Ninive, der Stadt das Unheil anzudrohen, das Gott ihr verheißt, falls sich die Bewohner nicht auf den Weg der Umkehr machen. Jona muss, wie andere auch, die Erfahrung machen, dass dieser Gott so ganz anders ist und anders handelt, als er es sich wünscht. Denn als sich das Volk mitsamt König von Ninive auf den Weg der Umkehr macht, belohnt Gott das Volk, ist barmherzig und vergibt ihnen all ihre Schuld und ihre Vergehen. Das erbost Jona so sehr, dass er unter einen Rizinusstrauch flieht und schmollt. Doch Gott ist der Gott der Menschen, der Gott, der mit seinem Volk geht, der Emanuel. Ein Gott der Liebe und Barmherzigkeit. Im Buch Jesaja spricht Gott seinem Volk zu, es möge keine Angst haben. Das ist nicht einfach so daher geschrieben. Dahinter stehen Erfahrungen, die mit Vertrauen und dem Glauben in die Zusagen Gottes zu tun haben. Er ist ein Gott der Lebenden, der mit seinem Volk geht. Von daher ist eine der Grundbotschaften des Alten und Neuen Testaments: Fürchtet Euch nicht, denn Euer Gott ist ein Gott, der das Leben will, der mitgeht und Zukunft verheißt. Dafür stehen auch die programmatischen Worte im Buch Jesaja: „Jetzt aber – so spricht der HERR, der dich erschaffen hat, Jakob, und der dich geformt hat, Israel: Fürchte dich nicht, denn ich habe dich ausgelöst, ich habe dich beim Namen gerufen, du gehörst mir! Wenn du durchs Wasser schreitest, bin ich bei dir, wenn durch Ströme, dann reißen sie dich nicht fort. Wenn du durchs Feuer gehst, wirst du nicht versengt, keine Flamme wird dich verbrennen. […] Fürchte dich nicht, denn ich bin mit dir! Vom Aufgang der Sonne bringe ich deine Kinder herbei und vom Untergang her sammle ich dich. Ich sage zum Norden: Gib her! und zum Süden: Halt nicht zurück! Führe meine Söhne heim aus der Ferne, meine Töchter vom Ende der Erde! Denn jeden, der nach meinem Namen benannt ist, habe ich zu meiner Ehre erschaffen, geformt und gemacht" (Jes 43,1-7). Wer an Gott glaubt, der braucht sich nicht zu ängstigen.

Im Neuen Testament spielt die Angst ebenfalls eine große Rolle. Immer wieder taucht die Aufforderung Jesu auf: „Fürchtet Euch nicht." Sie ergeht an die Menschen, zu denen er spricht, sie richtet sich an die Jünger, die immer wieder ihre Angst deutlich zum Ausdruck bringen. Sie fürchten sich und haben Angst; als sie z.B. gemeinsam im Boot auf dem See Gennesaret sitzen. Jesus schläft, und es zieht ein Unwetter herauf. Der Evangelist Markus berichtet davon, dass Jesus im Boot liegt und seelenruhig schläft. Die Jünger wecken Jesus und bitten ihn, er möge ihnen helfen. Sie sind sogar erbost und verstehen nicht, warum es ihn nicht kümmert, dass sie alle unterzugehen drohen. Lapidar heißt es dann: Da stand er auf, drohte dem Wind und sagte zu dem See: Schweig, sei still! Und der Wind legte sich und es trat völlige Stille ein. Für Jesus ist es eine Sache des Glaubens, und er wundert sich über die Jünger: „Warum habt ihr solche Angst? Habt ihr noch keinen Glauben?" Die Jünger allerdings scheinen nur wenig von ihm und seiner Botschaft begriffen zu haben. Sie sind von Furcht ergriffen und wundern sich wiederum über Jesus: Wer ist denn dieser, dass ihm sogar der Wind und das Meer gehorchen? (vgl. Mk 4,35-41) Die Jünger haben Angst um ihr Leben, und sie scheinen gleichzeitig nichts von der Botschaft Jesu verstanden zu haben.

Auch Jesus hat Angst vor dem gehabt, was ihn erwartet und er bittet seinen Vater im Garten Getsemani, dass der Kelch an ihm vorübergehen möge. „Und er nahm Petrus, Jakobus und Johannes mit sich. Da ergriff ihn Furcht und Angst und er sagte zu ihnen: Meine Seele ist zu Tode betrübt. Bleibt hier und wacht! Und er ging ein Stück weiter, warf sich auf die Erde nieder und betete, dass die Stunde, wenn möglich, an ihm vorübergehe. Er sprach: Abba, Vater, alles ist dir möglich. Nimm diesen Kelch von mir! Aber nicht, was ich will, sondern was du willst" (Mk 14,33-36). Jesus spricht seine Angst im Gebet aus. Er fleht seinen Vater an, dem er vertraut und dem er sich anvertraut. Die Angst ins Gebet bringen, das ist eine gute Weise, mit ihr umzugehen. Im Johannesevangelium spricht Jesus davon, dass die Jünger nicht verzagen sollen und sich ihr Herz nicht beunruhigen möge (Joh 14,27). Angst hat etwas mit Beunruhigung und Verzagtheit zu tun. Auf der einen Seite kann sie zur Vorsicht gemahnen, auf der anderen Seite aber auch bremsen, Leben verhindern, die Sinne, den Verstand und das Herz lähmen. Das nennt man Verzagtheit, wenn – wie das Kaninchen vor der Schlange in Schockstarre verfällt –, so auch der Mensch sich von der Angst überwältigen lässt und verzagt. Im zweiten Timotheusbrief schreibt Paulus: „Denn Gott hat uns nicht einen Geist der Verzagtheit gegeben, sondern den Geist der Kraft, der Liebe und der Besonnenheit" (2 Tim 1,7). Also „fürchtet Euch nicht": Das ist die Botschaft der Bibel, immer wieder. Angefangen von Abraham über Moses bis hin zu den Hirten, die zum Stall nach Betlehem kommen. Und auch Paulus fordert die Gemeinden immer wieder auf: „Fürchtet Euch nicht". Der Engel versucht mit diesen Worten Zacharias zu beruhigen, als dieser den Engel sieht (Lk 1,13). Ebenso sagt der Engel diese Worte Maria zu (Lk 1,29), als sie sich wegen der Anrede des Engels fürchtet. Jesus spricht diese Worte den Jüngern zu. Immer wieder: „Fürchtet Euch nicht!" Eine befreiende Aufmunterung aufgrund einer Botschaft, die die Freiheit der

Menschen will, eine Botschaft der Liebe Gottes zu den Menschen, die trägt, behütet, schützt und dem Leben hilft. „Fürchtet Euch nicht" – es ist wie ein wiederkehrendes Mantra, eine Beschwörungsformel. Wenn man sie nur oft genug hört, verinnerlicht sich diese Botschaft, und der Mensch fürchtet sich nicht mehr.

Doch so einfach ist es nicht. Denn Angst gehört zum Leben dazu, aber auch, wie bei den verschiedenen Gestalten zu sehen war, zum Glauben. Sie lässt sich nicht weg oder schön reden, ist weder fromm noch schicksalsergeben. Sie ist da, und das erfordert angemessenes Handeln. Die biblischen Erzählungen mögen für viele fremd klingen, fast wie Märchen oder Wundergeschichten, denen nicht zu trauen ist. Doch gilt es zu bedenken, dass viele biblischen Erzählungen, die natürlich nicht wörtlich zu nehmen und zu verstehen sind, wie Märchen auch, tiefe Lebens- und Glaubensweisheiten transportieren wollen. Die Umstände, der Verlauf und die konkreten Begebenheiten der Erzählung sind dabei oft gar nicht so wichtig, sondern die Weisheit und Erkenntnis, die sich darin und dahinter verbergen. Die biblischen Erzählungen sprechen von einem Gott, dem man vertrauen kann, trotz und in allem. Und sie sprechen ebenfalls davon, dass wichtige Gestalten der Tradition, ja der Gottessohn selbst, Ängste gefühlt und geäußert haben. Warum nicht also auch die Zuhörer:innen und Leser:innen dieser Geschichten? Sie wollen ermutigen und bewegen.

Die Mönchsväter und Mönchsmütter im vorderen Orient stellten sich ihren Ängsten und inneren Dämonen, indem sie ganz bewusst den Ort aufsuchten, an dem es keine Ablenkung und keine Fluchtmöglichkeit gab: die Wüste. Ein Ort, der selbst schon bedrohlich wirkt und Angst machen kann. Ein Ort der Trostlosigkeit, der Öde, der flirrenden Hitze oder auch Kälte. Ein Ort, der das Überleben zur Daueraufgabe werden lässt und für Mensch und Tier eine Extremsituation darstellt. Ein Ort aber auch des Rückzugs und der Auseinandersetzung mit sich selbst, um sein Leben und die Zukunft neu zu ordnen. An diesem Ort waren die Väter und Mütter ganz auf sich gestellt und auf Gott. Immer wieder ist bei ihnen von einer Furcht die Rede: die Gottesfurcht. Für die Mütter und Väter war es wesentlich, vor Gott zu bestehen und somit allen Versuchungen und Verführungen widerstehen zu können. Ob die Gottesfurcht die Angst, die allzu menschliche Angst, verdrängte? Ob auch die Furcht vor dem Tod einer großen und freudigen Erwartung wich und sich dabei auf das Gericht und das Bestehen vor Gott richtete? Wie sehr die Gottesfurcht im Vordergrund stand, beschreibt folgende Erzählung: „Man erzählte vom Altvater Agathon, dass er bestrebt war, jedes Gebot zu halten. Wenn er in ein Schiff stieg, ergriff er als erster das Ruder, und wenn Brüder zu ihm kamen, dann besorgte seine Hand, unmittelbar nach dem Gebet, den Tisch. Denn er war voll Gottesliebe. Als es mit ihm zum Sterben kam, verharrte er drei Tage mit offenen Augen und bewegte sich nicht. Da zupften ihn die Brüder und fragten: ‚Altvater Agathon, wo bist Du?' Er antwortete: ‚Ich stehe im Angesicht des Richterstuhles Gottes.' Sie sagten zu ihm: ‚Fürchtest auch du dich, Vater?' Er antwortete ihnen: ‚Bisher habe ich meine Kraft eingesetzt, um die Gebote Gottes zu halten, aber ich bin ein Mensch! Woher kann ich wissen, ob mein Wirken gottgefällig war?' Da sagten die

Brüder zu ihm: ‚Hast du kein Vertrauen auf dein Werk, dass es im Sinne Gottes war?' Der Greis erwiderte: ‚Ich habe keine Zuversicht, bis ich Gott gegenüberstehe. Denn anders ist das Gericht Gottes und anders das der Menschen.' Als sie ihn noch etwas anderes fragen wollten, sagte er zu ihnen: ‚Tut mir den Gefallen und sprecht nicht mehr mit mir; denn ich bin beschäftigt.' So ward er vollendet in Freude. Sie sahen, dass er sich aufrichtete, wie wenn einer seine Freunde begrüßt. Er hatte Wachsamkeit in allen Dingen und pflegte zu sagen: Ohne große Wachsamkeit schreitet der Mensch auch nicht in einer Tugend voran."[11]

Also nicht Angst, sondern Gottesfurcht, das ist das, was den Altvater antreibt. Und Wachsamkeit ist die Grundvoraussetzung aller Gottesfurcht, um, wie er sagt, in der Tugend voranzuschreiten. Diese Wachsamkeit hilft dann auch, sich in der Versuchung, einer Angst zu erliegen und sich lähmen zu lassen, aufzurichten, mit ihr zu kämpfen und umzugehen, ihr ins Angesicht zu schauen und zu widerstehen. Nicht nach dem Motto: „Dich gibt es nicht", sondern mit der Ansage: „Ich nehme Dich wahr, aber Du kannst mir nichts, denn ich fürchte Gott, nicht Dich".

Spiritualität und Angst

Vieles heute macht Menschen Angst. Insbesondere die Corona-Pandemie hat gezeigt, wie verwundbar Welt und Mensch sind. Ein kleines Virus macht im Nu allen Plänen und Visionen den Garaus. Es verbreitet sich unsichtbar weltweit und es verbreitet Angst, tiefe Existenzängste. Das kleine Virus hat so manche Ängste geweckt, die in den letzten Jahrzehnten vielleicht mehr und mehr in den Hintergrund gerückt sind und ihre Wirkmacht verloren haben, aber eigentlich doch immer da waren: die Angst vor dem Tod, die Angst, dass es anders, schlechter werden wird; die Angst, dass das Leben aus den Händen gleitet und man nichts dagegen machen kann. Das Virus hat sich der Welt bemächtigt und damit Ängste geweckt. Es stellt vor allem laute Fragen, die sich nicht mehr überhören lassen: Wo geht die Welt hin? Wie wird die Zukunft aussehen? Wird die Welt nach der Pandemie wieder so werden, wie sie einmal war? Vor allem: Werden wir die Pandemie überleben? Wie?

All diese Fragen gehen Hand in Hand mit vielen Ängsten und Befürchtungen wie z.B.:

- Die zunehmende Mobilität und Flexibilität machen vielen Menschen zu schaffen und lassen die bedrängende Frage aufkommen: Komme ich überhaupt noch mit?

- Die zunehmende Digitalisierung und Virtualisierung der Welt stellen die beängstigende Frage nach der Bedeutung der Wirklichkeit: Was heißt überhaupt noch Realität und was Welt? Werden wir es noch erleben, dass die Technik uns überholt und beherrscht?

- Gemeinschaft wird mehr und mehr als ein sehr brüchiges und fragiles Geschehen erfahren. Es gibt so viele Parallelgemeinschaften, und herkömmliche Gemeinschaftsmodelle scheinen immer mehr ihre Geltung zu verlieren. Was heißt überhaupt noch Gemeinschaft? Und was heißt Bindung?

- Die traditionellen Sinnstifter wie die Religionen und Kirchen verlieren mehr und mehr an Bedeutung. Was gibt heute noch Halt und Sicherheit? Was hilft dem und der Einzelnen, sein/ihr Leben zu deuten und einen Sinn zu finden?

- Die Zukunft der Welt scheint angesichts der Entwicklungen in einer globalisierten Welt am Scheideweg zu stehen: Gerechtigkeit und Frieden, die Bewahrung der Schöpfung stehen weltweit nicht nur auf dem Prüfstand, vielmehr sind sie mehr als bedroht – und bedrohen die Zukunft der ganzen Welt. Wie sieht die Zukunft aus? Vielen macht das Angst, auch im persönlichen Bereich. Stehen wir vor einer ökologischen Apokalypse?

- Wie sieht überhaupt die Zukunft aus, meine Zukunft? So war vor einigen Jahren das Stichwort von der Angst vor der Altersarmut vielfach zu hören. Mit und durch Corona hat sich noch einmal ein viel tieferer Schnitt durch die Gesellschaft und Welt gezogen, der sehr scharf arm und reich trennt.

- Die vielen Krisenherde der Welt, in denen Krieg herrscht, machen Angst. Und manch ein Krieg macht nicht vor Ländergrenzen Halt. Was in der Ukraine oder in Ländern in Afrika passiert, das hat Einfluss auf die westliche Welt. Die Fronten zwischen den Supermächten verschärfen sich.

- Und schließlich der Tod. Er macht noch immer Angst, große Angst. Ist er nicht die Mutter aller Ängste?

In den vergangenen Monaten und auch Jahren hat sich offensichtlich das Angstpotential vieler Menschen in Deutschland erhöht. Ängste vor konkreten Bedrohungen, aber auch ganz unbestimmte Furcht und Angst vor der Zukunft oder als Lebensgefühl nehmen zu. Die Angst vor dem Fremden ist diffus, weil man zum Teil den Fremden und das Fremde gar nicht kennt, die Auseinandersetzung scheut und sich hinter lautstarken Meinungsvertretern verschiedener Strömungen versteckt. Die Angst vor Terroranschlägen, die doch vermeintlich von diesen Fremden ausgeht, von den Flüchtlingen und anderen, die in das Land strömen – eine Meinung, die von Rechtspopulisten geschürt wird. Angst vor Krieg und vor Viren, die noch schlimmer sind als das Corona-Virus, das die Welt so lange in Atem hält. Die Angst vor sich selbst, dem Fremden in sich selbst, die dann oft übertragen wird auf das Fremde und die Fremden.

Große und tiefgreifende Ängste können Veränderungen auslösen: ein Umzug, eine Operation, ein Berufswechsel – die Angst vor dem, was da kommt, die Angst davor, es nicht beherrschen zu können, die Angst zu scheitern. Der Verlust von Sicherheiten kann Ängste auslösen und eine Reaktion zeitigen, die die Sicherheiten bewahren will und je einfacher diese zu definieren sind, umso besser. Vielfalt und Offenheit sind dann nicht mehr gefragt, die Angst richtet sich auf den anderen, auf das Fremde, das diese Sicherheiten zu bedrohen scheint. Dagegen muss man sich absichern. Unheilvolle Tendenzen, die sich mit dem Glauben an den menschgewordenen Gottessohn nicht vereinbaren lassen.

Wie mit all dem umgehen? Wie helfen Glaube und Spiritualität dabei? Wer nun glaubt, dass Glaube von Angst befreit, der wird durch die Bibel und womöglich, wenn er/sie ehrlich ist, auch durch das eigene Leben eines Besseren belehrt. Wer glaubt, dass der Gottesglaube angst-los werden lässt, der betrügt sich selbst, denn Furcht und Angst gehören zum Leben dazu. 1934 hielt Dietrich Bonhoeffer in London eine denkwürdige Predigt über den Propheten Jeremia. Er spricht von der Erfahrung, sich von Gottes Ruf so sehr getroffen zu fühlen, dass es bedrängend und faszinierend zugleich wird. In seiner Predigt formulierte er ein Gebet, das er Jeremia in den Mund legte. Letztlich spiegelt sich darin wohl seine eigene Erfahrung, von Gott nicht mehr loszukommen. „Von Gott nicht mehr loskommen können, das ist die dauernde Beunruhigung jedes christlichen Lebens. Wer sich einmal auf ihn einließ, wer sich einmal von ihm überreden ließ, der kommt nicht mehr los. […] Von Gott nicht mehr loskommen, das bedeutet viel Angst, viel Verzagtheit, viel Trübsal, aber bedeutet doch auch im Guten und Bösen nie mehr gott-los sein können."[12]

Bonhoeffer erlebte es später an seinem eigenen Leib. Er wurde zu einem Feind der Nazis, die ihn schließlich in Arrest nahmen und hinrichten ließen. Immer wieder beschreibt Bonhoeffer in seinen Aufzeichnungen, dass ihm auf der einen Seite die Gefühle von Angst und Furcht nicht loslassen, er auf der anderen Seite aber Gott vertraut, auf ihn baut und hofft. Die Angst aushalten, ihr ins Angesicht schauen und ihr den Glauben entgegenhalten, das verhilft zum Leben.

Gelassenheit, Geduld und Großmut – die drei G

Im Umgang mit der Angst und Furcht gibt es inzwischen zahlreiche Ratgeber aus den unterschiedlichsten Perspektiven. Aus der christlichen Spiritualität heraus lassen sich Haltungen definieren, die im Umgang mit der Angst helfen können. Die drei G: Gelassenheit, Geduld und Großmut.

Gelassenheit hört sich einfach an. Doch wie schwer ist es in vielen Situationen des Alltags, gelassen zu sein und zu bleiben. Das klassische Beispiel ist das endlose Warten im Stau, bis dieser sich wieder aufgelöst hat. Es ist eine Situation, die geradezu herausfordert, gelassen zu sein, denn sie lässt sich nicht ändern, wie stark man sich auch aufregen mag. Oder die Ampel, die einfach nicht auf Grün springen will, die Sonntagsfahrer, die den Verkehr blockieren – man hat es doch so eilig. Die Menschen an der Kasse im Supermarkt, die endlos in ihrem Portemonnaie nach dem entsprechenden Kleingeld suchen. Wie einfach wäre es doch, eine Kredit- oder EC-Karte zu benutzen. Der gute Freund oder die liebe Verwandte, die einfach kein Ende in ihrem Reden finden, die umständlich erklären, viele Worte für wenig Inhalt benötigen … so viele Situationen im Alltag, die Gelassenheit erfordern. In jüngster Zeit strapazieren endlose Verspätungen der Deutschen Bahn die Nerven der Bahnfahrer, dazu kommt ein Krisenmanagement, das unglaubliches Verbesserungspotential benötigt. Gelassenheit ist gefordert, hört sich gut an, aber wie geht das in der Praxis? Sich einfach einreden, doch mal gelassen zu sein, da die Situation nun einmal so ist, wie sie ist? Wer gelassen bleiben kann, der lebt sicherlich gesünder, schont seine Nerven, lässt sich vom Stress oder einer Situation, die sich nicht ändern lässt, nicht unterkriegen und ist letztlich auch unabhängiger vom Tun und Lassen anderer.

> Gelassenheit lässt sich einüben. Dazu gibt es viele Bücher. Gelassenheit gehört zur Lebenskunst! Die Tipps gehen alle in ähnliche Richtungen:
>
> - Auf den Atem schauen und langsam ausatmen, denn mit der Hektik und dem Ärger beschleunigen sich Puls und Atem. Langsam atmen hilft dabei, dass der Ärger seine Bedeutung verliert, wie wenn man den Überdruck in einem Ballon abbaut.
> - Den inneren Abstand wahren und einen Schritt zurücktreten, dabei die Frage stellen: Ist das Ereignis wirklich den Ärger und die Aufregung wert?
> - Sich die Frage stellen, ob man die Situation oder das Ereignis ändern kann, und wenn nicht, es dann auch sein lassen. Wie lassen sich die Zeit und die Situation anders nutzen?
> - Schließlich sich die Frage stellen: Was regt mich immer wieder auf? Warum eigentlich?

Der Schlüssel zur Gelassenheit ist der liebevolle Blick auf sich selbst und auf alles um einen herum; das innere Vertrauen, Zuversicht und Optimismus und das kleine Wörtchen „Ja". Es geht darum, anzunehmen, was kommt, das Leben zu bejahen, das eigene Schicksal als Aufgabe und nicht als Bürde zu sehen. Gelassenheit entsteht aus der Liebe zum Leben und zu anderen Menschen und darin auch zu der Situation, die so ist, wie sie ist.

In der christlichen Spiritualität jedoch ist die Gelassenheit noch mehr: die Annahme des Gegebenen und ein liebevoller Blick, weil das Gegebene getragen ist. Man kann es annehmen aus den Händen Gottes und im Vertrauen auf ihn. Die Sprache der Mystiker ist da sehr beredt. Hier heißt Gelassenheit, wie im Mittelhochdeutschen generell, soviel wie gottergeben sein, sich gottergeben zeigen. Es ist ein ganz wichtiges Wort in der Geschichte der Mystik, vor allem auch der Deutschen Mystik. Die sogenannte Rheinische oder auch deutsche Mystik mit den drei Leuchtgestalten Johannes Tauler (1300-1361), Meister Eckhart (1260-1328) und Heinrich Seuse (1295-1366) betonten immer wieder die Notwendigkeit der Gelassenheit und des Sich-Gott-Überlassens, ein vertrauensvolles Sich-in-Gott-Ergeben.

Meister Eckhart sprach von der Ent-werdung, von der Befreiung des Menschen vom Ich und dem, was ihn gefangen hält. Gelassenheit hat also sehr viel mit Lassen und auch Loslassen zu tun, etwas im wahrsten Sinne des Wortes lassen können, aus dem Glauben und der Gewissheit heraus, dass Gott es trägt und richtet, dass man sich auf ihn verlassen kann. Gelassenheit geht dabei Hand in Hand mit der Geduld, die laut Bibel eine Frucht des Geistes ist und selbst in enger Verbindung mit Demut und Sanftmut, Erkenntnis und Güte, Milde und Glauben steht. Psalm 4,9 kann ein wenig den Weg zu einer biblischen Gelassenheit oder einer Gelassenheit im Sinne einer christlichen Lebenskunst weisen:

„In Frieden leg ich mich nieder und schlafe; denn du allein, HERR, lässt mich sorglos wohnen." Gelassenheit heißt hier, sich auf Gott zu verlassen – und deswegen ruhig schlafen können; wissen, dass allein Gott der HERR ist, Ruhe und Frieden verheißen und geben kann. Man braucht sich über die Dinge des Alltags nicht zu sehr aufzuregen, denn es ist nicht das „Erste und das Letzte", was man da erlebt und was einem widerfährt. Der christliche Glaube setzt auf die Hoffnung, dass es mehr als alles gibt, dass es ein Leben nach dem Tode gibt, dass es Hoffnung gibt, die mit Weihnachten einen Höhepunkt erlebt: Gott wird Mensch. Gelassenheit ist die Kunst, sich aufgrund einer tiefen Lebenshoffnung nicht zu sehr von dem abhängig zu machen, was einem im Jetzt widerfährt. Gelassenheit heißt: Man ist sich bewusst, dass man nicht der oder die ist, die das Leben zum Ziel bringt, sondern dass Gott da ist, der die Schritte lenkt und der die Situation kennt. Und Gott hat ein Ziel vor Augen für einen jeden und jede, für die Welt. Gott hält diese Welt in der Hand, und sie ist ihm so wichtig, dass er Mensch wird – wie gelassen könnte man doch allein deswegen sein!

Die christliche Gelassenheit im Warten ist dann eine Kerndimension des Glaubens, die Hand in Hand mit Vertrauen geht, nämlich auf Gott, den Vater, der weiß, was der Mensch nötig hat. Die Gestalt der Gelassenheit in der Bibel ist Maria: die Ruhe bewahren, wie Maria, das annehmen, was ihr begegnet, in aller Fragwürdigkeit, in aller Geheimnishaftigkeit, „Ja" sagen, weil es von Gott kommt, und ihm und seiner Botschaft vertrauen: „Maria aber bewahrte alle diese Worte und erwog sie in ihrem Herzen" (Lk 2,19). Auch Josef, ihr

Ehemann, lässt sich auf den Engel ein, weil durch ihn Gott spricht. Er vertraut ihm, baut auf ihn – das ist die christliche Kunst der Gelassenheit. Die Gelassenheit ist die Frucht des rechten Loslassens, denn: Wer losgelassen hat, was ihn fesselte, wer sich aus Banden falscher Abhängigkeit gelöst hat, der macht die Erfahrung der neuen Freiheit, der Gelassenheit.

Innere Unruhe und Angst vertragen sich nicht mit Gelassenheit. Zur Ruhe gelangen kann man nur, wenn man sich dem anvertraut und überantwortet, der allein die Unruhe des Herzens zur Ruhe bringen kann: Gott: „Kommt alle zu mir, die ihr mühselig und beladen seid! Ich will euch erquicken" (Mt 11,28).

Auf dem Hintergrund der Selbsterkenntnis und einer realistischen Selbsteinschätzung kann sich der Mensch mit sich selbst, seiner Geschichte und seiner zu erwartenden Zukunft versöhnen. Das ist Gelassenheit, die Frucht des Loslassens. In sich ruhen, weil ein anderer trägt und man deswegen JA zu sich sagen darf, loslassen darf von so vielem, was belastet und einem an sich selbst nicht gefällt: das ist die christliche Gelassenheit. Das macht das Zitat des Dominikanermystikers Johannes Tauler aus dem 14. Jahrhundert deutlich: „Gott sucht und will haben [...] einen gelassenen Menschen, der in Gleichmut stehe. Das bedeutet nicht, dass man sich niedersetzen und den Mantel über das Haupt ziehen soll; wahrlich, Kinder, nein!"[13] Tauler betont noch einmal, dass Gelassenheit keine passive Haltung ist, keine Vogel-Strauß-Taktik, vielmehr ist sie Handlung und Reflexion zugleich. Gelassenes Handeln ist ein überlegtes und ein bedachtes Tun, kein vorschnelles und aktionistisches Handeln. Es schätzt die Situation nüchtern ein und agiert entsprechend. Das ist für den Umgang mit der Angst ein ganz wesentliches Moment. Tauler spricht auch von Gleichmut, ein anderes Wort für Gelassenheit. Ein Synonym für gleichmütig ist im Duden das Wort ‚beherrscht'. Sich selbst beherrschen können, also weder aufbrausen noch zu emotional reagieren, vielmehr um der Sache oder auch der Situation willen, die Ruhe bewahren, eben gelassen sein. Es hört sich so leicht an, die Praxis sieht aber immer wieder anders aus. Es ist eine ständige Einübung.

Das zweite G, die Geduld, die Krone der Märtyrer, wie die Väter in der Wüste betonten, gehört zur Gelassenheit dazu: das geduldige Ertragen einer Situation, die so ist, wie sie ist. Geduld ist eine Tugend, die das Warten-Können beinhaltet. Sich in Geduld üben, Geduld haben mit – Worte des Alltags, die verdeutlichen, dass Geduld auch einen verlangsamenden Charakter hat. Alles hat seine Zeit, es gilt zu warten, eben geduldig zu sein und Wünsche, Hoffnungen, Erwartungen für eine Zeit zurückzustellen.
Wer geduldig und gelassen ist, kann Dinge und Geschehnisse lassen. Sie mögen zwar belasten, aber sie drücken den Menschen nicht nieder und lassen ihn nicht geduckt durch das Leben gehen. Wer diese zwei G's lebt, der handelt und lässt Dinge nicht nur geschehen, er handelt klug und besonnen, darin dann aber mutig und widerständig. Diese Form von Gelassenheit mischt sich ein und gibt Hoffnung. Eine solche Person folgt Jesus nach.

Großmut – das dritte G – stellt sich ein, das Gegenteil von Kleinmut, den Jesus seinen Jüngern immer wieder vorwirft, auch das Gegenteil von Rachsucht. Jemand der großmütig ist, der kann anderen vergeben, der kann auch sich selbst vergeben.

Ängste wahrnehmen und benennen, die guten von den schlechten Ängsten, ganz im Sinne der Unterscheidung der Geister, zu unterscheiden, sie nicht frömmelnd abtun mit dem Verweis, dass Gott mit uns ist und den Christ:innen zusagt: „Fürchtet Euch nicht, das ist der rechte Umgang mit der Angst." In Zeiten der Verunsicherung haben billige Vertröstungen nichts zu suchen. In einer Zeit der Angst nicht die Angst beschönigen, sie nicht klein- oder wegreden, sie ernst nehmen und gleichzeitig etwas dagegensetzen, den Blick auf die Hoffnung lenken, die der Motor des Lebens ist, das ist mutig, denn das bedeutet, gegen den Strom zu schwimmen. Das ist kein plumper oder blinder Optimismus, sondern der Aufruf zu Gelassenheit in aller Ungewissheit des Lebens und den Entwicklungen in Kirche und Gesellschaft. Diese Gelassenheit hilft im Umgang mit den Ängsten des Lebens, indem sie diese relativiert, indem sie die Ängste in Beziehung setzt zu dem, was Leben auch noch heißt und wirklich wichtig im Leben ist, trotz und in aller Angst. Diese Gelassenheit und Geduld führen dann dazu, mit anderen großmütig zu sein und dort zu helfen, wo Hilfe gefordert ist, sich also nicht in der eigenen Angst zu vergraben.

Unerschrockenheit in aller Angst, ein zaghafter Optimismus in allen negativen Entwicklungen: Viele Menschen haben das in der Vergangenheit und Gegenwart gelebt. Sie können Hilfe und Ermutigung sein, die eigenen Ängste wahrzunehmen, anzunehmen und sie zu relativieren, um des Lebens willen.

Die Angst vor dem Altern und dem Tod oder: Von der Kunst des Sterbens

Das Alter macht vielen zu schaffen: der Gedanke daran, dass es jeden Menschen unwiderruflich trifft, oder auch die Tatsache, alt zu sein und damit nicht fertig zu werden. Vieles geht nicht mehr. Krankheiten und Gebrechen machen sich breit sowie die Angst, irgendwann von anderen abhängig zu sein, nichts mehr selbst machen zu können – bis hin zur langsamen Auslöschung jeder Erinnerung. Die Angst vor der Demenz und vor Alzheimer hängt wie ein Damoklesschwert darüber.
Viele Menschen versuchen, dem zu entrinnen. Man macht sich jung. Anti-Aging ist das Stichwort. Doch geht damit nur die Angst und das Verdrängen der eigenen Endlichkeit einher. Jedes Lebensalter hat seine guten und schlechten Seiten, so auch das Alter. Und nicht umsonst ist in vielen asiatischen Kulturen die Ehrfurcht und der Respekt vor dem Alter ein grundlegender Pfeiler ihrer Gesellschaften. Entrinnen kann man dem Altern nicht. Auch lässt sich das Leben nicht verlängern oder verjüngen, so sehr es auch ersehnt und angestrebt wird. Vielleicht gibt es ja soetwas wie ein erfolgreiches Altern, das darin besteht, die Schwächen, die Ängste und Gebrechlichkeiten ernst zu nehmen und zu akzeptieren, gleichzeitig aber auch die guten Seiten zu sehen und in Dankbarkeit für all das, was war, und den Reichtum der Erinnerungen zu leben. Das Gute zu leben, mit vielen Erfahrungen Jüngeren mit Rat und Tat zur Seite stehen, vielleicht auch die Verdienste und das Erreichte genießen und zu ‚verkosten', das bedeutet, die Kunst des Alterns zu leben. Das Altern ist wahrlich eine Kunst. Und wie beeindruckend ist es, alte

Menschen zu sehen und zu erleben, die zufrieden und glücklich sind, die eine Ausstrahlung haben und darin sogar Autorität; die vieles zwar nicht mehr so gut können und dennoch in sich selbst ruhen, nicht jammern und lamentieren, sondern das leben und genießen, was ihnen noch bleibt. Lebendigkeit, Lebens- und Glaubenskraft geht von vielen älteren Menschen aus. Darin sind sie Vorbilder und Inspirationsquellen für Jüngere. Zur Kunst des Alterns gehört auch das Lassen und Loslassen-Können. Vieles ist nicht mehr wichtig. Die Zeit rennt davon, es bleibt nicht mehr viel. Alles, was unnötiger Ballast ist und stört, wird auf die Seite gelegt. Auf das Wesentliche kommt es an. So gibt es viele ältere Menschen, die nicht verbittert sind, nicht resignieren, sondern immer noch das Beste aus dem machen, was sich ergibt und was sie können. Die Kunst des Alterns ist zugleich die Kunst des Lebens.

Doch am Ende des Alterns steht eine Dimension, die die Annahme des Alterns so schwer macht: die Akzeptanz des Endes, der Tod. Wohl kaum eine Angst sitzt tiefer und hält Menschen im wahrsten Sinne des Wortes gefangen, wie die Angst vor dem Tod, vor dem letzten und unbekannten Schritt im Leben eines Menschen. Der Tod gehört zum Leben, beide gehen Hand in Hand. Leben bedeutet ‚Sterben-Müssen', und das widerfährt am Ende allen. Niemand kann sich dem entziehen, auch wenn sich so manche, die das entsprechende Geld haben, direkt nach ihrem Tod einfrieren lassen, für den Fall, dass es mal eine Methode der Wiederbelebung geben sollte. Weil der Tod endgültig ist, und weil nicht wirklich jemand aus dem Tod wieder zurückgekommen ist und über das, was den Menschen in einer möglichen Welt nach dem Tod erwarten könnte, berichtet hat, deswegen macht der Tod Angst. Mit dem Tod verbinden sich Unkenntnis, ein großes Fragezeichen und die verschiedensten Theorien bis hin zu einem Glauben an ein Weiterleben, an eine Wiederkehr oder Auferstehung von den Toten. Es verwundert, wenn sich manche Christen zum Glauben an die Reinkarnation bekennen. Je nach den Taten im vorhergegangenen Leben erhält der Mensch eine neue Chance, sich zu bewähren. Doch sehen Buddhisten und Hindus diese Reinkarnation nicht als zweite Chance, sondern als eine Strafe und enorme Last an, denn das Ziel ist es, dem Kreislauf der Wiedergeburten zu entkommen. Und Reinkarnation bedeutet nicht Auferstehung von den Toten. Das sind zwei gänzlich unterschiedliche Denk- und Glaubensrichtungen, die sich nicht miteinander vereinbaren lassen.

Sind all diese verschiedenen Vorstellungen von dem, was den Menschen nach dem Tod oder im Tod erwarten, nur Versuche, sich das absolute Nichts schön zu reden und die Augen vor der Tatsache zu verschließen, dass es mit dem Tod für alle ein Ende hat: aus und vorbei?! Und ist es nicht viel einfacher, den Tod zu ignorieren, im Hier und Jetzt zu leben und das Leben, so wie es sich Tag für Tag ergibt, in Würde und mit Lust zu leben, bis es dann aus ist? Löst sich das Leben einfach in Nichts auf? Gibt es nur eine Chance, und die liegt im Hier und Jetzt? Eine Existenz nach dem Tod gibt es nicht? Ist nicht auch der christliche Glauben an die Auferstehung von den Toten nur ein Konstrukt, um mit der unverständlichen und logisch nicht zu verarbeitenden Tatsache fertig zu werden, dass der Tod das Aus bedeutet, das Nichts, kein Be-

wusstsein, kein Leben, einfach nur Auslöschung der Existenz? Das kann man sicherlich so sehen, doch lässt sich der Glaube weder logisch beweisen noch widerlegen.
Der Glaube an die Auferstehung ist ein zentraler Punkt der christlichen Spiritualität. Und doch bleibt der Stachel des Zweifels, bleiben die Fragen, die niemand beantworten kann, die Fragen nach dem Wie und Wo und Wann. Das ewige Jerusalem, die Gottesschau im Tod, wie soll das gehen? Und Himmel und Hölle? Theologisch wird viel argumentiert und begründet, gefragt und beantwortet, doch die Fragen bleiben, der Zweifel nagt weiter – und das Ende naht. Die Angst schwindet nur wenig.
Der verstorbene Philosophieprofessor und langjährige Krankenhausseelsorger Edilbert Schülli hat viele Menschen in den Tod begleitet, ihre Angehörigen getröstet und ihnen geholfen, mit dem Tod lieber Angehöriger leben zu können. Er schreibt: „Der Tod ist des Einzelnen Weltuntergang. Diesen Untergang einer ganzen Welt gilt es, in unsere Existenz hineinzunehmen, für die noch ausstehende Zukunft des Todes. Das geht nur im Gedanken an den Tod. Darum ist nicht eigentlich der Tod, sondern der Gedanke an den Tod der wirkliche Ernst. Das ist nicht ein Gedanke, der folgenlos bleibt. Wir realisieren in ihm, dass der Tod jederzeit möglich und uns sogar gewiss ist. So gibt es in der Gewissheit des Todes dessen Ungewissheit und in der Ungewissheit die Gewissheit."[14] Schülli spricht von der Gewissheit des Todes und der Gewissheit in der Ungewissheit des Todes. Die Auferstehung ist ungewiss. Sie ist nicht bewiesen und nicht beweisbar, doch gleichzeitig ist auch das endgültige Ende durch den Tod gewiss und ungewiss zugleich. Wer sagt, dass es da-

nach nicht weitergeht, anders weitergeht, neu weitergeht? Ungewisse Gewissheit, besser kann man den Glauben an die Auferstehung von den Toten wohl kaum beschreiben.

So wie es die Kunst des Alterns zu erlernen gilt, so auch die Kunst des Sterbens, die sogenannte Ars Moriendi, die mit der Angst vor dem Tod während des Lebens Akzente zu setzen versucht.[15] Nicht erst, wenn der Tod vor der Tür steht, sondern bereits während des Lebens gilt es, den Tod in das Leben zu integrieren, ihn als dazugehörig zu betrachten. Das Leben gibt es nur mit dem Sterben und dem Tod. Der Glaube an die Auferstehung ist geprägt von dem Vertrauen in die Zusage Gottes, der ein Gott der Lebenden und nicht der Toten ist. Wolfgang Amadeus Mozart schreibt in einem seiner Briefe an seinen Vater: „Da der Tod der wahre Endzweck unseres Lebens ist, so habe ich mich seit ein paar Jahren mit diesem wahren, besten Freunde des Menschen so bekannt gemacht, dass sein Bild nicht alleine nichts Schreckendes mehr für mich hat, sondern recht viel Beruhigendes und Tröstendes! – Und ich danke meinem Gott, dass er mir das Glück gegönnt hat, mir die Gelegenheit zu verschaffen, ihn als den Schlüssel zu unserer wahren Glückseligkeit kennen zu lernen. – Ich lege mich nie zu Bette, ohne zu bedenken, dass ich vielleicht den andern Tag nicht mehr sein werde. Und es wird doch kein Mensch von allen, die mich kennen, sagen können, dass ich im Umgang mürrisch oder traurig wäre."[16] Wer hätte es Mozart, dem Lebemann und unglaublichen Künstler, zugetraut, dass er jeden Abend an den Tod denkt und ihn sich zum Freund macht.

Franz von Assisi spricht ebenso von dem Tod als Bruder. Am Ende seines Lebens im Jahre 1225 beginnt er, den Sonnengesang in mehreren Etappen zu dichten. Es ist ein Gesang, der die Schönheit und Unbegreiflichkeit der gesamten Schöpfung preist, darin eingeschlossen: der Tod. Franziskus litt in diesen Jahren unter verschiedenen Krankheiten, die ihn schwächer und schwächer werden ließen. Zeit seines Lebens hatte er mit seinem Körper durch harte Fastenpraktiken Raubbau betrieben, auch die Brüdergemeinschaft hatte sich nicht so entwickelt, wie er es sich erwünscht hatte. Es war eine riesige Gemeinschaft entstanden, die feste Strukturen und Konzepte benötigte. Das einfache und unbeschwerte Leben des Evangeliums, wie er es immer wollte, fiel ihm unter diesen Umständen schwer. Alles in allem hat Franziskus gegen Ende seines Lebens unter vielem gelitten. Er wurde, wie er in seinem Testament schreibt, unter die Aussätzigen geführt; dort sind ihm sicherlich Sterben und Tod begegnet. Zuvor ist ihm dieses schon im Krieg mit Perugia und seiner anschließenden Gefangenschaft täglich vor Augen geführt worden. Das wird ihn geprägt haben. Thomas von Celano legt ihm gegen Ende seines Lebens die Worte in den Mund: „Und als er infolge seiner Krankheit die frühere Strenge notwendigerweise mäßigte, sagte er: ,Brüder, nun wollen wir anfangen, Gott dem Herrn zu dienen; denn bis jetzt haben wir kaum, sogar wenig – nein, gar keinen Fortschritt gemacht.' [...] Im Vorsatz heiliger Erneuerung lebte er in der Hoffnung, immer wieder einen neuen Anfang setzen zu können"[17] Einen neuen Anfang setzen – das umschloss für Franziskus sicherlich auch das Sterben und den Tod, der für Glaubende einen Neuanfang bei Gott bedeutet.

Dadurch wurde Franziskus die Angst vor dem Tod genommen. Und er konnte in einer Strophe dieses wunderschönen Liedes den Tod als Bruder besingen. In aller ungewissen Gewissheit war der Tod ihm dennoch Zuversicht und Hoffnung: „Gelobt seist du, mein Herr, durch unsere Schwester, den leiblichen Tod; ihm kann kein Mensch lebend entrinnen."[18] Schließlich feierte er seinen Tod buchstäblich. Alle Menschen, die ihm wichtig waren, lud er ein. „Zuletzt ließ er sich das Evangelienbuch bringen und bat, man möge ihm das Evangelium nach Johannes vorlesen von der Stelle an, wo es heißt: Sechs Tage vor Ostern, da Jesus wusste, dass für ihn die Stunde gekommen war, aus dieser Welt hinüber zum Vater zu gehen. [...] Darauf ließ sich der Heilige auf ein Zilizium legen und mit Asche bestreuen, da er ja bald Staub und Asche werden sollte. Während nun viele Brüder herbeikamen, denen er Vater und Führer war, und ihn ehrfürchtig umstanden und alle sein seliges Scheiden und glückliches Ende erwarteten, löste sich seine heiligste Seele vom Leibe und wurde in dem grundlosen Meer des Lichtes verschlungen; der Leib aber entschlief im Herrn."[19]

Den Tod begrüßte er als Schwester und Bruder. Das gab ihm Trost. Zugleich jedoch ist es keine einfache Vertröstung und ein „die Augen verschließen" vor der Tatsache des endgültigen Endes. Vielmehr verweist es auf das Hier und Jetzt, auf das Leben, das es zu gestalten gilt, mit all seinen vielen kleinen Todeserfahrungen, eingedenk der Tatsache, dass das Leben ein ‚Sterben-Müssen' bedeutet. Das Ja-Sagen zum Leben ist genauso wichtig wie das Ja-Sagen zum Tode. Nur wem beides gelingt, der lebt wirklich. Den Tod als Bruder und Freund begrüßen: Das ist ein ungemein hoher Anspruch, zeigt aber vor allem auch eine prinzipielle Einstellung zum Leben: die Chancen zu nutzen, die Möglichkeiten, die das Leben bietet, zu ergreifen, und sich gleichzeitig einer Realität des Lebens bewusst zu sein, die da heißt: Das Leben ist endlich, und der Tod wartet auf einen jeden und jede. Gerade Corona zeigt uns die Fragilität des Lebens. Das Virus lehrt Furcht und Vorsicht. Ungesehen tötet es viele Menschen oder trägt zumindest dazu bei, dass Menschen nicht nur der sogenannten Risikogruppen sterben. Das Leben feiern, die Lebenslust feiern, das Leben genießen – unter all den Einschränkungen und unter all den Unsicherheiten, das ist nicht einfach. Das ist eine Kunst, aber eine Kunst, die das Leben lehrt, vielleicht auch sogar das Virus.

Wenn auch die heilige Klara von Assisi (1194-1253) ihren Tod nicht so feiert und als Bruder begrüßt, so ist auch ihr Verhalten auf dem Sterbebett mehr als eindrucksvoll und zeigt, wie sehr Leben und Tod zusammengehören und wie sehr beides auch miteinander integriert sein will. Kurz vor ihrem Tod besucht der Papst sie auf ihrem Sterbebett; die Regel wird approbiert, nach langem und zähem Ringen mit den kirchlichen Behörden. Und Klara murmelt offensichtlich immer wieder die Worte vor sich hin: „Du Herr, sei gepriesen, weil du mich erschaffen hast."[20] Eindrücklicher kann man das Leben am Ende des eigenen Lebens nicht reflektieren: sich geschenkt und beschenkt zu wissen, die Freude am Leben und am Schöpfer zum Ausdruck zu bringen, zu danken und zu preisen für all das, was war und sein durfte. Martina Kreidler-Kos schreibt dazu: „Klaras Lebensmut erlischt am Ende nicht, er erschöpft sich auch nicht nach einer langen Lebenszeit, sondern wird buchstäblich bis zum letzten Atemzug geschöpft – aus der Freude darüber, gewollt zu sein, geheiligt, behütet."[21]

Im Laufe der Pandemie sind Menschen sich wieder ihrer Verwundbarkeit und ihrer Sterblichkeit bewusst geworden. Viele Menschen sind gestorben oder leiden an den Folgen der Erkrankung durch das Virus. Dabei die Lebensfreude und die Freude an der Welt nicht zu verlieren, die Schönheit der Schöpfung und das Geschenk des Lebens nicht zu vergessen, das ist ein gewaltiger Kraftakt, und doch: Nur so kann Leben gelingen, nicht in der Ausklammerung von Leid und Tod, sondern in der Integration – eine lebenslange Aufgabe, für die Franziskus und Klara Lehrmeister und Lehrmeisterin sein können. Unlösbare Fragen, Krisen, Verletzung und Tod gehören dazu. Die Augen nicht vor den Widrigkeiten des Lebens zu verschließen, denn sie gehören dazu, das schließt den Genuss des Lebens nicht aus. Ansonsten wäre da ein ewiger Schatten, ein lähmendes Etwas, das nicht sein darf, doch zwangsläufig ist und kommt.
Der Glaube an die Auferstehung ist zugleich die Aufforderung, überall dort, wo Menschen leiden, wo Ungerechtigkeit und inhumane Verhältnisse vorherrschen, wo Menschen auf vielfältige Weise zum Tode verurteilt werden, widerständig zu sein und jeglicher Gestalt des Todes entgegenzutreten.

Für eine Kunst des Sterbens bedeutet das:

- Die Zeit des Lebens nicht als selbstverständlich zu betrachten

- Dankbar zu sein für das Geschenk des Lebens, es wertzuschätzen und zu gestalten

- Sich zu fragen, was wirklich wichtig im Leben ist, und sich nicht von Nebensächlichkeiten fesseln zu lassen

- Auf die Botschaft Gottes vom Leben zu vertrauen und eine Gelassenheit einzuüben

- Die Angst vor dem Tod nicht wegzuschieben, vielmehr mit ihr zu leben und sie ins Leben zu integrieren, denn die Angst gehört zum Leben, wie der Tod

Spiritualität und Lebenslust

Was hat Lust mit Spiritualität zu tun? Ist das nicht ein eher negativer Begriff, manchmal sogar verpönt? Etwas, das mit Vorsicht und mit Argwohn zu genießen ist? Sexualität klingt an, und damit tun sich manche schwer, damit hat sich die Kirche in Vergangenheit und Gegenwart immer wieder schwergetan. Wenn Menschen nach dem Lustprinzip agieren, dann sollten sie ihre Lebenseinstellung überprüfen, so ist zumindest die Haltung vieler gegenüber der Lust. Doch was ist Lust? Und wie sieht es aus mit der Spiritualität und der Lust? Lust ist etwas, das mit einer gesteigerten Wahrnehmung von Leben zu tun hat. Das Leben wird intensiv erlebt, die Sinne spielen eine große Rolle. Das Leben wird in verschiedenen Momenten buchstäblich ‚verkostet' – und das ist ein Begriff, der auch in der geistlichen Tradition begegnet. Wenn Menschen Lust verspüren, dann fühlt sich etwas gut, begehrens- oder erstrebenswert an. Dann kommt auch die Dimension von Genuss mit ins Spiel. Man kann etwas und darf es auch genießen. Lust und Motivation, Lust und Schönheit, Lust und Erlebnis, Lust und Ethik, Lust und Wert, Lust und Wohlbefinden – Lust steht in vielen Zusammenhängen mit dem, was guttut und gut ist. Es ist eine wichtige Dimension im menschlichen Leben. Und wie bei so vielem ist Lust etwas, das immer auch mit Maßhalten und der gesunden Mitte zu tun hat, will sie denn gut sein und dem Menschen guttun. Lust ist also vom Prinzip her ein sehr positives Wort. Wer keine Lust mehr hat, dem fehlt der Antrieb, die Motivation und auch Freude an etwas. Das kann die verschiedensten Gründe haben. Lust ist eine erfreuliche Dimension des menschlichen Lebens. Das Absterben der Sinnlichkeit und Lust bedeuten Tod. Doch tut gleichzeitig Verzicht Not, um die Lust in ihrer Fülle erleben zu können. Verzicht lässt die Lust in all ihrer Bedeutung verstärkt verspüren. Indem Menschen sich für eine gewisse Zeit etwas versagen, ob es der Genuss von Alkohol, von gewissen Gütern, Essen oder was auch immer ist: Durch den Verzicht werden diese Dinge vielleicht wieder mehr in ihrer Bedeutung wahrgenommen, versinken nicht in Routine und Alltag und werden womöglich auch wieder ins rechte Lot gerückt. Sinne werden wieder geschult, das Konsumverhalten relativiert, die Freude am Leben intensiviert – bis hin zu der Erkenntnis, dass es vielleicht sogar auf Dauer ganz gut ohne dieses oder jenes geht, auf das man eine Zeit bewusst verzichtet hat.

Auch christliche Spiritualität hat es mit Lust, Lebenslust und damit auch mit Leidenschaften zu tun. Oft wird Gottesdiensten, Predigten oder auch manchen Christ:innen unterstellt, dass sie sich durch Blutleere in Wort und Tat auszeichnen. Doch will die Botschaft Jesu dem Leben dienen, Leben wecken – und auch Lust machen. Es geht um das Leben in Fülle, wie kann da die Lust keine Rolle spielen?

Schon die Väter in der Wüste, allen voran der Mönch, Kalligraph und Schriftsteller Evagrios Pontikos (ca. 345-399), warnten vor dem Mittagsdämon, der Akedia, als einem der gefährlichsten Dämonen. Er verführe die Mönche dazu, träge und antriebsarm, lustlos und gleichgültig zu werden. Dämonen entsprechen zwar nicht mehr dem modernen Weltbild, dennoch gibt es im Leben immer wieder, im übertragenen Sinne, so etwas wie Dämonen. Das sind Gedanken, Versuchungen, Fallen und Fixierungen, die Menschen im wahrsten Sinne des Wortes ‚besetzt' und auch gefangen halten, sodass wirkliches und befreiendes Leben nicht möglich ist. Das können Rachegelüste, Süchte oder auch Ängste sein. Und die Akedia ist das Gefühl und die lähmende Haltung des Überdrusses. Zeichen dieses Überdrusses sind, nach Evagrios, innere Unrast und Unruhe. Es hält den Mönch nicht mehr in seiner Zelle und an dem einen Ort, an den er sich gebunden hat. Die Unzufriedenheit mit dem, was man hat und tut, stellt sich ein. Alles ist irgendwie nicht richtig. Es werden viele Gründe dafür gesucht, und natürlich auch gefunden, aber zumeist nicht im eigenen Inneren, sondern bei den Umständen und bei anderen. Menschen lenken sich ab, mit dem altmodischen Wort ausgedrückt: Sie suchen ‚Zerstreuung'. Treffender als Evagrios kann man diese Lustlosigkeit und den Überdruss kaum darstellen: „Das Auge des Überdrüssigen starrt dauernd die Fenster an, und sein Geist stellt sich die Besucher vor. Die Tür knarrt, und jener springt auf. Er hört eine Stimme und späht aus dem Fenster, und er geht von dort nicht weg, bis er, lahm geworden, sich setzt. Liest der Überdrüssige, dann gähnt er viel und leicht versinkt er in Schlaf. Er reibt sich die Augen und streckt die Hände aus, und indem er die Augen vom Buch abwendet, starrt er die Wand an. Dann wendet er sie wieder ab und liest ein wenig, und indem er (das Buch) durchblättert, forscht er nach dem Schluss der Ausführungen. Er zählt die Blätter und bestimmt (die Zahl) der Hefte, bemäkelt die Schrift und die Ausstattung und zuletzt klappt er das Buch zu und legt den Kopf darauf und fällt in einen nicht allzu tiefen Schlaf, denn der Hunger weckt schließlich seine Seele wieder auf, und sie geht (dann erneut) ihren eigenen Sorgen nach."[22]

Ein spirituelles Leben, so Evagrios, ein Leben der Nachfolge setzt dem Überdruss die Liebe und die Enthaltsamkeit, die Wahrnehmung und Achtsamkeit entgegen, um so den Antrieb und die Lust am Leben nicht zu verlieren. Die Auswirkungen einer Lebenshaltung des Überdrusses lassen sich schnell erkennen: Missmut, üble Laune, Aggressivität und gleichzeitig Inaktivität, ständiges Meckern über alles und jeden, Unzufriedenheit auf allen Ebenen.

Zur Lust und zur christlichen Spiritualität gehören auch die Leidenschaften. Gott hat so sehr Lust am Leben und am Menschen, dass er ihn so erschaffen hat wie er ist, eben auch mit all den Leidenschaften, die menschliches Leben auszeichnen. Der Lust Gottes am Menschen muss des Menschen Lust und Leidenschaft für das Leben korrespondieren. Mit anderen Worten heißt das ebenfalls, dass ein Ethos der Lust einen Christen fordert, ein Mensch mit einer klaren Linie zu sein, ein Mensch mit Ecken und Kanten, ein Mensch mit Leidenschaft, die keine klaren Worte scheut; eine Leidenschaft, die für den Menschen eintritt, der Hilfe benötigt.

Spiritualität, und insbesondere die christliche Spiritualität, hat viel mit Lebenslust zu tun. Wer das Leben nicht genießen kann, wer überhaupt nicht genießen kann, dem fehlt etwas Elementares und Lebenswichtiges. Es geht um die Lust am Leben, denn dieses einmalige Leben ist ein unglaubliches und schönes Geschenk, zugleich Gabe und Aufgabe. Es geht um eine prinzipielle Lebensfreude, denn die Welt ist geheiligt durch die Menschwerdung Gottes. Alles ist Geschöpf und geschaffen – und wunderbar. Für viele Menschen in der christlichen Spiritualitätsgeschichte hat die Menschwerdung Gottes einen so großen Stellenwert, dass es bei ihnen keine Unterteilung in weltlich/säkular und sakral/spirituell gibt und geben darf. Damit ist auch das Genießen eingeschlossen, denn die Schönheit der Schöpfung und Geschöpfe, das geschenkte Leben unter den Bedingungen der Menschwerdung, steht unter der Prämisse des Genießens – das unglaubliche Geschenk des Lebens genießen können, trotz und in allem! Und das macht Lust.
Es geht sehr schnell, sich von den Widrigkeiten des Lebens unterkriegen zu lassen und die Freude am Leben zu verlieren. So gilt es, aus den geringen Möglichkeiten das zu gestalten

und zu leben, was möglich ist, den Blick auf das zu lenken, was lebt und trotz und in allem Freude macht. Das ist ein wichtiger Teil der christlichen Lebenskunst, in der Gewissheit, dass Gott mitgeht.

Zudem hat Gott den Menschen eine ganz bedeutende und lebensspendende Kraft mit auf den Weg gegeben: die Sexualität. Die Erfahrung der Spiritualität ist eine ganzheitliche. Sie betrifft nicht nur die Seele, sondern auch den Leib. Spirituelle Erfahrungen prägen Leib und Seele und hinterlassen ihre Spuren. Spiritualität hat es von daher immer auch mit Sexualität zu tun, die zum Leben des Menschen dazu gehört, denn der Mensch hat nicht nur einen Leib, er ist auch Leib. Und Sexualität wiederum ist eine Kraft, die mit Lebenslust und Lust zusammenhängt. Auch die Gottesliebe ist eine ganzheitliche, d.h. sie hat es mit Körper und Geist zu tun. Diese Kraft gehört damit ins Leben integriert, angenommen und auch entsprechend gestaltet. Gott hat den Menschen als ein sexuelles Wesen geschaffen, und Sexualität ist etwas Gutes und Großartiges, etwas Lustvolles. Gleichzeitig ist sie auch Aufgabe, denn sie will gestaltet und positiv genutzt und gelebt werden, so dass es keine falschen Abhängigkeiten, Fixierungen oder Missbrauch der eigenen Sexualität und der Sexualität anderer gibt, wenn sie zu Objekten der Lust degradiert werden. So wird Sexualität als Ausdruck einer tiefen Lebenslust gelebt.

EINLADUNG ZUR REFLEXION UND ÜBUNG

„Gleich darauf drängte er die Jünger, ins Boot zu steigen und an das andere Ufer vorauszufahren. Inzwischen wollte er die Leute nach Hause schicken. Nachdem er sie weggeschickt hatte, stieg er auf einen Berg, um für sich allein zu beten. Als es Abend wurde, war er allein dort. Das Boot aber war schon viele Stadien vom Land entfernt und wurde von den Wellen hin und her geworfen; denn sie hatten Gegenwind. In der vierten Nachtwache kam er zu ihnen; er ging auf dem See. Als ihn die Jünger über den See kommen sahen, erschraken sie, weil sie meinten, es sei ein Gespenst, und sie schrien vor Angst. Doch sogleich sprach Jesus zu ihnen und sagte: Habt Vertrauen, ich bin es; fürchtet euch nicht! Petrus erwiderte ihm und sagte: Herr, wenn du es bist, so befiehl, dass ich auf dem Wasser zu dir komme! Jesus sagte: Komm! Da stieg Petrus aus dem Boot und kam über das Wasser zu Jesus. Als er aber den heftigen Wind bemerkte, bekam er Angst. Und als er begann unterzugehen, schrie er: Herr, rette mich! Jesus streckte sofort die Hand aus, ergriff ihn und sagte zu ihm: Du Kleingläubiger, warum hast du gezweifelt? Und als sie ins Boot gestiegen waren, legte sich der Wind. Die Jünger im Boot aber fielen vor Jesus nieder und sagten: Wahrhaftig, Gottes Sohn bist du. Sie fuhren auf das Ufer zu und kamen nach Gennesaret. Als die Leute jener Gegend ihn erkannten, schickten sie in die ganze Umgebung. Und man brachte alle Kranken zu ihm und bat ihn, er möge sie wenigstens den Saum seines Gewandes berühren lassen. Und alle, die ihn berührten, wurden geheilt" (Mt 14,22-36).

Fragen
1. Was macht mir am meisten Angst in meinem Leben?
2. Habe ich den Mut, zu meinen Ängsten zu stehen, sie zu benennen und trotzdem zu hoffen?
3. Habe ich Angst vor dem Tod?
4. Bin ich kleinmütig?
5. Habe ich ein grundsätzliches Vertrauen in die Welt und den Menschen?
6. Wem und was traue ich? Traue ich mir?

Übungen

Zur Gelassenheit in Situationen, die diese einfordern:

- In einer Situation, die Geduld und Gelassenheit erfordert, atme ich tief ein- und aus, konzentriere mich darauf, nicht auf den Ärger des Warten-Müssens. Ich kann den Atem auch verbinden mit dem Wort Gott, das ich ein und ausatme – und so werde ich ruhig, gelassen, kann die Situation so nehmen, wie sie ist.

- Oder ich spreche ein Stoßgebet. Ein kurzes Anrufen Gottes, das mir ins Bewusstsein ruft, dass es Wichtigeres im Leben gibt, als die Situation im Moment, die ich ohnehin nicht ändern kann.

Zu Leben und Tod

- Ich stelle mir vor, der Tod klopft an meine Tür. Ich öffne, und er sagt mir: Ich gebe Dir noch zwei Tage, sodass Du Dich verabschieden kannst, dass Du noch die Dinge tun kannst, die Du unbedingt tun willst. Was wäre das, was kommt mir in den Sinn? Ich schreibe es auf.

- Ich schaue auf mein Leben zurück. Wofür bin ich dankbar und worauf auch ein wenig stolz? Was waren die schönsten Momente in meinem Leben, was die negativen und leidvollen? War Gott dabei? Was müsste ich noch tun, damit ich gut in diesem Moment sagen könnte: Es war gut so? Ich mache mir eine Liste: rechts die guten Dinge und Erfahrungen, in der Mitte die schlechten, und außen was ich noch tun muss.

III. Ausdrucksformen des Glaubens

Fragen
Wie kann ich richtig beten? Antwortet Gott überhaupt? Was heißt Mystik? Und Askese? Brauche ich den Gemeindegottesdienst und die Kirche dazu? Ist die Gemeinschaft für die Spiritualität im Alltag wichtig? Darf ich Spiritualitätsformen anderer Religionen praktizieren?

EINBLICK UND GESCHICHTE

Christliche Spiritualität, überhaupt Spiritualität, hat es immer mit Formen zu tun, in denen sie ausgedrückt und gelebt wird. Ohne Formen geht es nicht. Viele dieser Formen sind klassisch: Gebet, Liturgie und Gottesdienste, Meditations- und Kontemplationsübungen. Sie sind so vielfältig, wie es die Gläubigen sind. So stellt die christliche Spiritualitätsgeschichte einen immensen Reichtum an Formen dar, aus denen sich für das eigene Leben schöpfen lässt. Insofern lohnt sich ein Blick in die Geschichte, wenn es um das Gebet, die Meditation und die Kontemplation geht. Grundlegend ist dabei die Heilige Schrift und das, was dort über das Gebet geschrieben steht.

Gebet

Das Alte Testament ist ein Buch über Menschen, die beten. Immer wieder gestalten Menschen ihre Beziehung zu Gott in Form des Gebetes. Und es ist mehr als nur ein Gespräch. Im Alten Testament ist das Gebet so etwas wie eine Wesensberührung. Im Gebet berührt der Mensch sein Wesen, sein tiefstes und eigenes Ich, indem er sich an Gott wendet, dem er sich verdankt, der der Schöpfer von allem ist. Gott ist der Ursprung von allem, und wer ihm begegnet, der begegnet sich selbst, der berührt sein Wesen und lässt sich gleichzeitig von Gott berühren. Viele alttestamentliche Gestalten lassen sich von Gott im Gebet berühren. Der Psalmist betet, indem er lobt und bittet, klagt und schreit, seufzt, schweigt und anklagt. Isaak betet zum Herrn für seine Frau Rebecca, die kinderlos geblieben war und Gott erhört ihn (Gen 25,21). Mose singt mit seinem Volk dem Herrn ein Loblied (Ex 15,1-22). Mose betet immer wieder für das Volk (z.B. Num 21,7). Jahr für Jahr zieht Elkana hinauf nach Schilo, um den Herrn anzubeten und ihm Opfer zu bringen (1 Sam 1,3). Hanna betet leise, indem sie ihre Lippen kaum bewegt, sodass Eli sie für betrunken hält (1 Sam 1,13). David dankt seinem Herrn mit einem langen Dankgebet (2 Sam 22,1-51). Salomo fleht zum Herrn (1 Kön 8,54). Esra betet weinend (Esra 9,5-15). Tobit bittet darum, dass Gott sich nicht von ihm abwende (Tob 3,6). Gleichzeitig macht er sich betend zum Pilgern auf nach Jerusalem. Immer wieder bittet das Volk Israel Gott um Hilfe in der Not und Gott erhört ihre Bitten. Judit neigt ihr Haupt, während sie betet (Jdt 10,9), sie betet still (13,4). Hiob zerreißt sein Gewand, schert sich das Haupt, fällt auf die Erde und betet (Hiob 1,20). Jesaja betet in der Verfolgung (Jes 17,12-18).

Daniel betet dreimal am Tage, wie er es gewohnt war (Dan 6,11). Jona betet im Bauch des Fisches zu Gott (Jona 4,2) … Beten ist für den alttestamentlichen Menschen so etwas wie das Atmen. Es geht nicht ohne. Zugleich bedeutet Beten auch, mit all den Ausdrucksformen, die dem Menschen zur Verfügung stehen, sich an Gott zu wenden: dankend, klagend, trauernd, anklagend, lobpreisend, schreiend, weinend, bittend, fragend und zweifelnd. Nichts bleibt dem Gebet des alttestamentlichen Menschen vorenthalten. Der Mensch betet sein Leben, er lebt das Gebet.

Allem voran ergeht immer wieder die Aufforderung Gottes an den Menschen, der Mensch möge hören. „Hört und ihr werdet leben" (Dtn 4,1). Dem Sprechen geht das Hören voraus. Das Hören ist elementar und grundlegend. Gott spricht sein Volk immer wieder an. Er beruft einzelne aus dem Volk zu besonderen Aufgaben. Das Hören des Wortes Gottes ist gleichbedeutend mit dem Sich-Treffen-Lassen durch das göttliche Wort. Das Gebet ist eine Form der Beziehungsgestaltung mit Gott, die Lebenshaltungen provozieren will. „Höre Israel! Der HERR, unser Gott, der HERR ist einzig. Darum sollst du den HERRN, deinen Gott, lieben mit ganzem Herzen, mit ganzer Seele und mit ganzer Kraft" (Dtn 6,4-5). Das ist die Grundvoraussetzung des Betens im Alten Testament. Der Beter und die Beterin wissen sich zutiefst getragen von einer göttlichen Wirklichkeit in ihrem Leben, die sie zuerst anspricht. „Weil du in meinen Augen teuer und wertvoll bist und weil ich dich liebe, gebe ich Menschen für dich und für dein Leben ganze Völker" (Jes 43,4). Grundsätzlich bejaht, angesprochen und getragen, antworten die Betenden nicht nur mit Worten, sondern mit ihrem ganzen Leben und können sich selbst in eine ungeahnte und ungewisse Zukunft begeben, wie es Abraham auf das Geheiß Gottes hin macht. Der Gott Israels ist einzig und allein großartig und der Schöpfer von allem. Und Gott ist frei. Als der Gott, der sein Volk aus dem Sklavenland Ägypten befreit hat, ist er ein Gott, der nicht magisch zu beeinflussen ist. Er ist nicht durch das Gebet handhabbar, instrumentalisierbar oder verfügbar. Gott entzieht sich. Und doch hilft er. „Meine Hilfe kommt vom HERRN, der Himmel und Erde erschaffen hat" (Ps 121,2). Die alttestamentlichen Beter:innen beten als einzelne, vor allem aber in Gemeinschaft in der gemeinsamen Liturgie, und das meistens zu besonderen und immer wiederkehrenden Anlässen. Das alttestamentlich jüdische Gebetsleben findet vor allem in der Synagoge und in der Familie statt. Die alttestamentlichen Beter:innen loben und preisen. Die Psalmen sind beredter Ausdruck davon: „Mein Gott, ich rufe bei Tag, doch du gibst keine Antwort; und bei Nacht, doch ich finde keine Ruhe" (Ps 22,3). Gott ist heilig und verehrungswürdig, selbst wenn er schweigt und der Beter ihn vergeblich sucht. Gott ist dabei nicht der Ferne, der sich aus dem Geschehen der Welt heraushält, vielmehr ist er der Heilige, der Majestätische, der zwar über allem thront, doch gleichzeitig seinem Volk immer wieder nahe ist und es auf allen seinen Wegen begleitet. „Dir haben unsere Väter vertraut, sie haben vertraut und du hast sie gerettet. Zu dir riefen sie und wurden befreit, dir vertrauten sie und wurden nicht zuschanden" (Ps 22,5-6).

Mehr noch als der Lobpreis oder der Dank hat die Bitte ihren Platz im alttestamentlichen Beten und in den Psalmen. Als

Bestandteil des gemeindlichen Gottesdienstes und als Ausdruck individuellen Glaubens hat die Bitte eine zentrale Stellung, denn die Betenden wissen sich in allem von ihrem Schöpfer abhängig und getragen. Dieser hat sich in der langen Geschichte mit seinem Volk immer wieder als der erwiesen, der seinem Volk die Bitten nicht abschlägt, sondern sie erhört und erfüllt, wenn auch oftmals anders, als sein Volk es erwartet oder erhofft hat. In aller Ferne ist er der Nahe. Gott ist der ‚Fernnahe', der sein Volk kennt und den sein Volk kennt. Dieser Gott, den die Betenden kennen, ist ein gerechter und gnädiger Gott: „Er ist ein unbeirrbar treuer Gott, er ist gerecht und gerade" (Dtn 32,4). Gott lässt diejenigen, die sich zu ihm bekennen und zu ihm beten, nicht im Stich. Gott will das Heil seines Volkes und der Gerechten. Er ist der gute Hirt, der weder sein Volk noch die Einzelnen fallen lassen wird. „Der HERR ist mein Hirt, nichts wird mir fehlen" (Ps 23,1), so drückt es der Beter der Psalmen aus. Er hat jeden einzelnen und sein Volk bei seinem Namen gerufen. So wie also das Volk um Gott weiß, so weiß auch Gott um jeden einzelnen Menschen und deren Namen.

„Höre HERR, meine Worte, achte auf mein Seufzen! Vernimm mein lautes Schreien, mein König und mein Gott, denn zu dir flehe ich" (Ps 5,2-3). Der Mensch betet zu Gott in den unterschiedlichsten Weisen, so auch im Schrei und im Seufzen.

Das Seufzen zeugt von einer anderen Weise des Betens: dem Klagen. Hiob kann als Pate eines solchen Betens gelten. In allem Leid, in aller Frage nach Gott und seiner Liebe zum Menschen lässt Hiob seinen Gott nicht fallen. Er wendet sich nicht von ihm ab. Vielmehr hadert er mit Gott, er wirft ihm

Ungerechtigkeiten und Herzlosigkeit vor. Er versteht ihn nicht und klagt ihn gar an. Doch das Beten lässt er nicht sein. In aller Not und Fragwürdigkeit wagt Hiob sein JA, sein betendes „Trotzdem". Hiob hadert mit seinem Gott. Er ringt mit ihm. Er fühlt sich allein gelassen, misstraut den schönen Verheißungen Gottes und kämpft mit ihm.

So wird in all den verschiedenen Gebetssituationen des Alten Testaments deutlich, dass alles seinen Platz im Gebet hat. Nichts bleibt ausgespart.

Vor allem aber ist es wichtig, dass Wort und Tat sich entsprechen, dass der Lebenswandel durch das Gebet immer wieder zu einer Lebenswandlung wird. Umkehr ist eine Tugend des betenden alttestamentlichen Menschen.

Jesus ist der, der betet. Die wichtigen Daten seines Lebens sind vom Gebet begleitet oder umrahmt: Während er betet, wird er mit dem Geist am Jordan gesalbt (Lk 3,22). Vor der Wahl der Zwölf (Lk 6,12), auch bevor er die Jünger fragt, für wen sie ihn halten, zieht er sich zum Gebet zurück (Lk 9,18). Auf dem Berg der Verklärung vor der Offenbarung Gottes betet er (Lk 9,28). In Getsemani betet er (Mk 14,32). Und schließlich begleitet ihn das Gebet in seiner Todesstunde. Allerdings beschreiben die vier Evangelisten Jesu Gebet immer mit großer Diskretion. Jesus zieht sich in die Einsamkeit, oftmals in die Einsamkeit der Wüste, zurück und betet. Sein Gebet braucht den Raum der Intimität, des Alleinseins und der Stille. Die Wüste und die Einsamkeit bieten ihm dafür den nötigen Rahmen. Jesus entwirft keinerlei Gebetstheologie, noch zeigt er seinen Jüngern bestimmte Gebetstechniken. Auf ihre Frage, wie sie in rechter Weise beten sollen, gibt Jesus ihnen keine Methode an die Hand, vielmehr lehrt er sie das Vaterunser. In ihrer Gebetsnot gibt Jesus ihnen ein formuliertes Gebet mit auf den Weg (Lk 11,1). Matthäus berichtet von einem Dankgebet, in welchem Jesus seinem Vater dankt, dass alles den Unmündigen offenbart worden ist (Mt 11,25-27). Darüber hinaus gibt es noch das so genannte Getsemanigebet, in welchem Jesus in der Nacht nach dem Pessachmahl mit seinen Jüngern seinen Vater darum bittet, dass der Kelch an ihm vorübergehen möge (Mt 26,39). Zu den wörtlich überlieferten Gebeten zählt vor allem auch der Gebetsruf am Kreuz, in welchem Jesus den Anfang des Psalms 22 hinausschreit (Mt 27,46): „Mein Gott, mein Gott, warum hast du mich verlassen?"

Jesus ist die Haltung des Gebetes wichtig, und da bewegt er sich ganz in der alttestamentlichen Tradition. Das ganze Leben ist ein Leben im Gebet, in Wort und Tat, im Schweigen und im Reden. Das Gebet ist eine Herzenssache, die Wesensberührung meint, insofern spricht er seinen Vater auch mit dem aramäischen Wort ‚abba' an, der vertrauensvollen Anrede eines Kindes dem Vater gegenüber. Beten stellt sich nicht zur Schau. Jesus ist in der jüdischen Tradition aufgewachsen, also auch in der jüdischen Gebetspraxis. So wird er das Gebet in der Familie und an den hohen Festtagen genauso praktiziert haben wie die rituellen Vorschriften rund um das Pessachmahl. Vieles ist ihm in Fleisch und Blut übergegangen, insbesondere die Psalmen und die Erzählungen der Propheten und Väter. Es wird von den Evangelisten überliefert, dass Jesus in die Synagoge geht, dass er am Synagogengottesdienst teilnimmt und dort sogar in seinem Heimatort aus der Schrift vorliest, als man ihn darum bittet (vgl. Lk 4,16ff). Wie selbstverständlich bewegt sich Jesus in der Tradition, in der er aufgewachsen ist.

„Bittet und es wird euch gegeben" (Mt 7,7). „Und alles, was ihr im Gebet erbittet, werdet ihr erhalten, wenn ihr glaubt" (Mt 21,22). Die Jünger und Menschen um Jesus werden eindringlich von ihm dazu aufgefordert, zu bitten. Denn Gott ist der Schöpfer von allem, der weiß, was dem Menschen und der Schöpfung Not tut. Vertrauen ist die Grundhaltung derjenigen, die im Neuen Testament beten.

Jesus klagt die Heuchler und Wichtigtuer an, indem sie sich und ihr Beten zur Schau stellen. Den Schriftgelehrten wirft er vor: „Sie fressen die Häuser der Witwen auf und verrichten in ihrer Scheinheiligkeit lange Gebete" (Mk 12,40). Er fordert seine Zuhörer auf, bei ihnen solle es anders sein. Gebet und Leben sollen einander entsprechen. Das Leben soll zum Gebet werden. So soll auch jeder, der betet und feststellt, dass er einem anderen etwas vorzuwerfen hat, diesem zuerst vergeben (vgl. Mk 11,25). Keiner kann zu Gott, dem liebenden Vater beten, und dabei die Liebe zum Nächsten vergessen. Gebet ist eine Lebenshaltung, die Hand in Hand gehen muss mit der Liebe zum Nächsten (dem Almosengeben) sowie dem Fasten: sich selbst aus Liebe zurücknehmen, um der Liebe willen, so wie es auch Jesus getan hat, so wie es Gott, der Vater, in seiner Allmacht tut.

In diese Richtung ist sicherlich auch die Mahnung Jesu zu verstehen, dass die Jünger allezeit beten und darin nicht nachlassen sollen (vgl. Lk 18,1).

Während die Evangelisten Lukas, Markus und Matthäus Jesu Gebet beschreiben, entwirft der Evangelist Johannes eine kleine Theologie des Gebetes. Vor allem sollen die Gläubigen

Gott, den Vater, im Geist und in der Wahrheit anbeten (vgl. Joh 4,20-24). Nicht der Ort der Anbetung ist entscheidend, so sagt es Jesus im Gespräch mit der Samariterin am Jakobsbrunnen, vielmehr die Haltung, in welcher das Gebet vollzogen wird. Der Tempel in Jerusalem ist zerstört. Der wahre und einzige Tempel ist von nun an Christus. Er ersetzt den Tempel und ist die Verbindung zwischen Himmel und Erde. Paulus sagt darüber hinaus in seinen Briefen, dass ein Beten ohne den Heiligen Geist nicht möglich sei. Der Geist ist für ihn eine ganz konkret erlebte Wirklichkeit.

In der Geschichte haben sich nun aufgrund dieser biblischen Grundlagen eine Vielzahl von Gebetsformen entwickelt. Der Münsteraner Theologe Johann Baptist Metz (1928-2019) hat in einem seiner zahlreichen Bücher eine grundlegende Aussage über die Verbindung der Tradition mit der Aktualität des Betens benannt: „Wir können und dürfen nach Auschwitz beten, weil auch in Auschwitz, in der Hölle von Auschwitz, gebetet wurde.' Dieser Zusammenhang bindet gerade das Beten in unserem Land in besonderer Weise an die Gebetsgeschichte des leidenden jüdischen Volkes. Und er lässt etwas ahnen vom Ausmaß der Verheißung und der Verpflichtung, die in unserem Ausgangssatz steckt: Betende sind nicht allein; sie stehen in einer großen geschichtlichen Solidarität."[23] Insofern ist die Tradition nicht nur ein Schatz und großer Reichtum der verschiedensten Gebetsformen, sondern auch eine Verpflichtung, manchmal auch eine Bürde. Das Stundengebet in der Kirche, also das Gebet der Psalmen in Verbindung mit biblischen Lesungen, Hymnen und Fürbitten ist eine solche Verbindung mit und auch Vergegenwärtigung der Vergangenheit. Zu gewissen Stunden am Tag werden Gebetszeiten, heute vor allem noch in den klösterlichen Gemeinschaften praktiziert, gemeinsam in dieser Form gestaltet, um so den Tag vom Gebet und damit der ersehnten und erhofften göttlichen Gegenwart durchdringen zu lassen. Das Stundengebet ist u.a. aus der Verwirklichung der Aufforderung aus dem Thessalonicherbrief im Neuen Testament entstanden: „Betet ohne Unterlass!" (vgl. 1 Thess 5,17). Die Frage, die die Mönche und Väter umtrieb, war die Frage danach, wie das gehen könne. Eine Antwort war und ist das Stundengebet.

Ohne des Weiteren auf die vielen Formen einzugehen oder einige herauszugreifen (darauf weist dann auch die Literatur im Anhang hin), sollen an dieser Stelle einige Grundhaltungen des Gebets benannt werden, die vielleicht auch die Frage beantworten, die so manch einem unter den Nägeln brennt: Wie geht eigentlich das Beten? Was heißt Beten?

Folgende Grundhaltungen sind für die Praxis des Gebets von großer Bedeutung:

- Beten hat etwas mit Aufmerksamkeit zu tun. Es ist nicht nur eine Form, sondern eine Lebenshaltung. Letztlich ist es das Leben in der Gewissheit der Gegenwart Gottes.

- Ruhe, Stille und das Alleinsein sind gute Umstände für das Beten.

- Beten heißt, sein Leben vor Gott zur Sprache zu bringen, mit allen Sinnen, mit allen Ausdrucksformen, auch im Zweifel und der Klage.
- Im Gebet ist alles erlaubt, auch das Infrage-Stellen Gottes.
- Betende sind Liebende und bringen ihre Liebe dort ein, wo Menschen diese brauchen.
- Wer betet, der vertraut, trotz und in allem, Gott.
- Quelle des Gebets ist die Heilige Schrift. Betende sind in ihr beheimatet.

Als Christ beten, das umfasst immer auch das Beten in Gemeinschaft, in der Kirche und als Kirche. Im Alten Testament wird immer wieder das gemeinsame Gebet des jüdischen Volkes beschrieben. Jesus wächst in dieser Tradition auf und geht selbstverständlich zu Gottesdiensten in die Synagoge. Auch im Christentum ist Beten neben dem privaten ein gemeinsames und damit kirchliches Gebet, ob im physischen Raum der Kirche oder in einem gemeinschaftlichen Sinn. Wo Christ:innen miteinander beten, dort wird Kirche verwirklicht und gelebt. Das liturgische Gebet in der Kirche, in den verschiedenen gottesdienstlichen Formen ist das Leben in und mit der Gemeinde. Sie ist der Lebensraum des Glaubens.

Viele fragen sich, ob man dafür die Kirche braucht. „Kann ich nicht auch einfach für mich beten, ohne die Gemeinde und Kirche?" Das eine schließt das andere nicht aus. Gerade die

Zeit der Pandemie hat gezeigt, als die Kirchen geschlossen waren, dass Elementares fehlte: der Ausdruck des Glaubens und das Teilen des Glaubens mit anderen, das miteinander feiern, auch und gerade im kirchlichen Raum. Hier erfahren Menschen Stärkung, Solidarität und Gemeinschaft. Zu wissen, dass man nicht allein steht mit seinem Glauben, das kann eine ganz starke und auch tragende Erfahrung sein. Jesus hat seine Jünger in eine Gemeinschaft von Jüngern und Jüngerinnen berufen. In dem Ringen um den Tod, die Unfassbarkeit des Todes und der Auferstehung Jesu treffen sich die Jünger:innen gemeinsam, zunächst im Verborgenen. Die Apostelgeschichte berichtet: „Alle wurden von Furcht ergriffen; und durch die Apostel geschahen viele Wunder und Zeichen. Und alle, die glaubten, waren an demselben Ort und hatten alles gemeinsam. Sie verkauften Hab und Gut und teilten davon allen zu, jedem so viel, wie er nötig hatte. Tag für Tag verharrten sie einmütig im Tempel, brachen in ihren Häusern das Brot und hielten miteinander Mahl in Freude und Lauterkeit des Herzens. Sie lobten Gott und fanden Gunst beim ganzen Volk. Und der Herr fügte täglich ihrer Gemeinschaft die hinzu, die gerettet werden sollten" (Apg 2,43-47).

Meditation und Kontemplation

Eine andere wichtige Ausdrucksform der christlichen Spiritualität neben dem Gebet ist die Meditation, wobei der Begriff unterschiedlich interpretiert und beschrieben wird. Was ist Meditation? Ist Meditation so etwas wie eine Verinnerlichung des Gebets, ein Sich-Versenken? Ein Kontakt-Nehmen mit einer tieferen Wirklichkeit? Ist es einfach ein

Geschehen- und Sich-Berühren-Lassen von einer anderen Wirklichkeit, der göttlichen Wirklichkeit? Ist es eine Einübung einer christlichen Weise der Achtsamkeit?
Alle diese verschiedenen Aspekte treffen einen Teil oder auch den Kern dessen, was Meditation im christlichen Sinne meint. Ein Blick auf die Herkunft des Wortes kann helfen. Das Wort ‚meditatio' kommt aus dem Griechischen ‚meletean/melete', was im Hebräischen der Wurzel ‚haga' entspricht. Dieses bedeutet so viel wie ‚halblaut murmeln', ‚etwas bedenken oder beherzigen'.[24] ‚Meditatio' hat also sowohl ein akustisches als auch ein spirituelles Moment. Der Mensch, der meditiert, nimmt etwas auf, das er hört oder liest, bedenkt es, erwägt es in seinem Herzen und spricht dieses Gehörte und Gelesene in seinen Alltag hinein, indem er es halblaut murmelt, wie es schon in der Bibel über Maria ausgedrückt wird: „Maria aber bewahrte alle diese Worte und erwog sie in ihrem Herzen" (Lk 2,19).
Die Väter und Mütter in der Wüste übten sich in eine derartige Praxis ein. In den frühen Stunden während der Morgenliturgie sprach den Mönch ein Wort der Schrift an, das er den Tag über immer wieder für sich selbst wiederholte. Das konnte ein Wort, ein Vers oder ein Satz sein. Er murmelte es halblaut, und dabei verinnerlichte sich dieses Wort mehr und mehr – während der Arbeit und jeder anderen Tätigkeit. Das Wort der Schrift wurde so zu seinem Wort. Eine Gebetsweise, die auch durchaus dem Rosenkranz oder vielen Litaneien entspricht: eine Verinnerlichung durch ständige Wiederholung – und der Inhalt des Wortes wird dabei nebensächlich. Es kommt darauf an, in der Gegenwart Gottes zu leben und diese zu verlebendigen.

Ein Prinzip wird hier sehr deutlich, das die christliche Meditation von Beginn an prägt: Ausgangspunkt ist die Bibel, das „Wort Gottes". Sie ist die Grundlage christlicher Meditation. Das schließt nicht aus, dass Meditation auch eine wortlose Praxis sein kann, ein Einüben und Einschwingen in das Schweigen und die Stille, durchaus auch mit Hilfe anderer Methoden wie dem Zen. Dennoch: Am Anfang der christlichen Meditation steht das Wort Gottes und die Berührung durch sein Wort im Wort der Schrift.

Der Kartäuserprior Guigo II. wiederentdeckte diese Methode der Väter im 12. Jahrhundert und systematisierte sie. Er spricht in einem um 1150 geschriebenen Brief „Epistola de vita contemplativa" (oder auch „Scala Claustralium") von dem Viererschritt lectio, meditatio, oratio und contemplatio (Lesung, Meditation, Gebet und Kontemplation). Sie gehören für ihn zusammen und greifen ineinander über.

In der Lesung, die entweder das Lesen oder das Hören eines biblischen Textes umfasst, öffnet sich der lesende und hörende Mensch nicht auf intellektuelle Weise, sondern in der emotionalen Berührung. Guigo drückt es wunderbar aus: „Der verlangenden Seele wird gleichsam eine Traube gereicht. Sie schaut sie genau an und sagt sich: Dieses Wort kann mir gut tun. […] Die Seele möchte nun all das besser verstehen und greift deshalb nach der geheimnisvollen Traube, zerkleinert und zerkaut sie und preßt sie sozusagen in der Kelter."[25] Nach der Lesung oder dem Hören folgt die Meditation, das Wiederkäuen, wie es die Mönchsväter praktiziert haben: „So beginnt also die Meditation. Sie bleibt nicht beim Äußeren stehen und hält sich nicht an der Oberfläche auf. Sie dringt in die Tiefe ein, geht auf den Grund und erwägt alle Einzelheiten. [...] Sieh, welch überströmender Wein aus der unscheinbaren Traube quillt, welch ein Feuer aus dem Funken auflodert!"[26] Es folgt das Gebet, wobei sich dieses bereits während der Meditation ereignen kann. Die Grenzen sind fließend. Guigo schreibt zum Gebet: „Die Seele begreift also, daß sie den ersehnten Genuß der Erkenntnis und der Erfahrung nicht aus eigener Kraft erlangen kann. Je höher sie sich erhebt, um so ferner erscheint ihr der Herr. Dann demütigt sie sich, nimmt ihre Zuflucht zum Gebet und ruft: Herr, nur die können dich schauen, die ein reines Herz haben. [...] Gib mir, Herr, das Unterpfand des verheißenen Erbes, gib mir wenigstens einen Tropfen des himmlischen Taus, um meinen Durst zu stillen, denn ich brenne vor Liebe."[27] Den letzten Schritt muss der Mensch sich schenken lassen: die Kontemplation, die Berührung durch Gott. Zusammenfassend lässt sich mit Guigo sagen: „Aus all dem können wir schließen, dass die Lesung ohne Meditation dürr ist, die Meditation ohne Lesung in die Irre geht, das Gebet ohne Meditation lau und die Meditation ohne Gebet unfruchtbar ist. Das eifrige Gebet erlangt die Kontemplation."[28]

Meditation, wenn man dieser Systematisierung folgt, hat es also mit Begegnung und einer Beziehungsgestaltung zu tun, die für christliche Spiritualität, wie bereits dargelegt, wesentlich ist. Meditation ist eine Weise der Öffnung für die göttliche Berührung und das Einschwingen in seine Gegenwart. Der Bischof von Annecy, Franz v. Sales (1567-1622) gibt dem meditierenden Menschen einen schönen Rat mit auf den Weg. Zum Abschluss der Betrachtung solle man einen Blumenstrauß binden, also eine Erinnerung mit in den Alltag nehmen. Die Meditation ist so mit dem Alltag und dem Leben verwoben: „Ich habe noch hinzugefügt, du sollst einen kleinen Blumenstrauß frommer Gedanken mitnehmen. Ich verstehe das so: Wer in einem schönen Garten spazieren geht, nimmt gern einige Blumen mit, um sich an ihrem Wohlgeruch zu erfreuen und sie den ganzen Tag bei sich zu haben. Wenn unser Geist sich in einem Geheimnis ergangen hat, dann wählen wir zwei oder drei Gedanken aus, die uns am besten gefielen, die für unseren Fortschritt am nützlichsten sind, um tagsüber öfter daran zu denken und ihren geistigen Duft in uns aufzunehmen. Das tun wir am besten am Ort unserer Betrachtung, indem wir dort noch eine Weile bleiben oder nachher einige Zeit allein auf- und abgehen."[29]

Noch ein Wort zur Kontemplation

Der Jesuit Josef Sudbrack nennt die Kontemplation eine Andacht zur Wirklichkeit.[30] Sie ist eine Schule der Aufmerksamkeit, die mit der Wirklichkeit verbindet, nicht ihr entfliehen will. Doch ist es eine Aufmerksamkeit, die sich nicht nur nach innen richtet. Es ist eine Aufmerksamkeit gegenüber allem, was ist und lebt, und darin gegenüber Gott. So wird eine kontemplative Haltung eingeübt, die sich nicht nur durch Agilität speist, sondern durch Ruhe, Betrachtung und durch ein sich von der Wirklichkeit Berühren-Lassen. Und das geht nur im Modus der Andacht, also in einem ehrfürchtigen, respektvollen und betrachtenden Geschehen-Lassen. Kontemplation ist ein Geschehen-Lassen. Nur wer aufmerksam in sich selbst hineinhorcht, der kann den anderen verstehen – und begreifen, dass die Welt ‚Gottes voll' ist. Das

Wesen der Kontemplation ist Begegnung; eine Begegnung, die sich nicht erzwingen lässt, die vielmehr ein Geschenk ist, für dessen Empfang sich der und die Einzelne bereiten müssen – das Geschenk der Erfahrung der Wirklichkeit und womöglich der Wirklichkeit hinter der Wirklichkeit.
Es ist also im Grunde genommen keine große Übung, die stundenlang Zeit kostet. Es ist vielmehr die Kunst, vor allem auch die kleinen Dinge im Alltag, die staunenswerten Erfahrungen und Beobachtungen wahrzunehmen und sich davon berühren zu lassen. Dazu bedarf es der Bereitschaft zur Begegnung, zur vorurteilsfreien Betrachtung und zur Stille.
Die heilige Klara von Assisi beschreibt die Kontemplation mit dem Bild eines Weinkellers: „Zieh mich dir nach! Wir wollen dem Duft deiner Salben nacheilen, himmlischer Bräutigam! Ich werde laufen und nicht ermatten, bis du mich in den Weinkeller führst, bis deine Linke unter meinem Haupte ruht und deine Rechte mich glückselig umfängt, bis du mich küssest mit dem seligen Kuss deines Mundes. Wenn dir diese Beschauung geschenkt ist, dann denke auch an deine Mutter in ihrer Armut."[31] Für sie ist Kontemplation wie ein Kuss, eine intime Beziehung in dem Weinkeller der Liebe. Ist es Sublimierung von Sexualität oder ist es die einzige Art und Weise, die Berührung Gottes zum Ausdruck zu bringen? Das, was unvergleichbar und unaussprechlich ist, mit dem intimsten Moment einer zwischenmenschlichen Beziehung zu beschreiben, ist vielleicht die einzige Möglichkeit, anderen diese tiefe Erfahrung nahezubringen?

Mystik und Askese

Wer über Ausdrucksformen der christlichen Spiritualität nachdenkt, der kommt nicht umhin, auch die Begriffe der Mystik und der Askese zu betrachten. Sie sind die zwei Seiten der einen Medaille Spiritualität und gehören zusammen. Sie sind nicht nur in der christlichen Spiritualität zu finden, sondern auch in allen anderen religiös geformten Spiritualitäten. Doch während der Begriff Mystik heute oft in Gebrauch ist, vor allem dann, wenn es um etwas Geheimnisvolles und um etwas geht, das nur schwer zu beschreiben ist, etwas Irrationales, so tun sich Zeitgenossen mit dem Begriff der Askese schwer. Entweder werden sofort im Zusammenhang mit der Askese dubiose Praktiken der Selbstzüchtigung aus dem Mittalter benannt, oder der Film ‚Der Name der Rose' fällt vielen dabei ein. Oder aber strenge und ausgemergelte Gurus in Indien kommen vielen in den Sinn. Doch ist Mystik weder nur etwas, das man kaum beschreiben kann, noch ist Askese gleichzusetzen mit mysteriösen und fragwürdigen religiösen Ausdrucksformen.

Wiederum hilft auch hier ein Blick in die Wortbedeutung und den Ursprung der Worte.

Mystik kommt aus dem Griechischen von dem Adjektiv ‚mystikós', was soviel bedeutet wie „mit den Geheimnissen (mystèria) verbunden sein". Zugrunde liegt das griechische Wort ‚myo', das „(sich) schließen und das Verschließen von Mund und Augen" bedeutet. In der Bibel findet sich der Begriff der Mystik nicht, auch gibt es keine ausdrückliche mystische Theologie. Doch vieles von dem, was in späterer Zeit mit Mystik verbunden wird, hat seine Ursprünge in der Schrift.

Im Christentum wird das Substantiv ‚Mystik' sozusagen getauft und christianisiert. Das Wort beschreibt die Einsicht in die göttlichen Dinge, die Einsicht durch die Berührung Gottes. Ein Mystiker oder eine Mystikerin ist jemand, der/die von Gott berührt worden ist, und darin eine tiefe Erfahrung gemacht hat. Sie sind dem Geheimnis Gottes nahegekommen. Sie haben das ‚Christusgeschehen begriffen'. Der Begriff hält Einzug in die Liturgie, und die Eucharistie wird zum mystischen Paschamahl, also zu einem Mahl, das mit dem Verstand allein nicht zu begreifen ist. Es ist das Mysterium Gottes. Die Erfahrung Christi in den Sakramenten, im Alltag, im anderen und in der Welt wird im Sinne der Mystik interpretiert. Sie ist die zentrale christliche Erfahrung. Es ist bei den Vätern nicht eine ausschließlich individuelle oder subjektive Erfahrung, sie basiert vielmehr auf der Schrift.
Die mystischen Erfahrungen, das zeigen die Schriften vieler christlichen Mystiker:innen, sind kaum verständlich zu machen. Wer kann schon beschreiben, warum und wie man einen anderen Menschen liebt. Es fehlen die Worte und Begriffe. Stammeln, Übertreibungen, Schweigen, Paradoxa – all das sind Elemente in Versuchen von Mystikern und Mystikerinnen zu beschreiben, welche Erfahrungen sie gemacht haben. Auch eine erotische Sprache wird oftmals benutzt. Wenn die Sprache versagt, die Erfahrung zu tief ist, zu berührend, auch das ist in der Geschichte zu sehen, können die Mystikerinnen und Mystiker nicht anders als von dem berichten, was ihnen widerfahren ist. Mystische Erfahrungen entziehen sich einem diskursiven und rationalen Denken. Sie sind, wie es das Wort ja deutlich zum Ausdruck bringt, geheimnisvoll und in ihrer Einmaligkeit auch nicht

übertragbar. Sie sind, im religiösen Kontext, auch nicht machbar oder wiederholbar. Gottesberührung entzieht sich der Machbarkeit. Festhalten lässt sie sich erst recht nicht. Gott ist der Initiator und macht den Anfang, indem er den Menschen ruft und berührt. Davon berichten all die Berufungen von Menschen und Propheten im Alten und im Neuen Testament.

Wo und wie ereignet sich eine mystische Erfahrung?

Da gibt es mit Blick auf die Tradition die unterschiedlichsten Wege und Weisen: in der Natur und Schöpfung, wenn diese mit einem Male wie ein Bild ist, das den Menschen im Innersten berührt und die Verbindung mit dem Geschaffenen und dem Schöpfer erahnen lässt; in der Begegnung mit Menschen in einem sehnsüchtigen und flehenden Blick, in der Berührung durch Armut oder Schönheit – oder aber auch in der Selbsterfahrung und der göttlichen Berührung in einem selbst, wenn sich das Gefühl einer Einheit, einer tiefen Gelassenheit im Glauben einstellt. Mystik, so sagt es der Theologe Michael Bangert, ist eine Lebensform, die aus einer Berührung mit und durch das Göttliche entsteht.[32] Diese Erfahrung ist so tief, dass sich etwas ändert, dass der Mensch sich ändert, sein Leben ändert und von da an ein Liebhaber des Lebens wird: des eigenen, der anderen, der Welt, und darin dann auch Gott zu lieben. Dadurch, dass diese tiefgreifende Erfahrung nicht festgehalten werden kann, streben die Mystiker und Mystikerinnen danach, sie zu wiederholen, auch wenn sie wissen, dass das nicht geht. Sie versuchen, sie ins Leben umzusetzen und anderen in Wort und Tat von der Liebe zu erzählen und ihnen nahezubringen, was sie erfahren durften, was ihnen widerfahren ist. Das bedeutet auch, dass sich Mystik und eine mystische Erfahrung im konkreten Alltag zu bewähren haben. Eine christliche Mystik und Lebenshaltung haben einen klaren Maßstab und eine deutliche Orientierung: Jesus Christus. Es geht also um nichts anderes als um die Nachfolge Jesu.

Die evangelische Theologin Dorothee Sölle (1929-2003) spricht von dem unwiderruflichen Zusammenhang von Mystik und Widerstand, sie weist damit darauf hin, dass Mystik sich immer umformen lassen will und muss in tätige Liebe, darin eine Widerstandskraft gegenüber allen ungerechten Strukturen und gegenüber Machtmissbrauch aufweist. Es zeigt sich ein Punkt, der schon in der allgemeinen Betrachtung von Spiritualität auftauchte: Harmonie ist kein Hauptcharakteristikum von Spiritualität und somit auch nicht der Mystik, manchmal sogar eher das Gegenteil. Sie stört und will stören. Es geht darum, die radikale Liebe Gottes zum Menschen, und zwar zu allen Menschen, radikal erfahrbar zu machen. Im Magnificat Mariens ist das, wie in keinem anderen biblischen Text, auf wunderbare Weise zusammengefasst: „Meine Seele preist die Größe des Herrn und mein Geist jubelt über Gott, meinen Retter. Denn auf die Niedrigkeit seiner Magd hat er geschaut. Siehe, von nun an preisen mich selig alle Geschlechter. Denn der Mächtige hat Großes an mir getan und sein Name ist heilig. Er erbarmt sich von Geschlecht zu Geschlecht über alle, die ihn fürchten. Er vollbringt mit seinem Arm machtvolle Taten: Er zerstreut, die im Herzen voll Hochmut sind; er stürzt die Mächtigen vom Thron und erhöht die Niedrigen. Die Hungernden beschenkt er mit seinen Gaben und lässt die Reichen leer ausgehen. Er nimmt sich seines Knechtes Israel an und denkt an sein Erbarmen, das er unseren Vätern verheißen hat, Abraham und seinen Nachkommen auf ewig" (Lk 1,46-55). Das ist genau das, was Johann Baptist Metz als Mystik des offenen Herzens umschreibt: Sich an- und berühren lassen vom Leid und das tun, was in den eigenen Möglichkeiten steckt, diesem abzuhelfen. Sich im Innersten berühren lassen und berührt wissen: Hier rührt Mystik die Dimension der Lebenslust an. Es nimmt kaum Wunder, dass in den Schriften mancher Mystiker:innen die Erfahrungen, wie es bei der hl. Klara zu sehen war, mit Beziehungskategorien und Vereinigungen mit erotischer Sprache beschrieben werden. Die tiefe Verschmelzung mit Gott, die tiefste und innigste Berührung und Vereinigung zweier Menschen ist eine überwältigende Erfahrung der Ekstase und Einheit – wie in der Mystik.

Und die Askese?

Auch das Wort Askese hat einen griechischen Ursprung: ‚askesis', was soviel bedeutet wie ‚Übung' und ‚Bearbeitung'. In der griechischen Antike war damit vor allem die körperliche Ertüchtigung gemeint. Auch im militärischen Bereich spielte der Begriff eine Rolle. In der Bibel gibt es das Wort nur an zwei Stellen: in 2 Makk 15,4 sowie in Apg 24,16. Hier wird es jeweils in der Bedeutung „sich bemühen/anstrengen" benutzt. Aufgrund der zutiefst lebensbejahenden Grundhaltung im Alten Testament gibt es zwar asketische Bräuche, doch steht die Askese nie im Mittelpunkt. Sie ist kein Selbstzweck oder das Charakteristikum einer Gottesbeziehung schlechthin, eher im Gegenteil. Die asketischen Bräuche wie das Fasten oder auch sexuelle Enthaltsamkeit stehen in Zusammenhang mit Vorbereitungen auf Feste und kultische Dienste, d.h. sie sind situationsgebunden und zeitlich begrenzt. Johannes der Täufer, die asketische Gestalt schlechthin, steht am Übergang zum Neuen Testament. Radikal und fokussiert steht er im Dienst dessen, der nach ihm kommt und auf den er verweist: Jesus von Nazaret, dem von den Pharisäern vorgeworfen wird, er lebe nicht asketisch genug, eben nicht wie Johannes. Die Vorwürfe der Pharisäer und Schriftgelehrten werden durch Jesus als Eigenliebe und Gesetzesfrömmigkeit entlarvt. Jesus zeigt ganz im Gegensatz zu Johannes dem Täufer keine besonders entsagungsvolle Lebensweise. Er lehnt diese allerdings auch nicht als solche prinzipiell ab. Fastenpraxis und andere asketische Bräuche sind für ihn als gläubigen Juden selbstverständlich (vgl. Mt 6,16-18). Es geht ihm nicht um die Ablehnung von Askese und Enthaltsamkeit. Ihm geht es um die Grundhaltung, die sich dahinter zeigt. Die gelebte Liebe und Beziehung zu Gott, Mensch und Schöpfung stehen im Vordergrund. In der Nachfolge Jesu lassen sich drei Forderungen als Pfeiler der Askese ausmachen: das Almosengeben, das Fasten und das Beten (vgl. Mt 6). Das Gebet lenkt das Fasten in eine Beziehungsrichtung, das Almosengeben stellt es in einen Beziehungskontext. Jesus kennt keine Askese als Mittel der Erlösung. Er hat ebenfalls kein asketisches Programm. Jesus fordert eine klare und eindeutige Entscheidung für oder gegen ihn. Halbherzigkeit und Verzagtheit lehnt er rigoros ab. Er fordert keine Weltflucht, warnt aber vor einer falschen Weltbezogenheit. Die Welt gilt es neu zu gestalten und das geht nur in einer kritisch gelebten Distanz zu ihr. Die konkreten asketischen Grundlagen einer solch gelebten Nachfolge lassen sich wie folgt benennen:

- Sich-selbst-verleugnen und sein Kreuz tragen, die Verwirklichung der Nächstenliebe, nicht richten und verurteilen (Mt 7,1; Lk 6,37b)
- keine Vergeltung üben (Mt 5,39f.)
- Bittenden nichts verweigern (Mt 5,42)
- Friedensstifter sein (Mt 5,9)

Askese im christlichen Sinne lässt sich also mit der Einübung in die Nachfolge Jesu umschreiben. Damit ist Askese mehr als Fasten, es ist eben keine martialische Selbstverleugnung oder abstruser Umgang mit dem eigenen Körper, den es zu bestrafen und im Zaume zu halten gilt. Es geht um das, was der Autor des Epheserbriefes schreibt: „[Brüder!] Werdet stark durch die Kraft und Macht des Herrn! [...] Steht also da, eure Hüften umgürtet mit Wahrheit, angetan mit dem Brustpanzer der Gerechtigkeit, die Füße beschuht mit der Bereitschaft für das Evangelium des Friedens. Vor allem greift zum Schild des Glaubens! Mit ihm könnt ihr alle feurigen Geschosse des Bösen auslöschen. Und nehmt den Helm des Heils und das Schwert des Geistes, das ist das Wort Gottes! Hört nicht auf, zu beten und zu flehen! Betet jederzeit im Geist; seid wachsam, harrt aus und bittet für alle Heiligen, auch für mich" (Eph 6,10-19a). Einübung in die Nachfolge Jesu, konsequent und in der Weise, wie es für jeden und jede praktikabel ist.

Und was bedeutet das für uns heute? Ist Askese noch aktuell? Wie wird sie gelebt, wie kann und muss sie gelebt werden? Dazu einige kurze Thesen:

1. Christliche Askese ist der Versuch, immer wieder von neuem mit der Nachfolge Jesu ernst zu machen, sich also zu fragen: Wie kann ich meinen Glauben konsequenter im Alltag leben?

2. Christliche Askese bedeutet Mühe und Anstrengung. Sie ist die Einübung von Formen und Haltungen, Eigen-Nächsten- und Gottesliebe.

3. Christliche Askese ist ein Geschehen, das Hand in Hand mit der Lust gehen muss. Das Streben nach der Fülle des Lebens und die Einübung von Formen, dieses Streben zu gestalten und auch ein Ziel zu erreichen, sind nur mit Lust, Leidenschaft und einer tiefen Lebensfreude zusammen zu denken.

4. Christliche Askese ist keine Weltflucht, vielmehr stellt sie sich der Welt und nimmt des Christen Verantwortung in der und für die Welt ernst. Ohne Askese kann diese Verantwortung nicht gelebt bzw. gestaltet werden. Akzeptanz der Andersheit des anderen und Solidarität sind notwendige Stichworte in diesem Zusammenhang.

5. Christliche Askese führt zur Selbstwerdung des Einzelnen, zu einem verantworteten Umgang mit sich selbst und den eigenen Wünschen und Sehnsüchten.

6. Christliche Askese nimmt das Scheitern und den Tod ernst, entwickelt Formen der Einübung und steht somit auch im Dienst einer Kunst des Alterns und Sterbens.

7. Wie in der Mystik, so ist auch die andere Seite der Medaille Spiritualität, die Askese, eine widerständige Kategorie, nämlich überall dort das Wort zu ergreifen und tätig zu werden, wo Menschen erniedrigt, missachtet und am Leben gehindert werden.

Geistliche Trockenheit

Der Glaube macht es Menschen nicht immer leicht. Es ist ja nicht so, dass man ihn auf ewig hat und stets fest und gefestigt darin bleibt. Es wäre schön, doch oft ist es anders im Leben und der gelebten Spiritualität. Immer wieder machen gläubige Menschen die Erfahrung, dass Gott sich entzieht, dass er sich nicht zeigt. Auf Beten und Bitten antwortet er nicht, zumindest nicht so, dass man es hört. „Wer bist Du, Gott? Warum höre ich nichts von Dir? Warum berührst Du mich nicht mehr? Bist Du überhaupt? Gibt es Dich?" Immer wieder kommen solche Fragen auf und niemand ist vor ihnen gefeit. Zweifel stellen sich ein, Krisen kommen auf, Hoffnungslosigkeit klopft an die Tür. Das Gefühl, von Gott vergessen zu sein, wird bedrängend. Auch Menschen, die auf der Suche nach Gott sind, kennen die Erfahrung, dass ihr Suchen und Fragen nach Gott an eine Grenze stoßen kann und es unklar wird, ob es ihn überhaupt gibt und die ganze Suche sich noch lohnt. Gott entzieht sich. Er ist der, der manchmal so nah und so greifbar zu sein scheint, doch im nächsten Moment ist er der ferne Gott, ganz weit weg, abwesend, nicht zu fassen, fast wie ein Gespenst. Menschen umschreiben in der Tradition diese Erfahrungen mit Trockenheit. Es ist, als ob man durch eine Wüste geht und keine Oase in Sicht ist. Kein Wasser, kein Quell, der Leben schenkt, hilft und lässt den Weg weitergehen. Alles ist leer geworden. Im Nachdenken über Mystik hat vor allem Dionysius Areopagita (wahrscheinlich im 5./6. Jahrhundert nach Christus) eine große Bedeutung. Er entwickelte als erster eine mystische Theologie, in welcher er das geistliche Geschehen, also Mystik und Askese, systematisch zu erklären versuchte. Es ist ein schmales Bändchen, das allerdings für die folgenden Jahrhunderte prägend war. Dionysius spricht von der negativen Theologie: Was Gott nicht ist, das wird gesagt, und so kommt der Mensch dem immer näher, was und wer Gott ist. Seine mystische Theologie ist geprägt von dem Dreischritt der Reinigung, der Erleuchtung und der Einheit. Im ersten Schritt, der Reinigung, wird der Mensch auf die Berührung durch Gott vorbereitet. Er geht dabei durch Höhen und Tiefen, kann geistliche Dürren und Trockenheit erleben, bis hin zu der Frage, ob es Gott überhaupt gibt. Es ist eine anstrengende und doch notwendige Phase. Aber hilft so eine Aussage einem Menschen, der gerade durch diese Phase im Leben geht? So ganz nach dem Motto: „Ist nicht so schlimm, da muss man durch, wird schon wieder?"

Das sind bedrängende Erlebnisse und Fragen, die sich mal intensiver und drängender, mal in kürzeren oder auch längeren Phasen im Leben einstellen, manchmal über Jahre, so wie z.B. bei Mutter Teresa von Kalkutta (1910-1997). Trotzdem sagen sich Menschen nicht von Gott los. Trotzdem halten sie an ihm fest, lassen nicht locker, selbst wenn die Nacht noch so dunkel ist und sich kein Ausweg aus dieser Dunkelheit zeigt. „Gott, wo bist Du? Wer bist Du?" Der Glaube an Gott, der die Liebe ist, der barmherzig, gütig und gerecht ist; der Glaube an Gott, der die Bitten der Menschen erhört – daran festzuhalten, das ist nicht immer leicht. Und der Mensch ist sich vielleicht in diesem Moment seines Glaubens und seiner Gottesbeziehung noch sicher, doch kann es in einer kurzen Zeit später schon ganz anders aussehen. Die Erfahrung, dass Gott sich entzieht, dass er unverfügbar ist, das kann massive Krisen im Leben auslösen. In der Tradition verwendet man dafür auch das Bild von der „Dunklen Nacht" (so Johannes vom Kreuz, 1542-1591). Die Nacht ist dunkel. Keine Sterne, kein Mond weisen den Weg. Die Finsternis ist undurchdringlich und angsteinflößend. Niemand zeigt den Weg, kein Licht, kein Wegweiser. Die Dunkelheit lähmt und beherrscht alles. Sie lässt verzweifeln – und in der sternenlosen Nacht wird es kalt und kälter, frostig, eisig, tödlich.

Schaut man auf die christliche Tradition, so lässt sich feststellen, dass dieses Phänomen zum geistlichen Leben dazugehört. Es muss nicht jeden treffen, aber es kommt vor, immer wieder. Es ist also kein Sonderphänomen oder trifft nur solche, die nicht fest im Glauben stehen. Der feste Glaube schützt nicht davor. Es traf in der Geschichte oftmals sogar diejenigen, die „Säulen des Glaubens" waren. Die Frage ist, wie man damit umgehen kann, wenn es einen trifft. Manchmal sind auch die Grenzen zu Depression und Burn-Out fließend. Phasen geistlicher Trockenheit sind Krisenzeiten, können aber durchaus auch Motoren sein, um sich wieder neu auf den Weg zu machen. Sie werden in der Tradition unterschiedlich interpretiert. Bei den Wüstenvätern kommt sie in Form der Akedia, dem Mittagsdämon, vor, einer Versuchung in Situationen, die schwierig sind. Eine solche Verheißung kann heißen: „Es bringt ohnehin nichts". Der Elan schwindet, die Mühen der Gottsuche scheinen sich nicht mehr zu lohnen. Die Versuchung liegt darin, es dann wirklich sein zu lassen. Während hingegen andere, wie Johannes vom Kreuz, die dunkle Nacht eher als eine pädagogische Einmischung Gottes betrachten, der die Entscheidung des Menschen sucht.

Therese von Lisieux (1873-1897), auch die kleine Therese genannt, schrieb über ihre lange Phase der Trockenheit und begriff diese als eine Solidarität mit all den Personen, denen der Glaube fehlt. Während Mutter Teresa ihre langen Zeiten der Abwesenheit Gottes und der dunklen Nacht wiederum als Mitleiden an den Leiden Christi deutete: „Ich erfreute mich eines so lebendigen, so klaren Glaubens, dass der Gedanke an den Himmel mein ganzes Glück ausmachte, ich konnte mir nicht vorstellen, dass es Gottlose gäbe, die keinen Glauben haben [...] In den so fröhlichen Tagen der Osterzeit ließ Jesus mich fühlen, dass es tatsächlich Seelen gibt, die den Glauben nicht haben, die durch den Missbrauch der Gnaden diesen kostbaren Schatz verlieren, Quell der einzig reinen und wahren Freuden. Er ließ zu, dass dichteste Finsternisse in meine Seele eindrangen und der mir so süße Gedanke an den Himmel bloß noch ein Anlass zu Kampf und Qual war [...] Diese Prüfung sollte nicht nur ein paar Tage, ein paar Wochen dauern, sie sollte erst zu der vom lieben Gott bestimmten Stunde erlöschen und […] diese Stunde ist noch nicht gekommen."33

Wie auch immer diese Erfahrungen gedeutet werden, es ist im Umgang mit ihnen wichtig, sie nicht endgültig und unabänderlich hinzunehmen, sich an andere Zeiten zu erinnern und vor allem sowohl im Gebet als auch im Gespräch mit anderen Wege zu finden, diese Phase zu akzeptieren und durch sie hindurch zu finden. Das ist nicht leicht und einfach, aber Spiritualität macht es nicht immer leicht und ist nicht einfach zu haben.

Über die geistliche Begleitung und Exerzitien

In der Spiritualität gibt es verschiedene Hilfsmittel, die dem und der Einzelnen zur Verfügung stehen. Hilfsmittel für Krisenzeiten oder in Phasen der Suche und des Fragens; Hilfsmittel, die Unterbrechungen bieten und Quellen darstellen, wieder zu sich selbst und zu Gott zu finden. Die geistliche Begleitung ist ein solches Hilfsmittel.

Menschen suchen Begleiter:innen auf, die sich mit ihnen für eine gewisse Zeit auf einen Weg machen und dabei helfen können, den eigenen Weg vor Gott zu finden, ihn zu gestalten und im besten Falle auch zu verändern. Solche Begleiter:innen helfen dabei, den eigenen Weg profiliert vor und mit Gott im Alltag gehen zu können und durch Krisenzeiten hindurchzugehen. Es ist, wie so vieles innerhalb der christlichen Spiritualität, ein Begegnungsgeschehen, in diesem Falle zwischen zwei Personen, die beide darum wissen, dass der eigentliche Begleiter in ihrer Mitte Gott ist. Dieses Wissen beugt dennoch nicht immer einem geistlichen Missbrauch

vor, der in den vergangenen Jahren mehr und mehr thematisiert worden ist. Dieser Missbrauch entsteht dann, wenn die Begleitung ein Abhängigkeitsverhältnis entstehen lässt und der/die zu Begleitende keine eigene und freie Entscheidung mehr treffen kann. Geistliche Begleitung ist keine direktive Handlung, es ist kein autoritäres Geschehen, es ist keine Gehorsamsbeziehung, vielmehr ein Geschehen zwischen zwei freien und selbstbestimmten Personen. Auch geht es in der geistlichen Begleitung nicht um eine Meisterschaft der Methodik, vielmehr basiert sie auf der Kunst des Zuhörens und der Gesprächsführung, auf der Kunst, einen Teil eines Weges mit einer anderen Person zu gehen, und sie dann auch wieder gehen zu lassen. Die geistliche Begleitung ist ein zutiefst spirituelles Geschehen zwischen zwei Personen. Sie ist somit auch keine Therapie – und die Begleitung sollte um ihre Grenzen wissen. Sobald die oder der Begleitende spürt, dass eine Therapie von größerem und besserem Nutzen für die zu begleitende Person ist, ist es ihre Verantwortung, darauf hinzuweisen und auch darauf hinzuarbeiten, dass die betreffende Person in eine therapeutische Behandlung geht.
Es ist ein gemeinsames Gehen eines Weges in einem spirituellen Prozess, in welchem die Person, die begleitet wird, mit ihren Fragen, ihren Zweifeln, ihrem Glauben und ihrer Lebenswirklichkeit im Mittelpunkt steht.

Es ist ein anspruchsvolles und auch verantwortungsvolles Geschehen, das von den Begleitern gefordert wird. Und nicht umsonst betont der hl. Franz von Sales in seiner Philotea, einem kleinen Büchlein, das er für Damen in Paris geschrieben hat, die für sich ihre Form einer gelebten Spiritualität im

Alltag suchten: „Suche dafür einen aus tausend', sagt Avila. Und ich sage: einen aus zehntausend! Denn es finden sich weniger, die für diese Aufgabe geeignet sind, als man glauben möchte: Er soll voll Liebe, Wissenschaft und Klugheit sein."[34] Es sind drei interessante Dimensionen, die er hier für die Kunst der geistlichen Begleitung benennt. Als erstes und vorrangig soll er, so Franz von Sales, voll Liebe sein. Wer den Menschen nicht liebt, wer Gottes Schöpfung nicht liebt, der sollte auch keine Verantwortung für Menschen übernehmen. Die Liebe ist die Grundvoraussetzung, die Motivation und der Motor zugleich. Um der Liebe willen wird der Mensch begleitet, sodass er seinen Weg suchen und finden kann. Als zweites benennt Franz von Sales die Wissenschaft. Damit meint er sicherlich die Kenntnis und das Wissen um die Tradition und um die – mit seinen Worten gesprochen – Kunst der „Seelenführung". In der Begleitung von Menschen ist es sehr hilfreich, die vielen verschiedenen Traditionen und Schulen der Spiritualität, die verschiedenen Formen des Betens und der Meditation zu kennen, um sie den anderen anzubieten. Nicht alles und jedes ist für jeden und jede gleich gut, bedeutsam und passend. Wissenschaft bedeutet in diesem Falle aber auch die Kenntnis der Heiligen Schrift sowie aus heutiger Perspektive das Wissen um geistliche Prozesse, um den Umgang mit Krisen und um spirituelles Wachstum. Als drittes und letztes benennt Franz von Sales die Klugheit, also das Fingerspitzengefühl, die Intuition und auch das Wissen um den rechten Moment für eine Frage, ein Angebot einer Übung, für Schweigen und für das rechte Wort. Wer klug ist, der handelt auch besonnen und der Situation angemessen. Das ist ein anspruchsvolles Geschehen.

Kann man geistliche Begleitung erlernen? Es gibt Ausbildungskurse. Wenn diese ernsthaft gestaltet und begleitet werden, dann wird darauf geschaut, ob die Betreffenden psychisch gesund sind, selbst spirituell und aus dem Glauben lebende Menschen sind und ob sie auch den anderen lieben. Dafür gibt es Vorstellungsgespräche und die Ausbildungen dauern in der Regel ein bis zwei Jahre, sodass die Ausbildner:innen schon ein Gespür für die Kandidatinnen und Kandidaten bekommen. Professionalität sowie Berufung sind in gleichem Maße wichtig für diesen Dienst. Doch manches lässt sich nicht erlernen und auch nicht machen. Generell tut es gut, auf dem Weg und der Suche nach der eigenen Spiritualität andere mit ins Boot zu holen, gemeinsam darüber zu sprechen und sich so zu bestärken und auch Rat zu geben. Christliche Spiritualität ist eine gemeinschaftsbezogene Spiritualität. Sie ist ein Weg mit anderen, und je mehr dieser Weg gemeinsam gegangen wird und darüber gesprochen wird, um so bestärkender kann das sein. Allein das Wissen darum, nicht allein auf seinem Weg zu sein, tut gut und hilft schon sehr. Insofern ist nicht immer eine geistliche Begleitung vonnöten und eine geistliche Freundschaft mit anderen kann schon Begleitung genug sein.

Eine andere Form der Hilfe, mehr noch der Unterbrechung und darin eine Hilfe, sind Exerzitien. Dabei handelt es sich um eine Zeit, in der sich Menschen zurückziehen, um ihre Quellen aufzufrischen, um eine Weile im Gebet und in der Stille zu verbringen, um ihren Glauben zu vertiefen und zu erneuern, oder auch um Entscheidungen für ihren Weg im

Glauben zu treffen. Das Wort kommt aus dem Lateinischen „exercere", was so viel bedeutet wie „aus der Ruhe bringen, verfolgen, eine Arbeit oder Kunst ausüben, sich üben in". In der Bibel spielt das Wort kaum eine Rolle und taucht lediglich zweimal im Zusammenhang mit Übungen im militärischen oder im Rahmen einer Ringerschule auf.
All die verschiedenen Bedeutungen finden sich im Prozess von Exerzitien wieder. „Aus der Ruhe bringen": Wenn jemand sich aus dem Alltag bewusst herausnimmt, an einen anderen Ort geht, um sich sich selbst und Gott zu stellen, kann es dabei unruhige und beunruhigende Momente geben. Vor allem „sich üben in" ist ein wichtiges Stichwort für Exerzitien, denn sie dienen der Einübung, Wieder-Einübung des Glaubens.

> In der Regel haben Exerzitien einen klar abgesteckten Rahmen:
>
> - Sie sind zeitlich begrenzt und können von fünf bis zu 30 Tagen dauern.
>
> - Sie haben eine klare Struktur mit Vorträgen oder kurzen Impulsen, mit Angeboten zum persönlichen Gespräch, mit Beichtgelegenheit und Möglichkeiten des Austausches, vor allem aber mit gottesdienstlichen Zeiten.
>
> - Exerzitien können als Einzelexerzitien oder als Exerzitien in einer Gruppe wahrgenommen werden.

- Es gibt eine Begleitung für die Exerzitien.
- In der Regel finden sie in Stille und im Schweigen statt.
- Sie können an einem anderen Ort als zuhause wahrgenommen werden. Es gibt aber auch die Exerzitien im Alltag, in welchen im alltäglichen Leben, oftmals während der Fastenzeit, eine Gruppe in der Gemeinde sich in einem klaren Rhythmus trifft und gemeinsam ein geistlicher Prozess durchschritten wird. Alle Teilnehmenden machen die gleichen Gebetsübungen oder Meditationen den Tag über und treffen sich am Abend zum Austausch und zum Gebet/Gottesdienst.
- Die Christusnachfolge steht im Zentrum der Tage.

Vor allem die ignatianischen Exerzitien, also das Konzept des hl. Ignatius von Loyola (1491-1556) gelten bis heute als eine der wesentlichen Exerzitienformen in der christlichen Tradition. Ignatius hat ein klares Konzept erarbeitet, das sich über 30 Tage erstreckt und in welchem es vor allem um eine Entscheidungsfindung geht. Dabei ist es nicht wichtig, genau dieses Konzept von Ignatius von Beginn bis zum Ende buchstabengetreu durchzuführen und sich streng daran zu halten. Der und die zu Begleitende bestimmt das Tempo und die Themen. Das Konzept von Ignatius ist lediglich ein Vorschlag des Vorgehens und ein Rahmen, der so oder ähnlich möglich sein kann. Auch seine Impulse und Vorschläge zur Betrachtung der biblischen Stellen im Rahmen der dreißig

Tage sind Orientierungshilfen, nicht mehr und nicht weniger.
Es gibt inzwischen unzählige Angebote und verschiedene Formen der Exerzitien, angefangen von Einzelexerzitien bis hin zu klassischen Vortragsexerzitien.

Wie oft kann und in welchem Rahmen sollte man Exerzitien wahrnehmen?

Exerzitien sind eine große Chance, zur Ruhe und zu sich selbst zu kommen, seine eigenen Quellen wieder zu nähren und die Gottesbeziehung zu erneuern. Es gibt verschiedene Ansätze, wie das am besten gelingen kann. Für die einen ist es absolut notwendig, dazu an einen anderen Ort zu gehen und ganz bewusst den gesamten Alltag hinter sich zu lassen. Andere wiederum schätzen gerade die Vertiefung im Alltag und befürworten die Einbindung dieser geistlichen Übungen in ihren täglichen Ablauf, sodass es nicht zu der Erfahrung einer Blase kommt. Wenn man von einem anderen Ort wieder zurückkehrt, fällt die Umstellung umso schwerer.
Die Zeit wird ebenso unterschiedlich betrachtet. Mit Sicherheit lässt sich sagen, dass ein Prozess, den man in den Exerzitien durchläuft von einem Ankommen und Sich Einfinden über das Hinschauen und Wahrnehmen seiner selbst und der Gottesbeziehung bis hin zu konkreten Plänen und Vorsätzen, etwas zu verändern oder zu intensivieren, seine Zeit benötigt. In der Regel werden sieben Tage dafür veranschlagt, manche bevorzugen zehn Tage. Die dreißigtägigen Exerzitien nach Ignatius sollte man nur 1-2-mal im Leben machen, da es um Entscheidungsfindung geht. Da gilt es genau hinzuschauen, wann der geeignete und vor allem auch

notwendige Zeitpunkt dafür ist. Zudem ist es zeitlich natürlich ein hoher Anspruch und auch Akt, angefangen damit, dass man sich dafür Urlaub nehmen muss.
In der Regel, so praktizieren es die Ordensleute vielfach, ist ein Rhythmus von einem Jahr gut, d.h. einmal im Jahr sich aus dem Alltag in einer besonderen Zeit herauszunehmen, ist sinnvoll. Doch auch hier gilt: Es ist eine Frage der Zeit und auch eine Frage des Geldes, denn in der Regel sind solche Exerzitien natürlich nicht umsonst.

Spiritualität und Kunst

Es mag verwundern, dass an dieser Stelle einige Gedanken zur Kunst und Spiritualität stehen, doch zur Spiritualität gehört Inspiration dazu. Mehrmals bereits ist von Aufmerksamkeit und Wahrnehmung die Rede gewesen, von der Aufmerksamkeit der Wirklichkeit und der Schöpfung gegenüber. Künstler:innen setzen sich in ihren Werken, ob in der Literatur, in der Musik oder in der darstellenden Kunst, mit der Wirklichkeit auseinander. Sie sind Seismographen der Gegenwart – und insofern können sie die Spiritualität im wahrsten Sinne des Wortes inspirieren; abgesehen davon, dass auch scheinbar säkulare Literatur und Kunst durchaus sehr spirituell sein kann. Insofern soll am Ende dieses Kapitels über Ausdrucksformen der Spiritualität der Blick auf die Kunst gelenkt werden, die sich eben auch mit Glauben und Spiritualität auseinandersetzt und diesen manchmal gar den Spiegel hinhält.
In einem Brief vom Ostersonntag 1999 an die Künstler spricht Papst Johannes Paul II davon, dass diese geniale Bau-

meister der Schöpfung seien und dass ihre Berufung im Dienst an der Schönheit liege, und sowohl die Kirche benötige die Kunst als auch die Kunst die Kirche.[35] Das ist eine Sicht auf Kunst und Künstler, doch: Wenn Künstler sich mit der Wirklichkeit auseinandersetzen und sie wahrnehmen, wie sie ist, dann ist da nicht nur Schönheit zu sehen, sondern viel Zerstörung, viele Brüche, Schreckliches und Böses. Die Wirklichkeit und das Leben sind nicht immer schön und gut. Und zur Schönheit gehört auch die Hässlichkeit. Vieles in der Gegenwart ist verstörend, so auch manche Kunst und Kunstwerke. Das Kriterium: „Das finde ich schön", kann kein allgemeingültiges für gute Kunst sein.

In den Kirchen gibt es viele Kunstwerke aus allen Jahrhunderten. Manche Kirchen sind selbst einzigartige Kunstwerke, fast schon Museen. Solche Räume und auch künstlerische Ausgestaltungen verbinden sich mit Gebet, Musik und Riten. Sie vertiefen die Liturgie auf eine ganz besondere Weise. So berührt die Liturgie in Verbindung mit Kunst die Herzen der Menschen.

Kunst ändert und verändert, Kunst verändert sich selbst und ist dem Wandel der Zeiten unterworfen. In den letzten Jahrzehnten ist eine Kunstform entstanden, die oftmals provoziert und verstört: die Performance-Kunst. Über einen kürzeren oder auch längeren Zeitraum wird etwas aufgeführt. Die Performance will in einen Dialog, in ein Wechselverhältnis zum Publikum kommen. Dieses muss sich zu dem, was zu sehen und zu spüren ist, verhalten und handeln. Kunst ist so in Bewegung, und je nachdem wie intensiv die Beziehung zwischen Künstlern und dem Publikum ist, um so mehr kommt in Bewegung, auch innerlich. Die künstlerische Darstellung ist immer situationsbezogen, handlungsbetont und vergänglich. Mit dem Ende der Aufführung ist die künstlerische Darstellung an ihr Ende gekommen. Joseph Beuys (1921-1986) oder auch Marina Abramovic (*1946) stehen für eine solche Form der Kunst. Insbesondere ihre Performance „The Artist is Present" (der Künstler ist gegenwärtig) von Abramovic verdeutlicht dabei die Intensität und vor allem auch die Interaktion, die mit einer solchen Form angestrebt wird. Am 14. März 2010 begann Abramovic ihre Performance im MoMA (Museum of Modern Art) in New York. Zwei Stühle, in der Mitte ein Tisch, den sie später wegnehmen ließ, standen sich gegenüber. Marina Abramovic saß 763 Stunden auf einem der beiden Stühle, und die Besucher:innen waren eingeladen, so lange wie sie wollten, auf dem anderen Stuhl Platz zu nehmen. Es durfte weder gesprochen noch einander körperlich berührt werden. Mehr als 1500 Personen nahmen die Einladung an, und mehr als 850 000 Personen waren, zu unterschiedlichen Zeiten, im Atrium und schauten zu. Viele Menschen waren bewegt, obwohl nichts gesagt oder getan wurde. Einfach nur sitzen und sich anschauen. Menschen waren im Herzen berührt und kamen immer wieder. Auch Marina Abramovic selbst sprach von einer außergewöhnlichen Zeit, in der sie oft das Gefühl hatte, mit dem Gegenüber, mit den Fremden, auf eine einzigartige Weise verbunden zu sein. Menschen spürten in dieser Begegnung auch ihren inneren Schmerz, Marina Abramovic spürte den Schmerz der anderen. Doch viele hielten das gemeinsam mit ihr, im Anblick, aus. Die Kraft der Begegnung, die in der Spiritualität so wichtig ist, war hier deutlich zu spüren. Es ging um Begegnung und Aushalten-Können, um Berührung und Ehrlichkeit, um Stille und Wahrnehmung. In ihrem „Lebensmanifest einer Künstlerin" schreibt sie: „Ein Künstler sollte weder sich selbst noch andere belügen. [...] Ein Künstler muss die Stille verstehen. Ein Künstler muss in seinem Werk Raum für die Stille schaffen."[36] Spiritualität ist für Marina Abramovic ein wichtiger Bestandteil ihrer Kunst, auch wenn diese sich aus den unterschiedlichsten Traditionen und Quellen der Religions- und Spiritualitätsgeschichte speist. Sie nutzt Riten und Rituale, Symbole und Zeichen, auch aus dem Christentum, um auf der Reise ins eigene Innere und Selbst voranzukommen. Sie will auch die Betrachter:innen daran teilnehmen lassen, die eben mehr als Betrachter, vielmehr auch Akteure der Performance sind, und sie so zur Auseinandersetzung mit dem eigenen Inneren, den Energien in der Welt und den Dingen zu führen. Sie ist davon überzeugt, dass Kunst nicht nur diese Aufgabe hat, sondern dass sie auch eine spirituelle Funktion erfüllt: „Institutionelle Religion bringt viele Gefahren mit sich, wie alles andere, das institutionalisiert ist. [...] Viele Leute gehen nicht in die Kirche, aber ins Museum. Sie erleben dort etwas sehr Machtvolles, weil sie offen für Erfahrungen sind. In der Kirche mag die Tür für sie offen stehen, aber dann verschließen sie sich selbst in mannigfacher Weise. Sie kommen ins Museum, um Kunst zu erleben, und statt bloßer Kunst gibt man ihnen eine andere Art des Seins. Das ist fast ein Trick. Aber Kunst hat immer eine spirituelle Funktion erfüllt. In unserer Gesellschaft haben wir das verloren."[37]

Auch die Literatur kann berühren, provozieren und Begegnung initiieren. Lesen erweitert die Ich-Kompetenz, führt die Leser oft zu sich selbst und den eigenen Fragen. Sie kann zum besseren Verständnis der Wirklichkeit führen oder zu einem genaueren Hinsehen, die Wahrnehmung schärfen und pointiert Sachverhalte vereinfachen. Literatur kann zu Identifikation und zur Abgrenzung zugleich führen. Sie kann auch den Glauben konfrontieren und in Frage stellen. Das erfordert allerdings von den Lesern eine Offenheit, sich auf das Gelesene einzulassen und es zuzulassen. Es gibt eine Spiritualität des Lesens, eine Art der Verarbeitung von Gelesenem (und damit sind nicht nur die religiösen Bücher gemeint), die dabei hilft, dem eigenen Leben und der eigenen Person auf die Spur zu kommen und auch zum Glauben an das Leben, an sich selbst, die anderen und Gott zu finden. Literatur und Kunst können das zu Tage fördern, was Menschen im Innersten bewegt, was ihre Sehnsüchte und Wünsche sind, ihre verborgenen Hoffnungen und Ängste. Und sie helfen, dafür eine Sprache zu finden.

Schließlich ist der gesamte Kanon der Literatur das Gedächtnis einer Kultur, eines Landes und einer Nation, einer Weltgemeinschaft. Literatur hat somit auch die Kraft des Erinnerns in sich. So wie die Mystiker:innen von dem schreiben mussten, was ihnen widerfahren ist, um andere an der erfahrenen Liebe teilhaben zu lassen, so schreiben viele Holocaust-Überlebende oder auch Angehörige der zweiten oder dritten Generation von Holocaust-Opfern oder Überlebenden, um dem Vergessen zu wehren, um zu erinnern, um zu mahnen, um sich selbst zu befreien, um den Menschen die Schrecken vor Augen zu führen, um das eigene Nicht-Verstehen über die Ungeheuerlichkeit, dass so etwas möglich war, zum Ausdruck zu bringen. Auch um die Gottesfrage zu thematisieren: Angesichts der Grauen von Auschwitz an einen gerechten und liebenden Gott zu glauben, wie geht das überhaupt? Elie Wiesel, Überlebender, Schriftsteller und Friedensnobelpreisträger schreibt in seiner Autobiographie: „Mag Nietzsche dem alten Heiligen in seinem Walde zugerufen haben: ‚Gott ist tot', der Jude in mir kann es nicht. Ich habe meinen Glauben an Gott nie verleugnet. Ich habe mich gegen Sein Gesetz gestemmt, habe gegen Sein Schweigen, bisweilen auch gegen Seine Abwesenheit aufgebehrt, doch meine Wut tobte innerhalb meines Glaubens, niemals außerhalb. Ich gebe zu, diese Haltung ist nicht sehr originell, sie steht in der jüdischen Tradition. [...] Habe ich mich im Laufe der Zeit mit Ihm versöhnt? Sagen wir einmal, dass ich mich mit einigen Seiner Interpreten ausgesöhnt habe. Auch mit einigen meiner Gebete habe ich mich versöhnt. Warum sollten die jüdischen Gebete schuld gewesen sein, wenn Menschen andere Menschen gemordet, wenn sie die Juden niedergemetzelt haben? Sie stimmen nicht immer mit der Wirklichkeit überein und schon gar nicht mit der Wahrheit? Und wenn schon! Es liegt an uns, die Wirklichkeit zu verändern und die Gebete wahr zu machen. [...] Letztlich werde ich niemals aufhören, mich gegen diejenigen zu empören, die Auschwitz geschaffen oder zugelassen haben, Gott eingeschlossen? Auch gegen Ihn werde ich mich immer empören. Die Fragen, die ich mir früher zum Schweigen Gottes gestellt habe, sind offen geblieben. Wenn es eine Antwort gibt, so weiß ich sie nicht. Und ich will sie auch nicht wissen."[38] Literatur bewegt. Literatur berührt. Literatur provoziert, auch die Spiritualität. Sie ist oft sogar, wie in der darstellenden Kunst und Musik, Ausdruck von Spiritualität.

Viele Menschen finden ihren Ausdruck der Spiritualität in der Musik. Musik rührt Tiefenschichten im Menschen an, oftmals mehr noch als das gesprochene oder geschriebene Wort. In dem bereits zitierten Brief von Papst Johannes Paul II. an die Künstler wendet er sich auch an die Musiker: „Ebenso braucht die Kirche Musiker. Wie viele Kirchenkompositionen sind im Laufe der Jahrhunderte von Menschen geschaffen worden, die zutiefst vom Sinn des Geheimnisses erfüllt waren! Unzählige Gläubige haben ihren Glauben von Melodien genährt, die im Herzen anderer Glaubender entstanden und Teil der Liturgie oder zumindest eine äußerst wirksame Hilfe für ihre würdevolle Gestaltung geworden sind. Im Gesang erfährt sich der Glaube als überschwängliche Freude, Liebe und zuversichtliche Erwartung des rettenden Eingreifens Gottes."[39] Doch nicht nur die Kirchenmusik lässt Menschen einschwingen und sie mit ihrem Innersten oder mit einer Wirklichkeit hinter der Wirklichkeit verbinden. Nicht nur die Kirchenmusik kann für Menschen elementare Nahrung bieten. Gerade auch die (wenn man es überhaupt so einteilen kann) säkulare Musik bewegt Menschen, berührt sie. Sie kann Menschen im Innersten durch Schwingungen, Töne und Melodien erreichen. Sie kann Starres aufbrechen und die Tiefe des Lebens, die Schönheit und auch den Schmerz des Lebens sowie das Göttliche im Leben erahnen und begreifen lassen.

EINLADUNG ZUR REFLEXION UND ÜBUNG

„Wenn ihr betet, macht es nicht wie die Heuchler! Sie stellen sich beim Gebet gern in die Synagogen und an die Straßenecken, damit sie von den Leuten gesehen werden. Amen, ich sage euch: Sie haben ihren Lohn bereits erhalten. Du aber, wenn du betest, geh in deine Kammer, schließ die Tür zu; dann bete zu deinem Vater, der im Verborgenen ist! Dein Vater, der auch das Verborgene sieht, wird es dir vergelten. Wenn ihr betet, sollt ihr nicht plappern wie die Heiden, die meinen, sie werden nur erhört, wenn sie viele Worte machen. Macht es nicht wie sie; denn euer Vater weiß, was ihr braucht, noch ehe ihr ihn bittet. So sollt ihr beten:
Unser Vater im Himmel, geheiligt werde dein Name,
dein Reich komme, dein Wille geschehe wie im Himmel, so auf der Erde.
Gib uns heute das Brot, das wir brauchen!
Und erlass uns unsere Schulden, wie auch wir sie unseren Schuldnern erlassen haben!
Und führe uns nicht in Versuchung, sondern rette uns vor dem Bösen!" (Mt 6,5-13).

> **Fragen**
>
> 1. Wann und wie bete ich? Was ist mein Lieblingsgebet?
> 2. Habe ich schon einmal das Gefühl gehabt, von Gott verlassen zu sein, ihn nicht mehr zu spüren und davon überzeugt zu sein, meine Gebete gehen ins Leere? Wie bin ich mit der Situation umgegangen?

3. Nehme ich das Angebot von Exerzitien und/oder geistlicher Begleitung wahr? Was war gut, was wünsche ich mir anders?
4. Was habe ich sonst noch für Ausdrucksformen meiner Spiritualität: die Kunst, die Musik oder die Literatur?
5. Welche gottesdienstlichen Formen sagen mir besonders zu?
6. Gibt es etwas, das ich noch einüben und lernen möchte?

Übungen

Zum Gebet im Alltag

Ich suche mir mitten im Alltag einen Moment Zeit. Ich suche mir einen Ort, wo ich vier/fünf Minuten für mich sein kann: Das kann im Büro sein, das kann in der Natur auf einer Bank sein, das kann eine Kapelle um die Ecke sein. Ein Ort, wo ich für einen kurzen Moment einfach sein kann.

Ich setze mich bequem hin und schaue auf meinem Atem: ruhig ein und ausatmen. Ich spreche ein Gebet, verorte mich in Gott, bitte ihn um Kraft für den Rest des Tages und der Aufgaben, die vor mir liegen.

Und ich breche wieder auf, gehe zurück an meine Arbeit oder was auch immer ich unterbrochen habe.

Zum Einkehrtag

Ganz bewusst suche ich mir einen Tag im Monat aus, an dem ich einen Einkehrtag für mich halten möchte. Ich kann es von zuhause aus machen oder dafür wegfahren.

Ich lege mir die Heilige Schrift zurecht oder nehme sie mir mit. Sie soll Wegbegleiter für den Tag sein.

Ich beginne den Tag an dem Ort, den ich mir ausgesucht habe, mit einer Schriftlesung. Es bietet sich das Evangelium vom Tag an – oder ich starte einfach mit dem ersten Kapitel des ersten Buches im Neuen Testament: Das Matthäusevangelium.

Ich lese es, lasse es auf mich wirken, und schließlich suche ich mir ein Wort oder einen Satz, der mir zusagt oder mich herausfordert, schließe die Bibel und nehme diesen Satz mit in meinen Tag. Ich gehe spazieren, murmele dabei immer wieder halblaut diesen Satz/Vers. Er geht mit mir mit.

Hin und wieder halte ich ein oder gehe in meine Gebetsecke oder eine Kapelle und bete ausdrücklich zu Gott.

Ich höre kein Radio, telefoniere nicht – und habe so einen stillen Tag, den ich mir schenke.

Am Nachmittag nehme ich mir nochmals die Bibelstelle vor, lese sie – und frage mich, was sie mir sagt und bedeutet.

Ich schließe meinen Einkehrtag mit einem Gebet. Dazu eignet sich gut ein Psalm aus dem Alten Testament, z.B. Psalm 1.

IV. Einsatz für Leben und Spiritualität

Fragen
Muss ich als Christ bei Fridays for Future mitmachen? Darf ich mich politisch engagieren? Was kann und muss ich als Christ umweltethisch tun? Was bedeutet Prophetie? Bin ich als Christ vielleicht auch prophetisch? Was bedeuten Frieden und Gerechtigkeit? Gibt es diese überhaupt?

EINBLICK UND GESCHICHTE

Ein Blick auf die Definition von Spiritualität aus dem ersten Kapitel zeigt es deutlich: Spiritualität ist nicht nur etwas für die eigenen vier Wände, für das je eigene Wohlbefinden und so etwas wie eine persönliche Glaubenshaltung im stillen Kämmerlein. Sie mischt sich ein, sie durchdringt den ganzen Alltag und beschränkt sich eben nicht nur auf vermeintlich fromme Haltungen im Gebet oder in der Kirche. Spiritualität will dem Leben dienen, und das nicht nur dem je eigenen. Somit sind die Dimensionen von Caritas und Diakonie also nicht nur institutionell verankerte Aufgaben der Kirchen, sondern vielmehr auch Gabe sowie Aufgabe im Leben eines jeden. Der Einsatz für Gerechtigkeit, für die Bewahrung der Schöpfung und für Frieden gehören ausdrücklich und selbstverständlich zu einer gelebten christlichen Spiritualität. Das zeigt sich bereits von Beginn an in der Geschichte des Christentums. Schon der Gott des Alten Testaments ist ein Gott, der eine Vorliebe für die Armen und die Schwachen hat. Er ist der Gott, der sein Volk aus der Sklaverei Ägyptens befreite. Er ist der Gott, der das Elend seines Volkes sieht und Abhilfe schafft.

Wenn Jesu Leben der Maßstab für christliche Spiritualität ist, dann geht es gar nicht anders, als sich einzumischen und dort das Wort zu ergreifen und zur Tat zu schreiten, wo Menschen entrechtet und an den Rand gedrängt werden, wo Menschenrechte mit Füßen getreten werden und der Mensch nichts zählt. Denn Jesus hat sich denen zugewandt, die sich selbst nicht helfen konnten, denen, die am Rande der Gesellschaft standen und ausgegrenzt wurden. Er hat sich mit Sündern, Zöllnern und Ehebrechern abgegeben. Mit Leidenschaft hat er die Händler aus dem Tempel hinausgeworfen und sich mit den Schriftgelehrten und den Pharisäern überworfen. Ihnen warf er Gesetzesfrömmigkeit und Gesetzeshörigkeit vor. Offensichtlich zählt für sie allein der Buchstabe und die Befolgung der Gesetze, nicht der Mensch. Doch das Gesetz sollte dem Menschen dienen, nicht umgekehrt. Was dient dem Leben und dem Menschen? Was ist Jesu Anspruch? Das sind die Fragen in der Nachfolge Jesu. An den Konsequenzen und den Taten müssen sich die Gläubigen messen lassen. So spricht Jesus auch davon, dass im Gericht über diese sogenannten guten Taten geurteilt werden wird. „Denn ich war hungrig und ihr habt mir zu essen gegeben; ich war durstig und ihr habt mir zu trinken gegeben; ich war fremd und ihr habt mich aufgenommen; ich war nackt und ihr habt mir Kleidung gegeben; ich war krank und ihr habt mich besucht; ich war im Gefängnis und ihr seid zu mir gekommen. Dann werden ihm die Gerechten antworten und sagen: Herr, wann haben wir dich hungrig gesehen und dir zu essen gegeben oder durstig und dir zu trinken gegeben? Und wann haben wir dich fremd gesehen und aufgenommen oder nackt und dir Kleidung gegeben? Und wann haben wir dich krank oder im Gefängnis gesehen und sind zu dir gekommen? Darauf wird der König ihnen antworten: Amen, ich sage euch: Was ihr für einen meiner geringsten Brüder getan habt, das habt ihr mir getan" (Mt 25,35-41). Der Maßstab Jesu ist allerdings ein sehr hoher.

Das Engagement für die Armen und Randständigen der Gesellschaft war von Beginn des Christentums an ein Hauptpfeiler gemeindlichen Engagements. Die Aufnahme der Fremden und die Hilfeleistungen waren elementar, insbesondere in der Sorge für die Witwen und die Kranken. Sklaven wurden freigekauft. Im vierten Jahrhundert beklagte Kaiser Julian, dass die Christen sich sozial engagierten, um so durch Wohltätigkeit weitere Gläubige zu rekrutieren. Er unterstellte ihnen bösartiges Kalkül, doch sprechen viele Gemeindeordnungen aus der damaligen Zeit eine andere Sprache. Die Gläubigen ließen sich von der Not der Menschen anrühren und lebten ihren Glauben mit den Tugenden der Barmherzigkeit und Gerechtigkeit für alle, egal ob gläubig oder ungläubig. Eine syrische Gemeindeordnung aus dem vierten Jahrhundert fordert: „Gleich bei der Kirche soll ein Hospiz sein, wo der Erzdiakon die Fremden empfängt. [...] Wie es reicht und passend ist, geht der Priester zusammen mit dem Diakon in die Häuser der Kranken und besucht sie. [...] Der Diakon tut und teilt nur das mit, was der Bischof ihm aufträgt. Er ist Ratgeber des ganzen Klerus und so etwas wie das Sinnbild der ganzen Kirche. Er pflegt die Kranken, kümmert sich um die Fremden, ist der Helfer der Witwen. Väterlich nimmt er sich der Waisen an, und er geht in den Häusern der Armen aus und ein, um festzustellen, ob es niemand gibt, der in Angst, Krankheit oder Not geraten ist. Er geht zu den Katechumenen in ihre Wohnungen, um den Zögernden Mut zu machen und die Unwissenden zu unterrichten. Er bekleidet und ‚schmückt' die verstorbenen Männer, er begräbt die Fremden, er nimmt sich derer an, die ihre Heimat verlassen haben oder aus ihr vertrieben wurden. Er macht der Gemeinde die Namen derer bekannt, die der Hilfe bedürfen. [...] Wenn der Diakon in einer Stadt tätig ist, die am Meere liegt, soll er sorgsam das Ufer absuchen, ob nicht die Leiche eines Schiffbrüchigen angeschwemmt worden ist. Er soll sie bekleiden und bestatten. In der Unterkunft der Fremden soll er sich erkundigen, ob es dort nicht Kranke, Arme oder Verstorbene gibt, und er wird es der Gemeinde mitteilen, dass sie für jeden tut, was nötig ist. Die Gelähmten und die Kranken wird er baden, damit sie in ihrer Krankheit ein wenig aufatmen können. Allen wird er über die Gemeinde zukommen lassen, was Not tut."[40]

Für den Mönchsvater Antonios (um 250-356) entscheiden sich Leben und Tod an seiner Haltung zum Mitmenschen. Das mag vor allem deswegen erstaunen, da er in der Einsamkeit seiner Höhle lebte. Doch war diese immer offen für Menschen, die zu ihm kamen und um Rat fragten. So wird

es auch von anderen Vätern und Müttern in der Wüste berichtet. Sie hatten ein offenes Ohr für die Nöte und Anliegen der Menschen und waren nicht nur auf sich fokussiert und bezogen, und das in aller Abgeschiedenheit und Einsamkeit. So wird vom Altvater Agathon berichtet: „Er kam einmal in die Stadt, um Ware zu verkaufen. Da fand er einen Fremden, der auf die Straße geworfen war. Er war ohne alle Kraft, und niemand nahm sich seiner an. So blieb denn der Greis bei ihm, suchte für ihn eine Mietwohnung und bezahlte von seiner Handarbeit die Miete, und den Rest verwendete er für den Bedarf des Kranken. Vier Monate blieb er bei ihm, bis der Kranke gesund war. Dann kehrte der Alte in sein Kellion zurück, in Frieden."[41]
Benedikt von Nursia (ca. 480-547), der Gründervater der Benediktiner, legte in seiner Regel großen Wert auf ein Element, das auch schon die frühen christlichen Gemeinden ausgezeichnet hat: die Gastfreundschaft. Diese bedeutet nicht nur, einen Raum zum Schlafen zur Verfügung zu stellen, sondern vielmehr das Offensein für Fremde, in denen, wie Benedikt es sagt, Christus auf die Gemeinschaft zukommt. So heißt es im Kapitel 53 der Regel über die Aufnahme von Gästen:

„Alle Fremden, die kommen,
sollen aufgenommen werden wie Christus;
denn er wird sagen:
‚Ich war fremd, und ihr habt mich aufgenommen.'
Allen erweise man die angemessene Ehre,
besonders den Brüdern im Glauben
und den Pilgern. […]

Allen Gästen begegne man
bei der Begrüßung und beim Abschied
in tiefer Demut:
Man verneige sich, werfe sich ganz zu Boden
und verehre so in ihnen Christus,
der in Wahrheit aufgenommen wird. [...]
Vor allem bei der Aufnahme von Armen und Fremden
zeige man Eifer und Sorge,
denn besonders in ihnen wird Christus aufgenommen."[42]

Gastfreundschaft ist ein wesentlicher Teil der Hinwendung zum anderen. Sie zeugt davon, dass man nicht nur mit sich selbst beschäftigt ist, sondern ernst macht mit der Aufforderung Jesu, Fremde aufzunehmen. Schon im Alten Testament ist Gastfreundschaft etwas, das zur Kultur der Israeliten und der Menschen im Vorderen Orient einfach dazugehört. Die vorbeiziehenden Fremden und Nomaden bitten um ein Dach und etwas zu essen. Abraham lädt drei Fremde unter der Eiche von Mamre ein, Platz zu nehmen und mit ihm und seiner Familie zu essen. Nach einem großartigen Mahl offenbart sich in ihnen Gott selbst und verheißt Abraham und seiner Frau Sara, dass sie einen Sohn gebären wird (vgl. Gen 18). Auch der Gast beschenkt also den Gastgeber. Gastfreundschaft ist keine Einbahnstraße. Und es gibt viele solcher Erzählungen im Alten Testament. Jesus setzt diese Linie fort und gewährt vielen Menschen Gastfreundschaft. Er setzt sich mit Sündern an einen Tisch (vgl. Mk 2,15), sorgt in der wunderbaren Brotvermehrung dafür, dass alle Anwesenden genug zu essen haben (vgl. Joh 6,1-15). Er wäscht den Jüngern beim Abendmahl die Füße (vgl. Joh 13,1ff.). Und er mahnt in

der Rede vom Weltgericht an, die Fremden aufzunehmen, ihnen zu essen und zu trinken zu geben (Vgl. Mt 25,31ff.).
In der christlichen Tradition zeigt sich die Gastfreundschaft sehr stark im Mahlcharakter der Eucharistie und des Abendmahls: gemeinsam mit Fremden feiern, gemeinsam Mahl halten, den Glauben teilen, womöglich im Anschluss an die Eucharistie eine Agapefeier halten oder aber einfach Menschen zu Gesprächen einladen – das sind Elemente einer gelebten Gastfreundschaft in der Gemeinde.
Eindrückliche Beispiele, den Heimat- und Obdachlosen ein Dach sowie den Hungernden und Armen Hilfe zukommen zu lassen, finden sich in der Geschichte der christlichen Spiritualität. Mehr und mehr wird diese Dimension der Caritas, der gelebten Liebe zum anderen, institutionalisiert. Im 12./13. Jahrhundert wurde gerade in den Städten die Versorgung der Notleidenden zu einem immer größeren Problem. Mit der Landflucht vieler Menschen und dem dadurch bedingten enormen Wachstum der Städte vergrößerten sich die Armengürtel am Rande von Städten wie Basel, Frankfurt oder Wien auf bis zu 70-80 % der Gesamtbevölkerung. Vor allem in diesen Jahrhunderten entstehende Orden (um nur einige zu nennen: Antoniter, der Heilig-Geist-Orden, die Alexianer, die Begarden- und Beginenbewegung, die Johanniter, der Deutsche Orden, der Lazarus-Orden …) nahmen sich der Aufgabe der Armenfürsorge auf vielfältige Weise an. Es entstehen Bruderschaften, die Wohltätigkeiten organisierten, Armentafeln in den Gemeinden und Kommunen wurden eingerichtet. Die Kirche insgesamt sah es mehr und mehr als ihre Aufgabe an, den Armen zu helfen. Und derer gab es unzählige: Bettler, Vagabunden, Prostituierte, Lohn-

arbeiter, Landflüchtige, der verarmte Adel, die Kranken und Alten, die Witwen, Waisen ... selbst der Totenbegräbnisse der Armen nahmen sich Ordensgemeinschaften an, denn auch schon damals kosteten sie Geld, und viele konnten sich ein Begräbnis nicht leisten.

Alle diese Gruppierungen zeichneten sich durch eine Spiritualität aus, in welcher die Sorge um die Armen eng verbunden war mit der Nachfolge Jesu. Die Trias, von der schon an anderer Stelle gesprochen wurde: Gebet, Fasten und Almosengeben, kommt hier wieder zum Tragen. Der Dienst an den Armen und Kranken wurde so für viele zum Dienst an Christus selbst. Oftmals gehen diese Initiativen zusammen mit dem Engagement der verschiedenen Kommunen und Städte.

In jüngerer Zeit ist insbesondere Madeleine Delbrel (1904-1964) zu erwähnen, die in enger Zusammenarbeit mit der Kommune von Ivry in den Vororten von Paris sich der Armen und der arbeitenden Bevölkerung annahm. Diese Kommune wurde zu ihrer Zeit von Kommunisten geführt, was Madeleine Delbrel aber keineswegs daran hinderte, mit ihnen gemeinsam die Lebensumstände vieler Menschen vor Ort zu verbessern. Madeleine Delbrel entschied sich nach reiflicher Zeit der Überlegung und auch der Konversion zu einem radikalen christlichen Engagement mitten in der Welt. Aus ihrer Absicht, in ein kontemplatives Kloster einzutreten, wurde der unermüdliche Einsatz im Dienst an den Menschen in der Bannmeile von Paris. Sie schätzte den Einsatz der Kommunisten für das Leben, kritisierte die Gleichgültigkeit vieler Christ:innen und bildete mit einigen anderen Frauen eine christliche Kernzelle in einer kommunistischen Hochburg, die von allen respektiert wurde. „Immer intensiver mit den Kommunisten zusammenarbeitend, immer einiger mit ihnen über das Ärgernis der Welt, in der wir zusammen lebten, und über das Maß der Effizienz, das zur Aufhebung dieses Ärgernisses erfordert wäre, gelangte ich dazu, eine mir harmonisch erscheinende Lösung ins Auge zu fassen. Ich ließe ihnen ihren Atheismus, behielt für mich Gott, und gemeinsam kämpften wir für die menschliche Gerechtigkeit."[43] Sie arbeitete als Sozialarbeiterin, gab das aber bald auf, um einfacher auf die Nöte und Bedürfnisse der Menschen reagieren zu können. Sie war stark in der Begleitung der Arbeiterpriesterbewegung engagiert und wurde selbst vom Papst um Rat gebeten. Ihr Lebenszeugnis macht deutlich: Gelebte Spiritualität kann und darf sich nicht entziehen. Gebet und Tat, Mystik und Politik gehen zusammen. Und wie so manche Frau vor ihr in der Geschichte der Spiritualität benennt sie die Schwachstellen und Stärken der Kirche, leidet an ihr und lebt in ihr. Der Mensch und insbesondere Christen haben eine politische Verantwortung. „Ein Schrei steigt auf aus der Welt: ein neuer Schrei unter den alten Schreien der Menschen. […] Der Schrei des Todes und der Schrei der Liebe werden niemals verstummen. Wir wissen aber auch, dass es heilbare Schreie gibt, für die unser Tun und Unterlassen verantwortlich ist. Man schreit in der Nacht: wie könnten wir schlafen?" Madeleine Delbrel ist eine wahrhaft prophetische Gestalt.[44]

Prophetisch sein

Asketische und abgemagerte Gestalten, wirrer Blick, verfilztes Haar, verrückte Menschen im wahrsten Sinne des Wortes – das mögen Bilder sein, die sich beim Hören des Wortes ‚prophetisch' einstellen. Was bedeutet dieses Wort überhaupt heute, und kann damit jemand etwas anfangen? Was bedeutet es für die und den Einzelne(n)?

Wiederum der Blick auf die Herkunft des Wortes: Das deutsche Wort ‚Pophet' ist die Übersetzung des griechischen Wortes ‚prophetas', was so viel bedeutet wie: „jemand, der anstelle einer Gottheit zu den Menschen spricht". Im Hebräischen steht dafür das Wort ‚nabi', das ist ein im Auftrag Jahwes ‚Rufender' bzw. ein von Gott ‚Gerufener'. Manchmal findet man auch die Übersetzung ‚Seher' (der Auftrag wurde dem Menschen in einer Vision offenbart) oder ‚Gottesmann' (ein Mensch, der auch Wundertaten vollbringen kann). Prophet sein geht also mit einem Auftrag von Seiten Gottes einher. Mose gilt im Alten Testament als der Prototyp des Propheten, da er Jahwe von Angesicht zu Angesicht gesehen, mit ihm gesprochen und dem Volk das Gesetz Gottes übergeben hat.

Heute werden Menschen, die die Zukunft vorhersagen, vielfach als Propheten bezeichnet. Doch das trifft bei weitem nicht, was im Alten Testament einen Propheten oder eine Prophetin ausmacht. Dort hat das Prophetendasein verschiedene Facetten: Propheten sind Zeitkritiker (gegen die Götzen, aber auch im sozialen und politischen Bereich), die im Auftrag Gottes den Israeliten ihre Vergehen, ihre Inkonsequenzen und Verfehlungen aufzeigen. Sie klagen Unrecht an. Sie künden das Gericht an und rufen gleichzeitig zur Umkehr auf, die oft darin besteht, nicht sich selbst und der eigenen Politik zu vertrauen, sondern Gott: „Denn so spricht der GOTT, der Herr, der Heilige Israels: Durch Umkehr und Ruhe werdet ihr gerettet, im Stillhalten und Vertrauen liegt eure Kraft" (Jesaja 30,15). Wer auf Gott vertraut, der wird gerettet werden. Propheten und Prophetinnen wollen also auch Mut machen und Hoffnung wecken.

Der Prophet spricht immer im Auftrag Gottes, was die Anmerkungen: „So spricht Gott, der Herr" oder auch „Spruch des Herrn" unterstreichen wollen, die jeweils am Anfang oder am Ende einer prophetischen Rede zu finden sind. Propheten können also auf der einen Seite Mahner und Rufer zur Umkehr sein, auf der anderen Seite auch Boten Gottes, die das Heil verkünden und seinem Volk Zukunft verheißen. Sie drohen: „Wehe denen, die Haus an Haus reihen und Feld an Feld fügen, bis kein Platz mehr da ist und ihr allein die Bewohner seid inmitten des Landes" (Jes 5,8). Sie künden an. Sie rufen das Volk immer wieder dazu auf, dem einen Gott zu glauben und der Vielgötterei oder dem Götzendienst abzusagen. Der Prophet ist das Sprachrohr Gottes in den unterschiedlichsten geschichtlichen Zusammenhängen! Die Liste der Propheten ist lang: Mose, Mirjam, Deborah, Samuel, Elija, Jeremia, Jesaja, die vielen Schriftpropheten, Jona und Amos.

Wie ein Prophet und wozu er berufen wird, das erzählt eindrücklich die Berufung des Propheten Ezechiel: „Da hörte ich die Stimme eines Redenden. Er sagte zu mir: Menschensohn, stell dich auf deine Füße; ich will mit dir reden. Da kam Geist in mich, als er zu mir redete, und er stellte mich auf meine Füße. Und ich hörte den, der mit mir redete. Er sagte zu mir: Menschensohn, ich sende dich zu den Söhnen Israels, zu abtrünnigen Völkern, die von mir abtrünnig wurden. Sie und ihre Väter sind von mir abgefallen, bis zum heutigen Tag. Es sind Söhne mit trotzigem Gesicht und hartem Herzen. Zu ihnen sende ich dich. Du sollst zu ihnen sagen: So spricht GOTT, der Herr. Sie aber: Mögen sie hören oder es lassen – denn sie sind ein Haus der Widerspenstigkeit –, sie werden erkennen müssen, dass mitten unter ihnen ein Prophet war. […] Du sollst ihnen meine Worte sagen, mögen sie hören oder es lassen, denn sie sind widerspenstig. […] Er sagte zu mir: Menschensohn, mach dich auf, geh zum Haus Israel und sprich mit meinen Worten zu ihnen! Nicht zu einem Volk mit fremder Sprache und unverständlicher Rede wirst du gesandt, sondern zum Haus Israel, auch nicht zu vielen Völkern mit fremder Sprache und unverständlicher Rede, deren Worte du nicht verstehst. […] Menschensohn, nimm alle meine Worte, die ich dir sage, mit deinem Herzen auf und höre mit deinen Ohren! Mach dich auf, geh zu den Verschleppten, zu den Söhnen deines Volkes, sprich zu ihnen und sag zu ihnen: So spricht GOTT, der Herr – mögen sie hören oder es lassen" (Ez 1,28 – 3,11).

Jesus wird von seiner Umwelt als ein Prophet wahrgenommen und angesehen. Jedoch kündet er das Heil nicht nur an, mit ihm bricht es auch schon an. In seinen Worten und seinen Taten ist das Heil Gottes bereits gegenwärtig. Daraus resultiert die eschatologische Gelassenheit. Doch ist die Darstellung Jesu im Neuen Testament nicht die eines Propheten, sondern die des menschgewordenen Gottessohnes. Insofern ist er mehr als ein Prophet. Er warnt die Menschen, die ihm zuhören, vor den falschen Propheten. Diese können, ganz im Sinne der Unterscheidung der Geister, entlarvt werden an ihrer mangelnden Treue zum überlieferten Glauben an den einen Gott, der das Heil der Menschen will. Ein weiteres Kriterium für falsche Propheten ist die fehlende Übereinstimmung von Lehre und Anspruch, von Wort und Tat. Zudem redet der von Gott berufene Prophet nicht ständig, sondern dann, wenn Gott es ihm gebietet, also wenn der rechte Zeitpunkt gekommen ist. Im Neuen Testament ist von weiteren Propheten die Rede: von Hanna und Simeon sowie vor allem von Johannes dem Täufer, der das Kommen des Heils in Jesus ausruft.

Und die Propheten heute?

Es gibt viele Menschen in der Vergangenheit und in der Gegenwart, die im wahrsten Sinne des Wortes als Propheten gelten können. Menschen, die den Anruf Gottes verspürten und ihn in die Tat umgesetzt haben. Martin Luther King (1929-1968) war ein solcher Prophet, Dietrich Bonhoeffer (1906-1945), Oscar Arnulfo Romero (1917-1980), Rigoberta Manchu (*1959), Dorothee Sölle (1929-2003), um nur einige zu nennen. Alle waren unterschiedlich und haben verschiedene, zuvor benannte, prophetische Aufgaben erfüllt, in je unterschiedlichen Kontexten und auf unterschiedliche Weisen: lautstark, leise und eindringlich, gewaltlos und doch mächtig, wortstark und poetisch, mit politischen Aktionen. Es waren Menschen, die mahnten, den Finger in die Wunden der Gesellschaft und Kirchen legten, gleichzeitig aber auch ihre Worte in die Tat umsetzen. Sie traten für Frieden und Gerechtigkeit ein, stellten sich kirchlichem und staatlichem Establishment um des Lebens und um des Menschen willen in den Weg. Sie beließen es nicht beim Wort und dem Aufruf zur Umkehr, sie taten es selbst und stellten sich auf die Seite der Menschen, die ihre Hilfe benötigten. Es waren und sind besondere Menschen, die in dem, was sie sagten und taten, zum Teil sehr radikal waren und anderen Gläubigen und Suchenden Hilfe und Orientierung sein können. Der Anspruch besteht dann nicht darin, so zu sein und so zu handeln, wie diese Menschen es taten oder tun, aber doch in dem Rahmen, in welchem es für jeden und jede möglich ist, eine prophetische Existenz zu leben. Diese zeichnet sich durch Zuhören aus. Das ist das erste Kennzeichen einer prophetischen Existenz. Zuhören können bedeutet, dass jemand nicht nur bei sich selbst ist, sondern dass er/sie sich auf andere einlassen kann und hört, was sie sagen bzw. auch begreifen, was sie sagen. Hören hat etwas mit Gehorsam zu tun, und hier handelt es sich um den Gehorsam dem anderen und dem, was er/sie zu sagen hat, gegenüber. Das Zuhören bezieht sich aber auch auf die Stimme Gottes und die Bereitschaft, diese zu vernehmen. Dabei ist es nicht so einfach, Gottes Stimme zu hören. Sie ist wahrzunehmen in der Bedürftigkeit der anderen, so wie es in der Gerichtsrede im Matthäus-Evangelium beschrieben ist. Es geht um die Wahrnehmung des Anspruchs in dem fragenden, suchenden, klagenden oder verzagten Blick, um die Wahrnehmung der hingehaltenen und bedürftigen Hand, um das Sehen der leeren Schalen und Krüge. Auf die Wahrnehmung folgt die Tat.

„Wenn die Propheten einbrächen durch die Türen der Nacht
[...]
und ein Ohr wie eine Heimat suchten [...]
Ohr der Menschheit
du nesselverwachsenes,
würdest du hören?
Wenn die Stimme der Propheten
auf dem Flötengebein der ermordeten Kinder
blasen würde,
die vom Märtyrerschrei verbrannten Lüfte
ausatmete -
wenn sie eine Brücke aus verendeten Greisenseufzern
baute -
Ohr der Menschheit
du mit dem kleinen Lauschen beschäftigtes,
würdest du hören?"[45] so fragt die jüdische Schriftstellerin Nelly Sachs. Würden die Menschen auf diejenigen hören, die zum Umdenken und zur Umkehr auffordern, weil es für das Überleben zu spät ist? Würden sie hören auf den Schrei der Leidenden und Getöteten in der Geschichte und Gegenwart? Höre ich?

Prophetische Existenz bedeutet dort, vor Ort, wo man lebt, die Stimme zu erheben, wenn Unrecht geschieht, wenn Unfriede herrscht, wenn Menschen Leid angetan wird. Überall dort auch gegen den Strom zu schwimmen, wo Einförmigkeit, Ja-Sagen und kollektives Denken gefordert wird auf Kosten anderer. So wie Hildegard von Bingen (1098-1179), Mechthild von Magdeburg oder Catharina von Siena (1347-1380) auch in der Kirche das Wort ergriffen haben, wo sie

Machtmissbrauch und egoistisches Denken gesehen haben. Das ist nicht immer leicht und bequem, doch wer sagt, dass gelebte Spiritualität immer bequem ist? Und politisch sind solche Worte und Taten allemal, wobei hier politisch von parteipolitisch unterschieden werden muss.

Eine letzte Aufgabe prophetischer Existenz heute zeigt noch einmal der Prophet Ezechiel auf. Er berichtet von einer Vision: „Die Hand des HERRN legte sich auf mich und er brachte mich im Geist des HERRN hinaus und versetzte mich mitten in die Ebene. Sie war voll von Gebeinen. [...] Er fragte mich: Menschensohn, können diese Gebeine wieder lebendig werden? Ich antwortete: „GOTT und Herr, du weißt es. Da sagte er zu mir: Sprich als Prophet über diese Gebeine und sag zu ihnen: Ihr ausgetrockneten Gebeine, hört das Wort des HERRN! So spricht GOTT, der Herr, zu diesen Gebeinen: Siehe, ich selbst bringe Geist in euch, dann werdet ihr lebendig. Ich gebe euch Sehnen, umgebe euch mit Fleisch und überziehe euch mit Haut; und gebe Geist in euch, sodass ihr lebendig werdet. Dann werdet ihr erkennen, dass ich der HERR bin. Da sprach ich als der Prophet, wie mir befohlen war; und noch während ich prophetisch redete, war da ein Geräusch: Und siehe, ein Beben: Die Gebeine rückten zusammen, Bein an Bein. Und als ich hinsah, siehe, da waren Sehnen auf ihnen, Fleisch umgab sie und Haut überzog sie von oben. Aber es war kein Geist in ihnen. Da sagte er zu mir: Rede als Prophet zum Geist, rede prophetisch, Menschensohn, sag zum Geist: So spricht GOTT, der Herr: Geist, komm herbei von den vier Winden! Hauch diese Erschlagenen an, damit sie lebendig werden! Da sprach ich als Prophet, wie er mir befohlen hatte, und es kam Geist in sie. Sie wurden lebendig und sie stellten sich auf ihre Füße –

ein großes, gewaltiges Heer. Er sagte zu mir: Menschensohn, diese Gebeine sind das ganze Haus Israel. Siehe, sie sagen: Ausgetrocknet sind unsere Gebeine, unsere Hoffnung ist untergegangen, wir sind abgeschnitten. Deshalb tritt als Prophet auf und sag zu ihnen: So spricht GOTT, der Herr: Siehe, ich öffne eure Gräber und hole euch, mein Volk, aus euren Gräbern herauf. Ich bringe euch zum Ackerboden Israels. Und ihr werdet erkennen, dass ich der HERR bin, wenn ich eure Gräber öffne und euch, mein Volk, aus euren Gräbern heraufhole. Ich gebe meinen Geist in euch, dann werdet ihr lebendig und ich versetze euch wieder auf euren Ackerboden. Dann werdet ihr erkennen, dass ich der HERR bin" (Ez 37,1-14).

Für das Volk Israel war die Zeit des Propheten Ezechiel eine Zeit der Abbrüche und Umbrüche, eine Zeit voller Risse. Der große Bogen, der mit David begonnen hatte, ist an sein Ende gekommen. Das Land mit Jerusalem als Mittelpunkt des Reiches, dazu der Tempel und das Königtum zählten nicht mehr und brachen auseinander. Nach der Eroberung Jerusalems 598/97 v.Chr. durch Nebukadnezar wurde Jerusalem zerstört und das Volk ins Exil nach Babylon geschleppt. Darunter war auch der Prophet Ezechiel. Jerusalem wurde dem Erdboden gleichgemacht; der Tempel wurde niedergebrannt. Juda verlor seine Selbständigkeit. Die Institutionen, die Israel über Generationen hinweg Halt und Orientierung gegeben hatten, wurden zerstört und dem Volk genommen. Es war eine Zeit der Krise, vor allem auch, was Gott und seine Glaubwürdigkeit betraf. War Jahwe gescheitert?

Doch die Vision bleibt nicht bei den ‚killing fields' stehen: All diese Gebeine, so erzählt die Vision im Buch Ezechiel, werden wieder zum Leben erweckt. Die Vision, so Ezechiel, wird wahr, alle werden lebendig. Die Zeit des Umbruchs und Abbruchs wird zu einer Zeit der Erfüllung und des Lebens – wider alle Erwartungen.

Der Prophet Ezechiel mahnt immer wieder zur realistischen Nüchternheit, zur Erinnerung um der Zukunft willen: nicht bei den Erinnerungen an die schlimme Zeit stehenzubleiben, im Jammer und der Traurigkeit zu verharren, zu resignieren oder einen unbegründeten Optimismus an den Tag zu legen. Es gilt, vielmehr nüchtern auf das zu schauen, was Gott bislang getan hat, sich seiner Taten zu erinnern und nach vorne zu blicken: Die Kraft der Erinnerung leben, auch das gehört zu einer prophetischen Existenz dazu. Was ist der Mensch ohne Erinnerungen? Wie schrecklich und weit verbreitet sind heute Demenz und Alzheimer! Auch im religiös-spirituellen Bereich wird oft viel gejammert, gerade dann, wenn die Zeit viel zum Jammern bietet, wie in der Pandemie. Doch gilt es, nicht dabei stehen zu bleiben, sondern die Erinnerung an die guten Zeiten, an das Heilshandeln Gottes, wozu gerade auch sein Handeln in seinem Sohn Jesus Christus gehört, wachzuhalten, um so durch das Tal der Tränen hindurchzukommen und nicht darin zu versinken.

Das Seufzen der Schöpfung

Doch nicht nur dort, wo Menschen unterdrückt werden, ist die leise oder auch laute, die mahnende und klagende Stimme Gottes zu hören, sondern auch und insbesondere im Klagen und Seufzen der Schöpfung: „Denn wir wissen, dass die gesamte Schöpfung bis zum heutigen Tag seufzt und in Geburtswehen liegt" (Röm 8,22).

Die Welt heute ist in Nöten, sie seufzt mehr denn je. Der Klimawandel, auch wenn es immer noch Strömungen, Organisationen und Menschen gibt, die ihn leugnen, ist weder aufzuhalten noch umzukehren. Ist es vielleicht sogar schon zu spät? Ist die Friday-for-Future-Bewegung vielleicht sogar zu spät gekommen, und es ist nicht mehr fünf vor zwölf, sondern fünf nach zwölf? Kann der Abschied von Kohle, Öl und Gas gelingen, ohne dass der Wohlstand verloren geht? Wie kann die Erderwärmung gestoppt werden? Wie kann es gelingen, dass weltweit im Miteinander verlässliche Regeln bezüglich Rodung und Abholzung von Wäldern vereinbart werden? Die Emissionen von Autos, Flugzeugen, von Kraftwerken und den individuellen Haushalten, wie kann eine sinnvolle Regulierung gefunden werden, die alle betrifft? Sind schon alle Energiequellen erschöpft und ausgeschöpft? Gibt es Alternativen? Wie müssen wir unseren Lebensstandard verändern? Was kann man und darf man noch guten Gewissens essen? Ist die Bio-Welle wirklich eine bewusste Welle hin zu einer Verantwortung der Umwelt und Natur gegenüber, oder ist es ein Gemisch von persönlichem Wohlbefinden mit dem angenehmen Beigeschmack, dass man auch noch etwas für die Umwelt tut? Hat die Pandemie Wesentliches im Umgang mit den natürlichen Ressourcen verändert, und zwar bewusst, nicht zwangsläufig?
Die Welt und Menschheit stehen an einer Wende, doch welchen Weg werden sie einschlagen? Es sind viele Probleme, die nicht einfach zu lösen sind, aber gelöst werden müssen. Es sind viele Fragen, die auch Christ:innen und spirituell Lebende angehen. Vor diesen Fragen die Augen zu verschließen und so zu tun, als gingen sie einen nichts an, hieße, den

eigenen Glauben und die Nachfolge Jesu nicht ernst zu nehmen.

Der Mensch gilt in der Bibel als die Krone der Schöpfung. Das wurde unbesehen und als allgemeingültig bis heute so angenommen. Das Buch Genesis setzte damit eine Norm, die lange als richtig angesehen wurde (vgl. Genesis 1,28). Doch stimmt das wirklich so? Nur weil der Mensch fühlen und denken kann? Der Mensch ist kein Ko-Kreator Gottes, denn das hebräische Wort für „erschaffen" ist allein auf Gott bezogen. Nur Gott hat die Macht schöpferisch tätig zu sein. Er ist der Allmächtige und der Schöpfer von allem, nicht der Mensch, der ‚nur das Menschenkind' ist. Psalm 8,6 sagt über den Menschen. „Du hast ihn nur wenig geringer gemacht als Gott, du hast ihn gekrönt mit Pracht und Herrlichkeit." Gott hat den Menschen geringer gemacht als sich selbst, er ist Geschöpf, wie alles andere auf der Welt. Und die Krone? Nur aus Gottes Gnaden und Willen heraus ist der Mensch in manchem den anderen Geschöpfen überlegen und doch bleibt er in vielem machtlos.

Eine Schöpfungsspiritualität

Schon Franz von Assisi hat in seinem berühmten Sonnengesang die ganze Natur und Schöpfung nicht nur besungen, sondern sie auch als Bruder und Schwester angesprochen. Franziskus hat also eine tiefe Verwandtschaft und Verbundenheit mit allem, was lebt und auf Erden existiert, verspürt. „Gelobt seist Du", so beginnt jede Strophe und die letzte endet mit einem Aufruf: „Lobt und preist meinen Herrn und dankt ihm und dient ihm mit großer Demut."[46] Wer mit jemandem verwandt ist, übernimmt eine Verantwortung für ihn. Somit ist der Sonnengesang nicht einfach nur eine schöne romantische Verklärung der Natur, im Gegenteil, er ist Ausdruck einer tiefen Verbundenheit und Solidarität. Zum Lobpreis gehört der Dienst – und die Demut, über die an anderer Stelle noch zu sprechen sein wird. Das ‚Miteinander verbunden sein' ist eines der Grundelemente der franziskanischen Spiritualität.

Papst Franziskus greift diesen Gedanken der Verbundenheit, der Verwandtschaft und Solidarität in seiner Enzyklika ‚Laudato Si' auf: „Es schließt auch das liebevolle Bewusstsein ein, nicht von den anderen Geschöpfen getrennt zu sein, sondern mit den anderen Wesen des Universums eine wertvolle allumfassende Gemeinschaft zu bilden. Der Glaubende betrachtet die Welt nicht von außen, sondern von innen her und erkennt die Bande, durch die der himmlische Vater uns mit allen Wesen verbunden hat."[47] Papst Franziskus betont die Verbundenheit mit allem, was ist. Gott, der Schöpfer, ist der Ursprung von allem und hat alles auf wunderbare Weise miteinander verbunden, so auch den Menschen mit der Natur. Es geht immer wieder um Beziehungsgestaltung, eine Verbundenheit aus und in Liebe. Wurde einmal behauptet, dass das Bittgebet der Testfall des Glaubens sei, so ist die Schöpfungsspiritualität der Testfall christlicher Spiritualität, mehr noch: der Ernstfall. Insofern ist es wichtig, dass Christ:innen sich in der Friday-for-Future-Bewegung oder anderen Umweltgruppierungen engagieren, wobei dieses Engagement nicht nur mit Leidenschaft gestaltet werden sollte, sondern auch mit sachlichen und nüchternen Analysen, eben mit Kopf und Herz, mit Verstand und Gefühl, und dann auch nicht nur auf das Klima bezogen, sondern auch auf Gerechtigkeit und Frieden. Denn diese drei bedingen einander und sind gerade heute nicht mehr so ohne Weiteres voneinander zu lösen.

In seiner Enzyklika ‚Laudato Si' sowie in seinem Schreiben ‚Fratelli tutti' unterstreicht der Papst diese Zusammenhänge. Die weltweite Armut, die sozialen Ungerechtigkeiten und die Zerstörung der Schöpfung mit dem daraus resultierenden Klimawandel sind die zentralen Herausforderungen der heutigen Zeit. Niemand kann und darf sich dem entziehen, erst recht nicht die Menschen, die versuchen, in ihrem Leben die Nachfolge Jesu umzusetzen. Alles hängt zusammen, insofern kann man nicht einfach nur von einer Klimakrise oder einer Finanzkrise reden. Die Welt befindet sich in einer großen und einzigen Krise, die auch die Frage nach dem Menschsein und der Spiritualität betrifft. Wie kommt es, dass Menschen die Natur rücksichtslos ausbeuten? Wie kann es geschehen, dass der brasilianische Präsident hemmungslos Farmern und Firmen erlaubt, den Regenwald zu roden und niederzubrennen, um so mehr Raum für die Rinderherden und Farmen zu schaffen? Dass es sich dabei zum Teil um Reservate indigener Bevölkerungen handelt, das scheint nicht von Bedeutung zu sein. Der frühere amerikanische Präsident Trump hat die Grenzen einiger der größten Naturreservate in den USA verkleinert, um so freieren Zugang zu Gas- und Ölvorkommen im Boden zu haben. Die Klimagipfel sind jedes Mal in ihren Ergebnissen enttäuschend. Die großen Player und wichtigen Nationen weigern sich, den CO_2 Austausch massiv einzuschränken, um so die messbare Erderwärmung zu minimieren. Sie denken in Jahrzehnten – und es wird immer deutlicher, dass der Menschheit diese Zeit nicht mehr bleibt.

Das sind nur einige wenige Beispiele für die Inkonsequenz und den mangelnden Einsatz für die Erhaltung der Natur. Warum? Es spielen wirtschaftliche und politische Gründe eine Rolle. An die Nachkommen und die nächsten Generationen wird nur sehr wenig gedacht. Es geht um Macht und es geht um Geld. Es geht um Loyalitäten und Wählerstimmen.

Hängt diese Entwicklung womöglich auch damit zusammen, dass die Verbundenheit von Mensch und Natur, dass das Bewusstsein von Natur als Schöpfung, als etwas, das von Gott erschaffen worden ist und Respekt und Ehrfurcht verdient, verlorengegangen ist? Ja, dass Gott vergessen worden ist? Der Papst stellt ähnliche Fragen: „Wir können nicht eine Spiritualität vertreten, die Gott als den Allmächtigen und den Schöpfer vergisst. Auf diese Weise würden wir schließlich andere Mächte der Welt anbeten oder uns an die Stelle des Herrn setzen und uns sogar anmaßen, die von ihm geschaffene Wirklichkeit unbegrenzt mit Füßen zu treten. Die beste Art, den Menschen auf seinen Platz zu verweisen und seinem Anspruch, ein absoluter Herrscher über die Erde zu sein, ein Ende zu setzen, besteht darin, ihm wieder die Figur eines Vaters vor Augen zu stellen, der Schöpfer und einziger Eigentümer der Welt ist."[48]

Wer die Umstände ändern und sich zum Wohle einer verwundeten Schöpfung engagieren will, muss sich umfassend über die Zusammenhänge informieren. Empörung, Betroffenheit und der Schmerz über die vielen Wunden in der Schöpfung sind das eine, doch eine Veränderung wird nur dann erreicht, wenn aufgrund einer guten Analyse konkrete und klare Schritte formuliert werden. Forderungen sind gut, doch sie müssen auch realistisch sein und auf gut recherchierten Zusammenhängen beruhen, ansonsten ist dem ganzen Protest sehr schnell der Wind aus den Segeln genommen. Diese Analyse umfasst die Dimensionen von Armut, Ausbeutung der Natur und Missbrauch durch den Menschen, systemisch und persönlich. Es geht also auch um eine persönliche Umkehr. Propheten zeichneten sich dadurch aus, dass sie lebten, was sie verkündeten. So ist es auch innerhalb der Schöpfungsspiritualität. Die politische Dimension besteht darin, die Zusammenhänge zu sehen und den Finger in die Wunde zu legen, systemisch zu denken, gleichzeitig aber persönliche Schritte einzuleiten und sich zu fragen, wie die Umsetzung im eigenen Leben konsequent zu gestalten ist: in der Frage des Lebensmittelkonsums; in der Frage der Herkunft von Kleidung und ihrem Kauf, in der Benutzung der Reise- und Verkehrsmittel etc. Auch hier ist die christliche Spiritualität gefragt und gefordert.

Eine christlich geprägte Schöpfungsspiritualität hat nicht nur das Schöpfungshandeln Gottes zur Grundlage, sondern vor allem auch die Menschwerdung Gottes, denn in der Menschwerdung seines Sohnes umarmt Gott nicht nur den Menschen, sondern die gesamte Schöpfung, alle Materie. Es gibt keine Zweiteilung der Welt in das, was wirklich wichtig ist (für so manche die Seele oder auch das Spirituelle) und dem Materiellen, dem es zu entsagen gilt. Die Welt ist eins, der Mensch ist eins. Insofern verlangt alles unbedingten Respekt, Ehrfurcht und Wertschätzung. Wo das mit Füßen getreten wird, gilt es einzuschreiten. Das ist gelebte Nachfolge Jesu.

Papst Franziskus fordert eine grundsätzliche ökologische Umkehr, die aus der Begegnung mit Jesus Christus erwächst, und die die Beziehungen zur Welt zu neuer Blüte bringen soll: „Wir erinnern an das Vorbild des heiligen Franziskus von Assisi, um eine gesunde Beziehung zur Schöpfung als eine Dimension der vollständigen Umkehr des Menschen vorzuschlagen. Das schließt auch ein, die eigenen Fehler, Sünden, Laster oder Nachlässigkeiten einzugestehen und sie von Herzen zu bereuen, sich von innen her zu ändern."[49] Franz von Assisi hat sein Leben radikal verändert, nachdem er einen Leprosen umarmt und geküsst hat: „Als er nun eines Tages durch die Ebene ritt, die zu Füßen der Stadt Assisi liegt, kam ihm ein Aussätziger entgegen, und diese unerwartete Begegnung jagte ihm nicht geringes Grausen ein. Da er sich jedoch auf seinen Vorsatz, ein vollkommenes Leben zu führen, besann und bedachte, dass er zuerst sich selbst überwinden müsse, wollte er denn ein Ritter Christi werden, sprang er vom Pferd und eilte ihm entgegen, um ihn zu küssen. Als der Aussätzige seine Hand ausstreckte, als wolle er die Gabe in Empfang nehmen, gab Franziskus ihm Geld und zugleich einen Kuss. Unmittelbar danach bestieg er wieder sein Pferd, doch als er sich nach allen Seiten umsah, erblickte er keine Spur mehr von dem Aussätzigen, obwohl die Ebene nach jeder Richtung offen vor ihm lag. Voll Staunen und Freude begann er mit Andacht das Lob des Herrn zu singen und nahm sich vor, von nun an stets zu Höherem emporzusteigen."[50] Franziskus umarmte das Eklige und Hässliche, den Ausgestoßenen und Verwundeten, den Schwachen und Verletzten, und gab ihm darin zurück, was ihm genommen worden ist: Würde und Respekt. Daraufhin veränderte er radikal sein Leben.

Gott ist ein Gott der Lebenden und nicht der Toten. Er ist ein Gott, der seinem Volk Zukunft verheißt, die sich auch erfüllen wird: „Ja, siehe, ich erschaffe einen neuen Himmel und eine neue Erde. Man wird nicht mehr an das Frühere denken, es kommt niemand mehr in den Sinn. Vielmehr jubelt und jauchzt ohne Ende über das, was ich erschaffe! Denn siehe, ich erschaffe Jerusalem zum Jauchzen und sein Volk zum Jubel. Ich werde über Jerusalem jubeln und frohlocken über mein Volk. Nicht mehr hört man dort lautes Weinen und Klagegeschrei. Es wird dort keinen Säugling mehr geben, der nur wenige Tage lebt, und keinen Greis, der seine Tage nicht erfüllt, wer als Hundertjähriger stirbt, gilt als junger Mann, und wer die hundert Jahre verfehlt, gilt als verflucht" (Jes 65,17-20).

Ein Wesenselement der christlichen Schöpfungsspiritualität ist das Vertrauen auf diese Verheißung Gottes. Das hilft, nicht zu verzweifeln und angesichts der fast schier unerfüllbaren Aufgaben, Veränderungen und der notwendigen Abkehr von bisherigem Verhalten und Denken, das Ganze als unmöglich zu betrachten. Es hilft, Mut zu finden und diese scheinbare Sisyphos-Aufgabe anzugehen. Aufgeben hilft nicht, Verzweifeln ebenso wenig. Die Schöpfung ist verwundet und seufzt, sie leidet und wird missbraucht und ausgebeutet, doch das ist hoffentlich nicht das letzte Wort. Die Welt könnte anders sein, mit christlicher Hoffnung gesprochen: Gott greift immer noch ein und geht mit, vor allem durch Menschen, die sich einsetzen und keine Mühen scheuen, ihre prophetische Kraft zu nutzen. Und es wird hoffentlich eine Welt entstehen – mag es utopisch sein, doch so der Glaube – die ganz anders ist, geheilt: „Der Wolf findet Schutz beim Lamm, der Panther liegt beim Böcklein. Kalb und Löwe weiden zusammen, ein kleiner Junge leitet sie. Kuh und Bärin nähren sich zusammen, ihre Jungen liegen beieinander. Der Löwe frisst Stroh wie das Rind. Der Säugling spielt vor dem Schlupfloch der Natter und zur Höhle der Schlange streckt das Kind seine Hand aus. Man tut nichts Böses und begeht kein Verbrechen auf meinem ganzen heiligen Berg; denn das Land ist erfüllt von der Erkenntnis des HERRN, so wie die Wasser das Meer bedecken" (Jes 11,6-9).

Prophetie und Schöpfung

Eine interessante Initiative von Christen ist die Bewegung „Christians 4 Future", die es seit einiger Zeit gibt. Sie ist ein Zusammenschluss von Christ:innen in Deutschland, um sich gemeinsam für die Klimagerechtigkeit zu engagieren. Die Bewegung fordert eine radikalere Umkehr der Kirchen und grundsätzlich aller Menschen in Bezug auf Gerechtigkeit, Frieden und Bewahrung der Schöpfung. Das eigene persönliche sowie das kirchliche Handeln sind aufgefordert, diesbezüglich Schritte zu unternehmen, sich deutlicher zu positionieren und zu kritisieren, wo es innerhalb und außerhalb der Kirchen notwendig ist.
Christians 4 Future legten bundesweit am 16.09.2021 folgende zwölf Thesen und Forderungen vor:

1. „Die Kirchenleitungen zeigen sich solidarisch mit den Forderungen von Fridays for Future Deutschland und kommunizieren dies öffentlichkeitswirksam durch Worte und Taten.

2. Die Kirchenleitungen stehen zusammen mit anderen Religionsgemeinschaften auf nationaler und regionaler Ebene in regelmäßigem strukturiertem Austausch mit der Klimagerechtigkeitsbewegung mit dem Ziel, sich gemeinsam für Klimagerechtigkeit einzusetzen.

3. Die Kirchenleitungen auf nationaler und regionaler Ebene machen mit regelmäßigen öffentlichkeitswirksamen Aktionen, zum Beispiel persönlicher Beteiligung an Demonstrationen zum Globalen Klimastreik, Menschenketten für Klimagerechtigkeit, Mahnwachen oder ähnlichem, auf die Dringlichkeit des Klimaschutzes aufmerksam.

4. Die Kirchenleitungen suchen das persönliche Gespräch mit der Politik und fordern einen deutlichen Wandel hin zu klimagerechter Politik.

5. Die internationale ökumenische Zusammenarbeit und weltkirchliche Solidarität auf den unterschiedlichen kirchlichen Ebenen wird gestärkt in Bezug auf die gemeinsame Herausforderung der globalen Klima- und Umweltkrise, die viele Länder in Afrika, Lateinamerika, Asien und Ozeanien besonders hart trifft.

6. Die Landeskirchen und (Erz-)Bistümer setzen sich das Ziel, bis 2030 Klimaneutralität zu erreichen. Haushaltsplanungen und Investitionsentscheidungen werden an diesem Ziel ausgerichtet.

7. Die Landeskirchen und (Erz-)Bistümer stellen sicher, dass alle land- und forstwirtschaftlichen Flächen in kirchlichem Besitz bis 2035 klimapositiv und nach den Kriterien des Ökolandbaus bewirtschaftet werden. Neuverträge werden ab sofort nach diesen Kriterien abgeschlossen. Auf den Einsatz von Torf wird ab sofort verzichtet.

8. Die Landeskirchen und (Erz-)Bistümer verpflichten sich auf Divestment (Ausschlusskriterien für Geldanlagen) von Kohle, Öl und Gas und verkünden diese Verpflichtung öffentlichkeitswirksam.

9. Alle (Erz-)Diözesen und Landeskirchen schaffen pro 100.000 Kirchenmitgliedern eine Vollzeitstelle im Umwelt- und Klimabereich. Auf nationaler Ebene richten die Kirchen Kompetenzstellen Klimaneutralität ein.

10. Die Kirchenleitungen fördern kooperative Bündnisse, die das Engagement für Klimagerechtigkeit in den Kirchen vorantreiben, wie das Ökumenische Netzwerk Klimagerechtigkeit.

11. Die Kirchenleitungen stellen sicher, dass das dringende Handeln zur Bewahrung der Schöpfung in der pastoralen Arbeit und Ausbildung grundgelegt

ist. Dafür organisieren sie verpflichtende Fortbildungen für alle Hauptamtlichen zum Thema Klimakrise.

12. Die Kirchenleitungen fördern verstärkt Schöpfungsverantwortung in Liturgie und Spiritualität. Zusätzlich beteiligen sich die Kirchen an dem Bemühen, pastorale Antworten auf die große Sorge und Zukunftsangst vieler Menschen zu bieten und schaffen seelsorgerische Angebote für interessierte Aktivist*innen."[51]

Diese Thesen sind diskussionswürdige Herausforderungen für die Kirchen und die Christ:innen, sowohl auf der institutionellen als auch der persönlichen Ebene. Hier muss die jeweilige Kirchenleitung aktiv werden und nicht nur die Stimme erheben, sondern im eigenen Haushalt beginnen, so wie es die Thesen u.a. fordern. Es geht um die Zukunft des Planeten, um die Zukunft der Menschheit und um die Zukunft derer, die jetzt geboren werden. Eine prophetische Aufgabe liegt darin, zu mahnen, die Stimmen zu erheben und Verantwortung zu übernehmen für das gemeinsame Haus der Schöpfung. Es gillt, sich solidarisch mit der Schöpfung und den Geschöpfen zu zeigen und Zeichen zu setzen. Prophetisch sein bedeutet, in Wort und in Tat für eine Klimagerechtigkeit zu sorgen. Auch darin zeigt sich die caritative und die diakonische Gestalt der Kirche. Gerade aus den Zusagen Gottes und eines hoffenden Glaubens ist es zutiefst die Pflicht der Christ:innen, in diesem Zusammenhang voranzuschreiten und als Christen für die Zukunft auf die Straßen zu gehen sowie sich politisch zu engagieren. Propheten provozieren oft. Wo provozieren die Kirchen, wo die Christ:innen heute?

Gerechtigkeit, Frieden, Bewahrung der Schöpfung

Neben der Bewahrung der Schöpfung sind auch der Kampf für die Gerechtigkeit, die unter anderem mit dem Engagement für die Schöpfung in der Forderung nach Klimagerechtigkeit einhergeht, und um den Frieden zwei Bausteine christlichen Handelns. Alle drei gehören zusammen. Vom 9.-12. September 2017 fand in Münster und Osnabrück das Weltfriedenstreffen der Gemeinschaft Sant' Egidio statt, an dem mehr als 5000 Menschen teilnahmen. Diskussionsforen, Gebete und Gottesdienste sowie verschiedene Veranstaltungen beschäftigten sich mit dem Thema „Frieden". Es wurden Forderungen gestellt und man sprach miteinander: unter und zwischen den Religionen; an einem Ort, von dem die Bischöfe Genn von Münster und Bode von Osnabrück sagten, er sei historisch, er sei exemplarisch, und es sei ein Zeichen, dieses Treffen in den Städten zu halten, die für den Friedensschluss des 30jährigen Krieges 1648 stehen. Ist Münster, die Stadt, in der die Universität schon seit längerem immer wieder Dialoge zum Frieden veranstaltet, eine Friedensstadt? Ist sie eine Botschafterin für den Weltfrieden? Doch was meinen Menschen, wenn sie von Frieden sprechen? Die Abwesenheit von Krieg und Zerstörung? Die Abwesenheit von Konflikt und Streit? Also Harmonie, Ruhe und ein schönes, gutes Leben? „Negativer Frieden" bezeichnet die Abwesenheit von Krieg, „positiver Frieden" meint in der Diskussion aber noch viel mehr als das, nämlich auch das Fehlen kultureller und struktureller Gewalt. Der Friedensbegriff hat viele verschiedene Facetten: Hausfrieden, Religionsfrieden, sozialer Frieden, Weltfrieden …

Im Jahr 2019 stand in der Diskussion rund um Frieden immer wieder Franz von Assisi im Mittelpunkt. Gottsuche und Friedensdienst waren für ihn nicht zu trennen. Sie gehörten zusammen, und die Botschaft vom liebenden Gott war für ihn eine friedensstiftende Botschaft. Ein Friede, „wie die Welt ihn nicht geben kann". Im Jahre 1219 wurde das für Franziskus sehr konkret. Er ging mit auf den Fünften Kreuzzug. Im Nildelta in der Nähe von Damiette wagte sich Franziskus – ganz anders als die Kreuzfahrer – ohne Schwert unbewaffnet ins Lager des Sultan Muhammad al-Kâmil, ausgestattet nur mit seinem Glauben. Er entdeckte wahrscheinlich zum ersten Mal, dass Gott auch in anderen Religionen zu finden ist. Was dann passierte ist ungewiss und wird in der Literatur eher legendenhaft beschrieben: Der Sultan und der kleine Mönch mit der zerrissenen Kutte haben sich getroffen und wohl auch unterhalten, vielleicht sogar über einen längeren Zeitraum. Beide, so berichten es verschiedene christliche und islamische Quellen unabhängig voneinander, waren beeindruckt von der Gestalt und auch dem Glauben des anderen. Zumindest durfte Franziskus das Lager wieder lebend verlassen. Die Niederlage des Kreuzfahrerheeres hat diese Begegnung allerdings nicht abwenden können. Vielleicht ist diese Begegnung auch nur ausgedacht und Legende, dennoch: Darin steckt das Bedürfnis, vielleicht auch die Sehnsucht und Einsicht, dass es so zwischen den Religionen sein müsse. Dass der viel beschworene Dialog der Religionen so aussehen müsse, nämlich in einer respektvollen und gegenseitigen Anerkennung. Ob das allerdings schon im späten Mittelalter möglich war?

Wie dem auch sei, Franziskus kehrte zumindest tief beeindruckt nach Europa zurück: Die Art, mit der Muslime Gott in 99 Namen und im Gebet mitten im Alltag verehren, bewegte ihn offensichtlich sehr. Auch der Respekt vor dem geschriebenen Wort scheint ihn beeindruckt zu haben. In seiner Regel, die er wenige Jahre später verfasste, findet diese Begegnung wahrscheinlich ihren Widerhall. Denn er forderte diejenigen, die zu den Muslimen gehen, dazu auf, zunächst mit ihnen und mit Andersgläubigen zu leben, mit ihrer Kultur vertraut zu werden, durch friedfertiges Leben Vertrauen zu gewinnen und erst aus dieser Erfahrung heraus –, „wenn es Gott gefällt" – auch auf ihren Glauben zu sprechen kommen. Lebenszeugnis geht vor, das Zeugnis im Wort bekräftigt dieses lediglich. Es ist das sogenannte erste Missionsstatut der franziskanischen Bewegung. Es geht offensichtlich um das ‚Verstehen-Wollen', um die Offenheit dem Fremden gegenüber, nicht um Überzeugung und Belehrung. Die Andersgläubigen sind nicht vom Teufel, sondern ebenso Gottes Kinder.

Dieses Missionsstatut ist für den Frieden und das Ringen um den Frieden heute von großer Bedeutung. Frieden fängt im Dialog an, und Dialog hat Voraussetzungen:

- Zuhören und Hinhören – weil man verstehen will

- Fragen – weil man begreifen will

- Sich einlassen auf das Fremde – weil es eine Bereicherung ist
- Sich herausfordern lassen – weil fremde und andere Kulturen nicht bedrohlich sind.

Nur so kann es zum Dialog kommen. Daran scheitern jedoch schon viele Friedensverhandlungen heute: ob in der weiten Welt, in der Politiker einander bedrohen, von Auslöschung reden, nicht verstehen können und wollen... oder in der eigenen persönlichen Welt.
Doch es ist nicht nur die Begegnung mit dem Sultan, die Franziskus zu einem Menschen des Friedens machte. Es ist die Gestaltung der Begegnung mit allem und jedem, die ihn so werden ließ: z.B. die Begegnung mit dem Wolf von Gubbio, der eine Stadt bedrohte. Franziskus ging auf diesen aggressiven Wolf zu, so die Legende, sprach mit ihm, und tat es immer wieder. Er wollte verstehen, warum jemand nicht friedfertig war. Und er begegnete demjenigen und anderen auf Augenhöhe, weil er ihnen helfen wollte, weil er auch daran glaubte, dass die Anderen Gottes Geschöpfe sind. Seine Form des Dialogs weist also drei weitere Stichworte auf, die für einen gelingenden Dialog wesentlich sind: Ehrfurcht, Respekt und Liebe. Wo diese fehlen, ist der Dialog zum Scheitern verurteilt. Wie sehr mangelt es in öffentlichen Diskussionen, in öffentlichen Verhandlungen und Konflikten an Respekt und Ehrfurcht vor dem anderen und seinem/ihrem Anderssein. Die sozialen Medien, der Ton und die Wortwahl im Streit um Impfungen und Corona-Maßnahmen sind immer extremer geworden. Menschen

werden beleidigt, verteufelt, aggressiv niedergeschrien und verunglimpft. Und Liebe... nun, davon braucht man erst gar nicht anzufangen. Die Menschenliebe scheint heute bei vielen Politikern und Verantwortlichen zu fehlen. Es geht um Macht und das Zeigen von Macht, da hat Liebe für die Anderen keinen Platz, da stört diese nur. Beispiele dafür gibt es leider zu viele. Damit geht ein Gewaltpotential einher, das den brüchigen sogenannten Weltfrieden noch utopischer erscheinen lässt. Kann es diesen überhaupt noch geben? Der Blick auf das eigene Leben kann entlarven, der Blick auf ‚die da oben' ablenken und dazu führen, die Schuld nur bei anderen zu suchen. Inwieweit sind spirituell lebende Menschen Frauen und Männer des Friedens? Wie zeigt sich die Nachfolge desjenigen, der einen Frieden verkündet, den die Welt nicht kennt, im persönlichen Leben? Das macht sich z.B. am Umgang mit dem Fremden fest. Geht es um Verstehen oder geht es um Beurteilen? Geht es um Interesse und Wertschätzung, oder um Bestätigung von Vorurteilen und Verallgemeinerungen? Ein wirklicher Dialog führt zum Frieden, auch wenn ein Konflikt womöglich auf größerer Ebene nicht so schnell gelöst werden kann. Ein Mensch des Friedens sein, das bedeutet ebenfalls nicht, dass alles harmonisch verläuft, dass es keinen Konflikt geben darf. Es ist immer die Frage, wie dieser Konflikt ausgetragen wird.

Viele Menschen in der christlichen Spiritualitätsgeschichte haben für den Frieden gekämpft, aus einer Liebe zu Gott und den Menschen heraus, die ihresgleichen sucht. Sie haben gekämpft bis zur Hingabe ihres Lebens für einen umfassenden Frieden, der auch Strukturen verändert, der die Bedingungen für ein gerechteres Leben für alle schafft. Manch einer von ihnen musste sich zunächst bekehren lassen wie der hl. Paulus oder auch Ignatius von Loyola (1491-1556). Für Ignatius war es klar, dass er eine Karriere im Militär anstreben wollte. Doch es kam anders, als er es sich wünschte und vorstellte. In einem Gefecht in der Stadt Pamplona gegen die Franzosen wurde er schwer am Bein verletzt. Lange musste er liegen und auf die Genesung warten. Die Zeit vertrieb er sich mit dem Lesen von Büchern, vornehmlich von religiösen Büchern, da er keine anderen hatte. Diese Lektüre bewegte ihn tief, hinzu kamen mystische Erlebnisse, also Berührungen Gottes, die ihn tief ins Nachdenken stürzten. Am Ende seines Leidensweges war für ihn klar, dass er einen neuen Weg einschlagen musste, nicht den des Schwertes und Krieges, sondern den des Friedens in der Nachfolge Jesu. So wurde aus einem Soldaten des Krieges ein (gewaltloser) Kämpfer für den Herrn.

Zwei andere Beispiele in jüngster Vergangenheit seien an dieser Stelle noch erwähnt. Betty Williams (1943-2020) und Mairead Corrigan (*1944) waren zwei Frauen, die für den Frieden in Nordirland kämpften, und das auf eine gewaltlose Weise, von der sie überzeugt waren, dass es die einzige Weise sei, um wirklichen Frieden zu erreichen. Die Kämpfe zwischen der protestantischen und der katholischen Seite nahmen gerade in Irland groteske Formen an. Gewalt wurde mit Gegengewalt beantwortet. Unschuldige wurden mit in die kriegerischen Auseinandersetzungen hineingezogen. Über Jahre und Jahrzehnte war Irland das Land, in welchem überall Bomben oder hinterhältige Attacken lauerten. An nationalen Feiertagen eskalierte die Gewalt regelmäßig. Als

Betty Williams im August 1976 von ihrem Haus aus sah, wie zwei IRA Mitglieder vor britischen Soldaten flohen, einer dabei erschossen, der andere schwer verletzt wurde, und das Auto unkontrolliert eine Frau und ihre drei kleinen Kinder erfasste, wobei nur die Mutter überlebte, entschloss sie sich kurzerhand, die Stimme zu erheben. Sie selbst war als Tochter eines protestantischen Vaters und einer katholischen Mutter ein Sonderfall, was zu dieser Zeit eigentlich undenkbar war. Gemeinsam mit Mairead Corrigan, der Tante der verstorbenen Kinder, gründete sie die Community of Peace und brachte in der Folgezeit mit Friedensorganisationen Millionen von Menschen auf die Straßen.

Wenige Tage nach der Beerdigung der drei Kinder veröffentlichte sie ihre „Declaration of Peace People":

- „Wir wollen leben und lieben und eine gerechte und friedliche Gesellschaft aufbauen.

- Wir wollen für unsere Kinder, ebenso wie für uns selbst, zuhause, am Arbeits- und am Spielplatz, ein Leben voller Frieden und Freude.

- Wir erkennen an, dass der Aufbau eines solchen Lebens uns harte Arbeit und Mut abverlangt.

- Wir erkennen an, dass es viele Probleme in unserer Gesellschaft gibt, die Quellen von Konflikten und Gewalt sind.

- Wir erkennen an, dass jede einzelne Kugel, die abgefeuert wird, und jede explodierende Bombe diese Arbeit schwieriger macht.

- Wir lehnen die Bombe und die Kugel und alle Techniken der Gewalt ab.
- Wir verpflichten uns, mit unseren Nachbarn in Nah und Fern, Tag und Nacht am Aufbau dieser friedlichen Gesellschaft zu arbeiten, in der die Tragödien, wie wir sie kannten, eine böse Erinnerung und eine stetige Warnung sein werden."[52]

Es kann so einfach sein, und doch so schwierig. Diese Worte sprechen eine Sprache, die eindrucksvoller nicht sein könnte. 1977 bekamen beide Frauen für ihr Engagement für den Frieden in Nordirland den Friedensnobelpreis.

Wie können das Leben und Wirken solcher Menschen ein Beispiel für das eigene Leben und Motivation zum Handeln sein? Man kann es ihnen nicht gleich machen, und dennoch stellt sich die Frage, wie es konkret auch im Alltag verwirklicht werden kann. Die Worte der beiden Frauen zeigen, dass der Friede im Alltag vor allem auch mit Vergebung, mit Barmherzigkeit, mit Geduld und nicht mit Rache gelebt werden will, so schwierig das auch sein mag. Gewalt erzeugt nur Gegenwalt, ob im Wort oder in der Tat. Papst Franziskus wird nicht müde, immer wieder zu betonen, dass das Mühen um den Frieden bei jedem und jeder einzelnen beginnen muss. Er fordert den täglichen Einsatz für den Frieden.

Und die Gerechtigkeit?

Gerechtigkeit ist auf der einen Seite eine Tugend, die schon für Aristoteles bedeutsam war. Auf der anderen Seite ist es ein Desiderat für eine Welt, in der Menschen angemessen behandelt und angesehen werden. In der katholischen

Soziallehre ist die soziale Gerechtigkeit eines der sieben Grundprinzipien. Gesellschaftliche Solidarität und menschenwürdige Arbeit für alle stehen dabei im Mittelpunkt der kirchlichen Forderungen. Gerechtigkeit ist eine der zentralen Bedingungen für ein gutes Leben aller. Alle haben das Recht, ein menschenwürdiges Dasein führen zu können und in ihrem Person-Sein und So-Sein anerkannt zu werden. 1997 erschien das erste gemeinsame Wort der evangelischen und katholischen Kirche zum Thema Solidarität und Gerechtigkeit. Ein weiteres gemeinsames Wort widmet sich insbesondere der sozialen Ungerechtigkeit, d.h. der Ausgrenzung von Menschen in den unterschiedlichsten sozialen Zusammenhängen. Diese Worte haben in den vergangenen zwanzig Jahren nicht an Aktualität verloren. Gerechtigkeit und Solidarität sind dabei zwei Seiten einer Medaille. Soziale Gerechtigkeit einzufordern, betrifft vor allem den Wert der menschlichen Arbeit, die Lohngerechtigkeit, die Gleichheit in der Behandlung von Frauen und Männern, ein gerechtes und gutes Arbeitsrecht. Vieles dort ist nicht gerecht. Dumping-Löhne, Zeitarbeitsverträge, zeitlich begrenzte Anstellungen: Es gibt vieles anzumahnen und zu verändern, um der Gerechtigkeit und der Solidarität willen. Es geht um die Würde der Menschen und um eine Würde sowie Würdigung der Arbeit.

Der frühere Erzbischof von Kapstadt und Friedensnobelpreisträger Desmond Tutu (1931-2021) ist in Südafrika Zeit seines Lebens mit der Frage der Gerechtigkeit konfrontiert worden. Vor allem als Vorsitzender der Wahrheits- und Versöhnungskommission zur Untersuchung politisch motivierter Verbrechen während der Zeit der Apartheid stellte sich ihm immer wieder die Frage der Gerechtigkeit. Es sollte der Dialog zwischen Tätern und Opfern gefördert werden, die Wahrnehmung der verschiedenen Beteiligten und ihrer Handlungen sowie Motivationen. Gerechtigkeit und Versöhnung gehören zusammen, denn nur wenn Vergebung und Barmherzigkeit im Zusammenhang mit ‚gerechten Strafen' gesehen werden, so Tutu, geht ein so gespaltenes Volk wie das südafrikanische einer heilenden und guten Zukunft entgegen.

Letztlich mündet alles in die eine Wirklichkeit und Handlungsoption, die insbesondere im Johannesevangelium immer wieder betont wird: die Liebe. Der Schriftsteller und Nobelpreisträger für Literatur, Heinrich Böll (1917-1985), der sicherlich kaum im Verdacht stand, jemals allzu kirchennah und konform zu sein, schrieb in einem Interview über dieses alles überragende Motiv christlichen Lebens: „Selbst die allerschlechteste christliche Welt würde ich der besten heidnischen vorziehen, weil es in einer christlichen Welt Raum gibt für die, denen keine heidnische Welt je Raum gab: für Krüppel und Kranke, Alte und Schwache und mehr noch als Raum gab es für sie: Liebe für die, die der heidnischen wie der gottlosen Welt nutzlos erschienen und erscheinen."[53]

EINLADUNG ZUR REFLEXION UND ÜBUNG

„Steht also da, eure Hüften umgürtet mit Wahrheit, angetan mit dem Brustpanzer der Gerechtigkeit, die Füße beschuht mit der Bereitschaft für das Evangelium des Friedens.
 Vor allem greift zum Schild des Glaubens! Mit ihm könnt ihr alle feurigen Geschosse des Bösen auslöschen. Und nehmt den Helm des Heils und das Schwert des Geistes, das

ist das Wort Gottes! Hört nicht auf, zu beten und zu flehen! Betet jederzeit im Geist; seid wachsam, harrt aus und bittet für alle Heiligen" (Eph 6,14-18).

> **Fragen**
>
> 1. Kenne ich prophetische Menschen? Bin ich selbst vielleicht prophetisch?
> 2. Habe ich einen besonderen Bezug zur Natur und zur Schöpfung? Welchen?
> 3. Was tue ich, um bewusster mit den Gütern der Schöpfung umzugehen und den Respekt und die Ehrfurcht intensiver zu leben?
> 4. Wo setze ich mich für die Bewahrung der Schöpfung, für Frieden und Gerechtigkeit ein?
> 5. Wo würde ich mich gerne noch mehr einsetzen?
> 6. Bin ich ein politischer Mensch?

Übungen

Zur Wahrnehmung der Natur

Ich nehme mir eine Stunde oder auch zwei Stunden Zeit und wandere ganz bewusst durch die Natur. Weder Telefon noch Radio lenken mich ab. Ich schaue und nehme wahr, rieche und sehe, höre und staune. Was sehe ich? Was nehme ich wahr? Ganz bewusst versuche ich, einfach nur in der Natur zu sein und zu sehen, wie staunenswert Gott seine Schöpfung ausgestattet hat.

Zum persönlichen Verhalten

Ich nehme mir ein Blatt Papier und zeichne darauf zwei Spalten. Auf der linken Seite schreibe ich auf, welche Lebensmittel ich wo kaufe, wann ich Plastik benutze, wieviel und welche Kleidung ich kaufe und wo sie gefertigt worden ist.

Auf der rechten Seite schreibe ich auf, was ich verändern könnte, um noch bewusster den Umgang mit der Schöpfung und auch einen fairen Handel zu unterstützen.

Ich ziehe ein Fazit und lege erste Schritte der Umkehr fest.

V. Leben in Beziehungen

Fragen
Wer ist mein Nächster? Was bedeuten Liebe, Treue, Heimat? Wie geht heute in der immer schneller werdenden Welt Gemeinschaft? Gibt es eine Spiritualität im Internet/in der Digitalisierung?

EINBLICK UND GESCHICHTE

„Im Moment ist nur Abstand Ausdruck von Fürsorge", das waren Worte der deutschen Bundeskanzlerin Angela Merkel am 18. März 2020 in ihrer Fernsehansprache an das deutsche Volk. Nach Möglichkeit sollten Körperkontakte und Berührungen mit anderen Menschen vermieden werden, keinerlei Umarmungen oder Händeschütteln zur Begrüßung oder zum Abschied. Einer ‚Kulturtechnik' der Berührung wurde ein Riegel vorgeschoben. Auch in anderen Kulturen auf der Welt, wo man sich zur Begrüßung verneigt, wo man sich nicht die Hände gibt, auch dort galt es mit einem Male, Abstand zu halten, Mund-Nasen-Schutz zu tragen und nach Möglichkeit Menschenansammlungen zu meiden. Die Museen waren leer. Auf einmal gab es viel Zeit und Raum, wenn sie überhaupt geöffnet hatten, in Ruhe und ohne Menschengedränge ein Bild zu betrachten, von Ferne und aus aller Nähe. Alles ist anders geworden, durch Abstand ist Platz gewonnen. Das Jahr 2020 war ein Jahr des Abstands und der fehlenden Berührungen. Das Jahr 2021 setzte diese ‚Trendwende' fort, und gegen Ende des Jahres wurde alles noch einmal durch die Omikron-Variante des Virus verschärft. Ständige Lockdowns und Regelverschärfungen zur Kontakteinschränkung und zu Reisebedingungen zermürbten mehr und mehr die Menschen, ihr Vertrauen in die Politik und auch in die Kirchen. Die Fragen: „Was wird, was wird sich verändern, wann wird alles wieder normal?" wurden drängender.

So manche Beziehung litt unter diesen Bedingungen und Veränderungen. Die Berichte über häusliche Gewalt nahmen zu. So manche Aggression von der Straße und den Querdenkerversammlungen übertrug sich in das ein oder andere Wohnzimmer. Mit einem Male offenbarten Menschen ihre Ängste und Ansichten. Manche, von denen man es nicht vermutete, ‚outeten' sich als Impfgegner, Freundschaften zerbrachen, Beziehungen wurden auf den Prüfstand gestellt.

Berührungen waren und sind immer noch schwierig und mit Vorsicht zu genießen. Vielen Menschen hätte eine Berührung so gutgetan, doch Menschen waren in den Zeiten des Lockdowns allein: ohne die haltende und liebende Hand im Moment des Sterbens, ohne die segnende Hand, die schützende Hand, die tröstende Hand, die zärtliche Berührung. Wenn Worte fehlen, dann können Berührungen sprechen, doch diese waren nicht erlaubt. Sprachlosigkeit und Berührungslosigkeit ... Hilflosigkeit ... waren überall zu spüren.

„Bitte nicht berühren!" Gegenstände sind vor der Berührung zu desinfizieren. Nachdem man etwas berührt hat, möge man sich nicht ins Gesicht fassen, die Hände gründlich waschen und desinfizieren. „Noli me tangere" – die Worte des

Auferstandenen erhielten mit einem Male eine ganz andere Bedeutung. Doch der Apostel Thomas durfte den Auferstandenen berühren, um so Glaubensgewissheit zu erlangen. Berühren, um zu glauben und die Welt und den Schöpfer zu erfassen. Dabei kann man doch manchmal wirklich etwas erst richtig begreifen, wenn man es berührt, ertastet und mit den Händen spürt. Diese begeben sich auf Entdeckungsreise, auch hin zu dem geliebten Körper eines anderen Menschen, zu sich selbst... Mit Hilfe des Tastsinns gelingt es dem Fötus, den eigenen Körper und sich selbst wahrzunehmen, zu erkunden, um so seine Körperlichkeit, sein Körperbild zu entwickeln.

Vielleicht war und ist eine solche Zeit auch einmal durchaus hilfreich, denn es gibt Zeit zum Nachdenken, wie Menschen sich in Zukunft am Ende der Pandemie oder aufgrund der Pandemie begegnen wollen. Die Kirchen wurden als sprachlos erlebt oder aber – wo sie zu sprechen versuchten – konnten sie mit ihren Worten nicht wirklich jemanden erreichen und berühren. So manche Institution, gerade auch die katholische Kirche, müssen ihre Vergangenheit überprüfen, wo es Berührungen gab, die übergriffig waren, die Menschen zutiefst verletzt haben, die mit Macht und Rücksichtslosigkeit vollzogen wurden. Missbräuchliche Berührungen so unterschiedlicher Art...

„Noli me tangere, don't touch, bitte nicht berühren", Abstand halten, social distancing, Menschenansammlungen meiden ... doch gibt es noch die andere Berührung, die innere. Manchmal gibt es ein Wort, das trifft und im Innersten berührt. Es ist wie eine Körperberührung. Auch Blicke können so etwas auslösen. Mit einem Blick berührt der Mensch einen anderen Menschen im Innersten, vielleicht weil es ein Blick der Liebe ist, ein Blick der Versöhnung, ein Blick der Barmherzigkeit, ein Blick, der den anderen Menschen als den meint und annimmt, der er/sie ist. Auch das ist eine Kraft der Berührung, eine andere Berührung, die Berührung, die uns nun bleibt, auf Abstand, mit Mund-Nasen-Schutz und Desinfektionsmitteln. „Im Anfang war das Wort. […] und das Wort war Gott", so heißt es im Johannesevangelium gleich im Prolog (vgl. Joh 1,1). Der Religionssoziologie Thomas Halik übersetzt diese Worte mit: „Am Anfang war die Anrede. Diese Anrede war Gott selbst."[54] Wenn die Menschwerdung des Wortes als Anrede verstanden wird, erhält die gesamte Wirklichkeit eine ganz neue Aufmerksamkeit. In allem, was ist, will Gott den Menschen anreden, weil es von ihm und seinem Wort geschaffen ist. In und mit seiner Anrede will er den Menschen berühren, fordert er ihn zum Hören und zur Aufmerksamkeit auf, gerade dort, wo seine Schöpfung und Geschöpfe leiden.

Berührung hat etwas mit Begegnung und Beziehung zu tun, aus der Menschen leben und die das Leben nähren. Auch diese haben sich vielleicht durch Corona verändert. Im Anfang war das Wort, im Anfang war die Anrede - „im Anfang ist die Beziehung", so schreibt es Religionsphilosoph Martin Buber (1878-1965).[55] Menschsein heißt für ihn in Begegnung und Beziehung zu leben. Der und die Andere bekommen ein Gesicht, sind nicht eine formlose Masse. Im Anschauen der anderen entsteht Beziehung. So ist das Angesehen- und das Gesehen-Werden etwas, das Leben ausmacht, Beziehung entstehen und auch wachsen lässt. Buber betont, dass Begegnung das Entscheidende im Leben jedes Menschen ist. Der Mensch ist ein soziales Wesen und lebt niemals für sich allein. Er lebt in vielfältigen Beziehungszusammenhängen. Das wurde wohl zu keiner Zeit in früheren Jahren deutlicher als während der Pandemie. Menschen litten an mangelnden Begegnungen, an eingeschränkten Beziehungsgestaltungen, an Einsamkeit, und in so manchen Institutionen wie Pflegeheimen auch an Isolation.

„Beziehung bedeutet: Du schaust mich an und ich sehe, dass du mich anschaust; ich schaue dich an und du siehst, dass ich dich anschaue. Beziehung meint diese doppelte gegenseitige Wahrnehmung und doppelte Selbstwahrnehmung, und gerade darin die verborgene Wahrnehmung des ewigen Du. Kontemplation, das Schauen des eigenen Du, ist Buber zufolge also in jeder menschlichen Ich-Du-Beziehung möglich."[56] In der Beziehung zweier Menschen kommt der Mensch zu seiner Tiefe und dem, was er ist. In der Liebesbeziehung oder auch freundschaftlichen Beziehung von Menschen drückt sich diese Doppelbewegung, die so wichtig für die Entwicklung und das persönliche Leben ist, deutlich aus. Partnerschaft und Bindung, Freundschaft und Liebe, die Erfahrung des ‚Angenommen-Seins' ohne Bedingung oder Leistungen: Hier zeigt sich die Kraft, die in der Ich-Du-Beziehung liegt. Wärme, Geborgenheit, Heimat, Annahme und Liebe – all das macht menschliches Leben lebenswert. Wenn Menschen einander ihre Liebe zusprechen und sich aneinander binden, so ist das ein Ausdruck dessen, dass sie ihr Leben nur komplementär leben wollen und können, dass sie sich ohne den Partner oder die Partnerin kein Leben vorstellen können. Eine solche Beziehung, getragen von Liebe und Vertrauen, gegenseitigem Respekt, auch getragen von dem Wissen der Einzigartigkeit eines jeden Menschen und seiner/ihrer Geheimnishaftigkeit, hat Gottes Segen.

In einem ganz anderen Rahmen, nämlich in modernen Führungskontexten im Zusammenhang mit der Benediktsregel lautet eine wichtige Regel für gute Führung: „Niemandem, das Gefühl zu geben, übersehen zu werden".[57] Übersehen werden bedeutet, nicht wahrgenommen und nicht angeschaut zu werden, überflüssig zu sein – eben keine Person, zu der es sich lohnt, eine Beziehung aufzubauen. Dem Menschen auf Augenhöhe begegnen, das ist die zwangsläufige Konsequenz für gelungene Begegnung, denn nur so kann man den anderen in die Augen schauen und sie wahrnehmen. So etwas kann nur gelingen, wenn die Führungskraft den Menschen liebt.

In der Definition von Spiritualität im ersten Kapitel dieses Buches war von der Beziehung und der Beziehungsgestaltung als Grundelement christlicher Spiritualität die Rede. Es ist ein zentrales Element, in dem sich auch die Aspekte des Personseins, der Wertschätzung und der Gestaltung von Beziehung wiederfinden lassen. Gott ist ein Gott, der Begegnung sucht und initiiert. Er spricht Moses im brennenden Dornbusch an und gibt ihm seinen Auftrag, womit Moses in keiner Weise zu dem Zeitpunkt gerechnet hat (vgl. Ex 3). Der Prophet Elia zieht sich unter einen Ginsterstrauch zurück, will nichts mehr hören und sehen, ist völlig erschöpft. In diesem Moment hilft ihm ein Engel, gibt ihm zu essen und zu trinken (vgl. 1 Kön 9). Gott sucht die Begegnung und Beziehung mit den Menschen, immer wieder.

Auch das Neue Testament ist voller Begegnungsgeschichten: die Heilung der gekrümmten Frau (Lk 13), die Begegnung mit dem Aussätzigen oder dem blinden Bettler Bartimäus (Lk 18), die Berufungsgeschichten der Jünger, die Mahlgemeinschaften mit den Zöllnern und Sündern. So viele Menschen, die von Jesus angesprochen und darin im Innersten getroffen werden, die sich mit ihm auf den Weg machen oder auch ihr Leben radikal ändern. Oder auch Maria und Martha, die zwei Schwestern, die Jesus, der zu ihnen kommt, bewirten und ihm auf je eigene Art Gutes tun. In allen Begegnungen spricht Jesus die Menschen an, wendet sich ihnen zu, lässt Beziehung entstehen, indem er den Menschen berührt und im Inneren anspricht. Gott ist ein Gott, der Begegnung und Beziehung will, sie sucht und initiiert, so war es auch bei den Propheten, so ist es in der Spiritualität generell: Christsein bedeutet dann, Antwort geben auf den Ruf Gottes, auf das Angesprochensein durch Gott Beziehung wagen.
Schaut man in die Geschichte der christlichen Spiritualität, so ist das auch ein Grundzug der Mystiker:innen. Sie alle konnten nicht anders, als die in der Begegnung mit oder der Berührung durch Gott erfahrenen Liebe anderen weiterzugeben und somit Begegnungen und Beziehungen zu initiieren. Im vorhergegangenen Kapitel war schon von der Caritas im persönlichen und im Leben der Kirche die Rede. Berührung und Beziehung gehören zu einem weiteren Aspekt, der in der Spiritualität zentral steht: die Erfahrung von Gemeinschaft und das Teilen des Glaubens in der Gemeinschaft.

Gemeinschaft leben

Begegnung und Beziehung ereignen sich in Gemeinschaft. Der Wüstenvater Pachomius (292/298-348) gründete Gemeinschaften von Einsiedlern und Mönchen, da er der Auffassung war, dass der Mensch nicht dazu geboren sei, allein in aller Strenge und Abgeschiedenheit in der Wüste zu leben, so wie es die Anhänger des Antonius taten. Er gründete klösterliche Lebensformen, aus denen klösterliche Städte entstanden. Für ihn war der Mensch ein soziales, eben ein Gemeinschaftswesen, auch der Mönch.

Gemeinschaft ist ein Schlüssel zu einem glücklichen Leben, eine wichtige Säule, ein Lebenselixier. Gemeinschaft bedeutet, miteinander verbunden sein, etwas miteinander erleben, eine Wegstrecke gemeinsam gehen, oder sogar den größten Teil des Lebens mit jemand anderem oder anderen auf dem Weg zu sein. Gemeinschaft heißt, Erfahrungen zu teilen, ja auch das Leben in gewissen Bereichen zu teilen. Eine Gemeinschaft stärkt, kann so etwas wie Heimat vermitteln und einen Menschen tragen, schützen, umsorgen und ihm Widerstandskraft geben. Sie gilt als die ursprünglichste Form des Zusammenlebens, wobei Gemeinschaft aber nicht immer gleich Gemeinschaft ist. Es gibt viele unterschiedliche Formen, darunter die selbstgewählten Gemeinschaften und die Schicksalsgemeinschaften. Erstere sucht der Mensch sich aus und entscheidet sich bewusst für die Partnerschaft, die Ehe, die Freundschaft, den Verein oder den Club, die Ordensgemeinschaft oder die Kirche. Eine Schicksalsgemeinschaft hingegen würfelt Menschen zusammen, und sie teilen ein gemeinsames Schicksal wie z. B. eine Notlage. Dabei wird der Begriff für unterschiedliche Größen von Gemeinschaften benutzt: Manche sprechen in Zeiten von Corona von der Nation und dem Land als Schicksalsgemeinschaft. Selbst die Weltgemeinschaft wird manchmal als Schicksalsgemeinschaft bezeichnet. Wie dem auch sei, immer geht es um eine nicht selbst ausgesuchte Gemeinschaft, also in gewisser Weise auch um eine Zwangsgemeinschaft.

Es gibt kurz- und langlebige Gemeinschaften. Es gibt ideologische Gemeinschaften wie die „Volksgemeinschaft", welche natürlich gerne und vor allem auch in rechtspopulistischen Kreisen gefordert und gefördert wird. Es gibt in jüngerer Vergangenheit die sogenannten „posttraditionalen Vergemeinschaftungsformen". Diese Gemeinschaften funktionieren wie ein Schwarm, so der Soziologe Zygmunt Baumann in seinem Konzept der Moderne, die er bezeichnenderweise als flüchtig charakterisiert: „In der Flüchtigen Moderne wird die Gruppe mit ihren Anführern, ihrer Hierarchie und Hackordnung durch den Schwarm ersetzt. Ein Schwarm kommt ohne all jene Symbole und Strategien aus, die eine Gruppe zu ihrer Herausbildung und Festigung braucht. Schwärme bedürfen nicht der Selbstreproduktion oder Selbsterhaltung; sie versammeln sich bei Gelegenheit, lösen sich auf und finden bei einer anderen Gelegenheit, angelockt von neuen und beweglichen Zielen, wieder zusammen."[58]
Man trifft sich für ein bestimmtes Ereignis, also für einen Event, für eine bestimmte und klar umrissene Zeit. Hat man sein Ziel erreicht, dann geht man wieder auseinander. In solch einer Form der Gemeinschaft gibt es zwar Solidarität und das Wissen um das Gemeinsame. Diese ist aber nur funktional und nicht solidarisch: Das Individuum ist seines eigenen Glü-

ckes Schmied. Wenn es zurückbleibt und nicht mehr mitkommt, dann ist es sein Fehler, den es selbst korrigieren muss, sofern es dazu in der Lage ist. Der Schwarm kennt nur das Ziel. Ist es erreicht, so z.B. das wohlige Gefühl auf dem Weltjugendtag, die Ekstase für die Stunde, die großartige Demonstration, dann geht man auseinander und hört und sieht nichts mehr voneinander – das ist, so Baumann, typisch für die Gemeinschaft in der heutigen Zeit: die schnelllebige, die mobile, die unverbindliche, jenseits von Kirchenzugehörigkeit, Vereinszugehörigkeit, Familie, Freundeskreis oder Klassenverbund. Eine Gemeinschaft, die den Individualismus und die Singularität nur mehr unterstreicht... Die Gemeinschaft ist nur ein Mittel zum Zweck, nicht mehr Lebenselixier und Grundsäule des Lebens. So entstehen zerbrechliche Netzwerke, die Gemeinschaftsverständnis in fast dramatischer Weise verändern. Netzwerke sind lockere Gebilde, je nach Gebrauch abrufbar, aber ohne Verbindlichkeit und Treue. Sie sind fragile Gebilde und können schnell zerfallen. In den meisten Fällen tragen sie nicht. Das Leben zerfällt immer mehr und mehr in Bruchstücke und in Teilgemeinschaften, die oftmals nichts oder wenig miteinander zu tun haben. Die Konsequenz liegt für Baumann auf der Hand: „Sie [unsere Kultur] ist eine Kultur der Auflösung, der Diskontinuität und des Vergessens."[59]

Es darf nun nicht der Fehler passieren, für eine solche Entwicklung einen schwarzen Peter zu suchen. Das ist wenig bis gar nicht hilfreich. Es kommt aber darauf an, die Entwicklung genau zu beobachten und auch gewisse Gegenakzente zu setzen, z.B. im Umgang mit der Digitalisierung, die sicherlich eine Ursache für eine solche geschilderte Entwicklung ist.

Wie wird das nach der Pandemie sein? Hat diese die Sehnsucht nach Gemeinschaft verstärkt? Haben die vielen Formen, sich digital zu vergemeinschaften, dabei geholfen, diese Zeit der Dürre und Prüfung zu überstehen? Oder verändert nicht auch die Digitalisierung noch mehr das Gemeinschaftserleben: noch schneller, noch effizienter? Das, was zwischen den Worten steht, das, was die Körperhaltung und die Atmosphäre bestimmt und zu einer Gemeinschaftserfahrung dazu gehört, verschwindet auf dem Bildschirm! Wird sich das Gemeinschaftserleben und Gemeinschaftsempfinden noch mehr verändern?

Gemeinschaft in der christlichen Spiritualität war ein wichtiges Gut. Sie ist es immer noch, gerade in einer Krisensituation wie der Pandemie. Die Frage ist allerdings, wie diese gelebt und auch angeboten wird. Was bedeutet es – diese Frage wurde schon in anderen Bezügen gestellt –, dass sich so viele Mitglieder von den Kirchen abkehren und ihre eigenen Wege gehen – durch die Pandemie noch verstärkt und mit der dumpfen Befürchtung konfrontiert, dass das nach der Überwindung der Pandemie nicht anders sein wird. Die Menschen werden nicht mehr in Scharen ‚zurückkehren'. Wichtige Akzente einer gelebten Gemeinschaft auf Zukunft hin, ob in den Kirchen oder anderen, vor allem selbstgewählten, Gemeinschaftsformen sind:

- Verlässlichkeit und Verbindlichkeit: Eine Gemeinschaft hat nur dann Zukunft, wenn sie auf der Basis von Vertrauen gelebt wird.

- Solidarität in Liebe: Eine Gemeinschaft hat nur dann Zukunft, wenn sich die einzelnen durch die Not, durch die Freude, durch die Fragen und Zweifel, durch die Glaubensstärke der anderen berühren lassen.

- Liebende Verantwortung füreinander: Eine Gemeinschaft hat nur dann Zukunft, wenn die Mitglieder für- und miteinander zum Wohle und im Dienst des Gesamten leben, arbeiten und auch kämpfen.

- Offenheit dem Fremden und Anderem gegenüber: Eine Gemeinschaft hat nur Zukunft, wenn sie sich nicht in sich selbst verschließt, sondern Gastfreundschaft anbietet und lebt.

- Kultur der Erinnerung und Tradition: Eine Gemeinschaft hat nur Zukunft, wenn sie ihre Wurzeln nicht vergisst, und wenn sie aus der Kraft der Erinnerung lebt, in der Gegenwart für die Zukunft.

Gelebte Spiritualität in Gemeinschaft, das gilt vor allem für die Ordensgemeinschaften und für die Pfarrgemeinden, zeigt sich im Miteinander mit anderen Menschen. Miteinander-Sein bedeutet:

- Die Fragen und Sehnsüchte der Menschen wahrnehmen, ihnen Raum und Gespräch für ihre Fragen und ihr Suchen anbieten.

- Menschen zum Gebet und zum Verweilen einladen, sie an dem Eigenen teilhaben lassen.

- Menschen in Wort und Tat helfen, die Hilfe suchen.
- Pluralität, also Vielfalt, begrüßen und sie als Chance begreifen.

Vor allem der letzte Punkt gibt in einer Zeit zu denken, in welcher Andersdenkende diffamiert und aggressiv angegangen werden. Uniformität, Kadavergehorsam, autoritäres Denken und die Ablehnung von Vielfalt haben nichts mit christlicher Spiritualität gemein, auch wenn so manche das einfordern mögen. Spiritualität leben bedeutet, Vielfalt zulassen und begrüßen zu können. Auch hier mag so mancher strenge Dogmatiker den Finger heben und anmahnen, dass es aber Regeln einzuhalten gilt; dass nicht jede und jeder das tun und lassen kann, was sie oder er für sich als richtig erachtet. Doch wer gibt ihnen das Recht, so über andere und ihre Glaubensformen zu richten und zu beurteilen, was gut und richtig, was böse und falsch ist? Es geht um die authentische Nachfolge Jesu, und die gestaltet nun einmal jeder Mensch anders. Es gibt Richtlinien, natürlich, aber diese sind nicht so streng, starr und strikt, wie sie manchmal eingefordert werden. Letzte Instanz ist das eigene Gewissen. Wer ernsthaft Jesus nachfolgen will, der oder diejenige haben auch die Kraft des Geistes, dieses zu tun. Strenge Regeleinforderung spricht nicht gerade für eine Offenheit des Geistes, der weht, wo und wie er will! In all dem ist wichtig, dass Vielfalt nicht meint: Alles ist beliebig. Das ist sicherlich nicht der richtige Weg, aber alles ist eben auch nicht uniform und streng nach Regeln zu befolgen. Das Evangelium und eine gelebte Spiritualität wollen befreien, nicht knebeln.

Theologisch betrachtet, steht die Dreifaltigkeit stellvertretend für die Communio, die Gemeinschaft. Gott ist in sich selbst Beziehung, ein Wesen und drei Personen. Die Dreifaltigkeit ist in vielem das Gegenbild für das Gemeinschaftserleben in der Gegenwart. Der christliche Gott ist ein Gott, der in sich Beziehung ist und diese will. Er ist verlässlich in diesen Beziehungen, geprägt von einer Dreiheit, die Gott Vater den Schöpfer meint, Jesus Christus, der mit den Menschen als einer von ihnen lebte und lebt, als Teil der menschlichen Gemeinschaft und für diese gestorben ist, und der Geist, der eint und verbindet. Was heißt das nun konkret? Die weiteren Kapitel können der Antwort ein wenig näherkommen.

Spiritualität und Digitalisierung

Das Phänomen der Digitalisierung ist nicht neu, erhält aber durch die Pandemie, vor allem durch den rasanten Fortschritt und die damit verbundenen Veränderungen neue Färbungen, Richtungen – sie stellt Fragen.
Zum einen ist Digitalisierung etwas, das nicht aufzuhalten ist. Auch wenn es immer noch viele Menschen gibt, die sich dieser Entwicklung verschließen oder ihr skeptisch gegenüberstehen. Es ist auch nicht alles schlecht und negativ. Im Gegenteil: Die Verbundenheit von Menschen über Entfernungen, die Vernetzung von vielen Individuen und Gruppierungen ist größer, effektiver und in vielem auch leichter. Die Pandemie hat es gezeigt: Digitale Treffen und Meetings auf beruflicher und auf privater Ebene haben vielfach Begegnungen in Präsenz ersetzen müssen, auch wenn das keine Dauerlösung sein konnte. Dennoch hat es sich gezeigt, dass

viele Treffen, Tagungen und Konferenzen auch in Zukunft leichter digital als im analogen/präsentischen Modus durchzuführen sind. Es spart Geld und Zeit, es hilft der Umwelt, wenn nicht mehr so viel hin- und hergefahren werden muss.

Auch digitale Gottesdienstformen wurden angeboten und erfreuten sich, nach anfänglicher Skepsis, durchaus guter Nachfrage, wenn sie professionell gemacht wurden. Die Frage ist hier, ob nicht viele in Zukunft dieses Medium mehr nutzen werden, weil es bequemer und angenehmer ist, als sich auf den Weg zu einem Gottesdienst in der Kirche vor Ort zu machen. Vor allem kann man abschalten, wenn es uninteressant wird. Doch wird das noch mehr zum Rückzug aus den Kirchen führen? Und was ist mit dem Sakrament der Eucharistie und dem Abendmahl?

Vernetzung im Rahmen der Digitalisierung war schon vor der Pandemie ein großes Thema und einer der Megatrends jüngster moderner Gemeinschaften. Diese digitalen Technologien haben das Leben der Welt und der Menschen radikal verändert, auch das Arbeiten, eigentlich alles im privaten wie im beruflichen Leben. Doch geht es nicht nur um Technologie und das veränderte Kommunikationsverhalten. Es geht auch um das soziale und kulturelle Leben. Die Komplexität steigt, sie ist ein Zeichen der sogenannten VUKA-Welt. VUKA steht für: Volatilität, Unsicherheit, Komplexität und Ambiguität. Unter Volatilität versteht man, dass die Schwankungen in den verschiedenen Lebensbereichen und im beruflichen Umfeld mehr und mehr zunehmen. Nichts scheint auf lange Dauer angelegt zu sein. Es ist ständig mit Änderungen zu rechnen. Die Welt befindet sich in einem

Modus der Unbeständigkeit. Die Unsicherheit, das zweite Stichwort einer VUKA-Welt, umschreibt heute das ungeheure Ausmaß einer Wissensgesellschaft. Man kann lange schon nicht mehr alles wissen. Die Komplexität unterstreicht das alles noch. Viele Dinge sind in- und miteinander verflochten. Es gibt stark vernetzte Abhängigkeiten und kaum mehr lineare Wirkungszusammenhänge. Dadurch ergibt sich in vielen Bereichen eine Ambivalenz, eine Doppel- oder sogar Mehrdeutigkeit. Dinge und Sachverhalte zeigen sich in all ihrer Widersprüchlichkeit. Mehrere Dinge können gleichzeitig wahr sein.

All das macht das Leben in der gegenwärtigen Welt nicht leicht. Verstärkt werden diese Entwicklungen durch die Digitalisierung: Alles ist mobiler und erreichbarer geworden. Die Kommunikation zwischen Menschen und die Abhängigkeit von digitalen Möglichkeiten nimmt zu. Künstliche Intelligenzen und die virtuelle Realität lassen Grenzen von Denkbarem, Realen und der Wirklichkeit verschwimmen. Vision, Verstehen, Klarheit und Agilität sind die Stichworte, die vor allem in der Unternehmungsführung für eine Bewältigungsstrategie der VUKA-Welt stehen und gefördert werden.

Diese ist nicht immer einfach zu handhaben, sie kompliziert vieles und erschreckt viele. Das Zukunfts-Institut[60] beschäftigt sich eingehend mit dieser Entwicklung und spricht von einer Real-Digitalität, einer neuen vernetzten Realität, die eben nicht zwischen digital und real unterscheidet, sondern beides miteinander verbindet. Die Pandemie hat gezeigt, wie das geht. Menschliche Bedürfnisse werden in den Mittelpunkt gestellt und die digitale Technik versucht, die Bedürfnisse entsprechend aufzugreifen und einzuordnen: Berührung, Beziehung und Kommunikation.

Damit muss allerdings auch eine Disziplin und eine Achtsamkeit im Umgang mit den digitalen Medien auf der individuellen, privaten sowie beruflichen Ebene einhergehen. Es gibt Grenzen, es gibt Privatsphären, es gibt Arbeits- und Freizeiten. Die Gefahr der digitalen Medien liegt darin, dass man sie zum einen mit Erwartungen überfrachtet, zum anderen die Entgrenzung des Lebens und der verschiedenen Bereiche nicht wahrnimmt und am Ende heillos überfordert ist. Home-Office ist gut, doch erfordert es Disziplin sowie eine gute Organisation.

Gleichzeitig müssen auch Ängste abgebaut werden, vor allem gegenüber künstlichen Intelligenzen. Lernende Maschinen werden immer mehr in den Alltag der Menschen eingreifen und ihn diktieren. Science-Fiction-Visionen werden an die Wand gemalt. Allerdings wird der Alltag vieler durch solche künstlichen Intelligenzen schon längst bestimmt. Computer bestimmen das Leben. Smart-Phones sind nicht mehr wegzudenken.

Und die Spiritualität? Was gibt es für Möglichkeiten, digital Spiritualität zu leben und zu erleben? Wo sind die Grenzen, vielleicht auch Gefahren zu sehen? Neue Formen der Wirklichkeit betreffen auch die Spiritualität. Es stellt sich jedoch die Frage, was wirklich ist und was nicht. Es gibt kaum feste Strukturen. Das Denken und Leben in Netzwerken, die immer unübersichtlicher werden, ist für viele nur schwer nachvollziehbar. Kirchliche Initiativen greifen die digitalen Kommunikationswege auf und schaffen Plattformen gelebter Spiritualität und Kommunikation, nicht nur in Form von Gottesdiensten, sondern auch von gemeinsamen Initiativen, Gedenktagen und Austauschforen zu aktuellen gesellschafts- und kirchenrelevanten Themen. Instagram und Twitter bieten Möglichkeiten, schnell Meldungen und relevante Themen kurz und knapp zu platzieren. Sie rufen gleichzeitig zu Reaktionen auf. Kreativität ist gefragt, gleichzeitig aber auch Aktualität. Nichts ist schlimmer, als der Zeit und den schnelllebigen Entwicklungen hinterherzuhinken, dabei zeitnah sein zu wollen, ohne zu merken, dass man eigentlich viel zu spät dran ist. Es ist zudem eine Frage der Gestaltung der Darstellung in der virtuellen Welt. Worauf wird Wert gelegt, was beeinflusst wen wie: Themen und Inhalte, äußere Form und Ästhetik – so viele Faktoren spielen eine Rolle, die alle mitbedacht werden wollen, wenn man sich auf die Digitalisierung und die virtuelle Welt im Rahmen von Religiosität und Spiritualität einlässt. Gemeinschaft wird durch Digitalität gestaltet, aber anders. Digitale Kommunikation kann Treffen vor Ort nicht ersetzen, aber unter diesem Aspekt darf das auch kaum betrachtet werden. Es sind zwei verschiedene Wirklichkeitsformen, beide mit ihrer je eigenen Berechtigung. Insofern ist auch Vorsicht im Umgang und in der Verabsolutierung geboten. Digitale Kommunikation kann schnell entgleiten, wie es auch in der Pandemie zu sehen ist und war. Das Netz hat seine eigenen Gesetzmäßigkeiten, und sehr schnell kann ein kleiner Beitrag einen sogenannten Shitstorm mit unabsehbaren Konsequenzen auslösen.

Gibt es so etwas wie digitale Spiritualität? Das ist eine schwierige Frage. Vielleicht lässt sie sich besser beantworten, wenn die Frage lautet: Wie kann Digitalität für eine gelebte Spiritualität eine Hilfe sein? Da gibt es viele Formen, wie es z.B. auch die Deutsche Kapuzinerprovinz mit ihren digitalen Aktivitäten versucht:[61] kurze Impulse zum jeweiligen Sonntagsevangelium von verschiedenen Mitbrüdern, Einführung in die Biographien franziskanischer Heiligen in Form von Podcasts, Aufrufe zu Initiativen und kurze Mitteilungen über aktuelle Geschehnisse in der Kapuzinerprovinz über Instagram und Twitter, der Kontakt zu jungen Menschen über diese Foren, eine attraktive und gut gestaltete Homepage bis hin zu Aktivitäten vieler Brüder in den Sozialen Medien wie z.B. auf LinkedIn. Auch hier ist Kreativität gefragt – im Austausch mit den Brüdern oder in den kurzen unterschiedlichen Impulsen, erhalten viele Menschen ihre Nahrung für eine gelebte Spiritualität im Alltag.

Das Raum-Prinzip wird natürlich in der digitalisierten Welt durchbrochen. Nicht die Kirche oder die Natur, nicht der heilige Raum als solcher spielt mehr eine Rolle, sondern das Angebot, die Verbindung im Netzwerk mit anderen, wahrscheinlich auch die Beliebigkeit in der zeitlichen Aktivität, ob am Vormittag oder in der Nacht – je nach eigenem Rhythmus. Aber ist es nicht so, dass Spiritualität schon immer nicht nur an Orte gebunden war, sondern sich vor allem in der Beziehungsgestaltung ereignete? Ist also das digitale Netz sogar ein Ort, an dem sich Gott in der Kommunikation erfahren lässt?

Wird die Gemeinschaft gestärkt, oder ist die Digitalität nicht doch nur ein weiterer Schritt hin zu einer extremen Individualisierung? Michael Rosenberger, Moraltheologe in Linz, ruft dazu auf, die Digitalisierung weder zu verteufeln noch als das Sakrament des 20. Jahrhunderts hochzustilisieren.[62] Dabei gibt er folgende Punkte zu bedenken, die für den Umgang und die Kultivierung einer digitalen Spiritualität zu beachten sind: eine Berührung kann unmittelbar oder medial sein, beides ist aber voneinander zu unterscheiden. Das unmittelbare Erleben ist etwas anderes. Ein zweiter Punkt, den er benennt, betrifft die Ganzheitlichkeit. Zeigt ein Mensch, wenn er etwas postet, nur einen Teil seiner selbst, so ist Spiritualität aber, wie schon zu sehen war, immer ganzheitlich. Die Selbstdarstellung kann nicht die Selbstauseinandersetzung ersparen. Eine Erfahrung, die heute viele machen: Es muss alles schnell sein. Wird auf eine E-Mail nicht unmittelbar oder innerhalb eines Tages geantwortet, wird man ungeduldig, manchmal auch wütend. Doch gut Ding, wie es so schön heißt, will auch gut Weile haben. Manches braucht seine Zeit zur Überlegung oder auch zum Wachsen und Reifen. Dem zollt die Digitalität in vielem keine Rechnung, eher im Gegenteil. Es bleibt, so der Eindruck vieler, kaum mehr Zeit zum Atmen. Auch hier ist eine Kultur im Umgang mit Digitalität dringend notwendig. Ein wichtiges Stichwort in der Tradition der Spiritualität ist die sogenannte ‚discretio'. Es ist eine klassische Weise der Unterscheidung der Geister, was gut oder schlecht, angemessen oder unangemessen ist, die kluge Unterscheidung zwischen echt und unecht. Im Netz ist eine solche Vorsicht absolut vonnöten, denn nichts ist in seiner Verbreitung so schnell und kann so desaströs enden, wie ein Post, eine Mitteilung oder eine Information, in welcher jemand zu schnell etwas preisgegeben hat, ohne die Folgen zu bedenken. Für Rosenberger sind noch die Einsamkeit und das Aushalten von Einsamkeit durchaus positive Elemente.

Die digitale Welt ist Teil der Welt der Moderne. Digitalisierung und Virtualisierung lassen sich nicht mehr aufhalten, das wäre auch dumm und unnötig. Aber es gehört ein gelassener und kluger Umgang dazu, und das Verständnis von Digitalität, die andere Kommunikationsformen nicht ausschließt, sondern unterstützt. Dabei ist es wichtig, eine Spiritualität des digitalen Lebens zu entwickeln, die genau in diesem klugen, lebenshelfenden Aspekt liegt. Die Abhängigkeit und die Selbst-Definition über sogenannte ‚Likes', Freundschaften im Netz und der Entwicklung einer Identität, die nur noch Teilbereiche des Lebens zulassen kann, ist nicht lebensfördernd.

Spiritualität hat hier eine ganz wichtige Aufgabe und einen Dienst um des Lebens willen zu leisten.

Vulnerabilität und Resilienz

Menschliches Leben bedeutet, mit Narben zu leben – und derer gibt es viele. Da sind die Narben aus der Vergangenheit, die äußerlichen Narben, die man sich beim Fußballspiel auf dem Aschenplatz zugezogen hat, oder beim Fall vom Fahrrad. Kleine, winzige Narben sind geblieben, mit Erinnerungen an leidenschaftliche und auch tolle Momente. Es sind keine Narben, die noch schmerzen, eher solche, über die man lächeln muss, wenn man sich an die Unfälle erinnert. Es gibt aber auch die anderen Narben von OPs oder schweren Unfällen, die Menschen zeichnen, die zu einem gehören – und dafür stehen, dass im Leben etwas widerfahren kann, das man nicht im Griff hat, das Grenzen aufzeigt, das Leid und vielleicht auch so etwas wie Todeserfahrungen vermittelt hat. Narben, die immer noch wehtun. Auch diese Narben und damit die Erinnerungen, gehören zum Leben. Wenn sie gut verheilt sind, mahnen sie, doch in den meisten Fällen auch nicht mehr. Da gibt es die kleinen, die großen, die entstellenden Narben, die einen Menschen für das Leben gezeichnet haben, unwiderruflich, die sich auch nicht mehr wegoperieren lassen. Und schließlich gibt es die Narben, die nicht zu sehen sind und die sich wie ein Schutzgewebe um eine Wunde geschlossen haben. Sie brechen aber immer wieder auf, weil sich die Wunden einfach nicht heilen lassen und der Schmerz geblieben ist. Da helfen auch nicht die schützenden oder verborgenen Narben. Es sind die Wunden der Enttäuschungen durch Menschen: Unbarmherzigkeit, Härte und Unverständnis, im Stich und allein gelassen, im Streit geschlagene, verletzende und zutiefst treffende Worte, die verwunden, über die Narben wachsen. Doch sie bleiben, diese Wunden der Beziehungslosigkeit, des Abbruchs und des Nicht-Vergessen-Könnens. Man kratzt immer wieder, verletzt die Narben, die Wunden werden erneut freigelegt. Es sind nagende und plagende Narben, sie prägen das Leben und den Menschen, weil sie so wehtun.

Und da sind die Kriegsnarben. Die Narben, die entstehen, wenn Menschen einander Wunden zufügen, weil sie um etwas und gegeneinander kämpfen; weil es kein sowohl-als auch, sondern nur ein entweder-oder gibt, weil es nur richtig und falsch gibt, kein dazwischen, weil man keinen Frieden will. Es sind die Narben, die einzelnen, aber auch ganzen Generationen und Völkern geschlagen werden, immer wieder, auch heute – die Narben von Folter, Traumatisierungen und Fluchtmigration.

Und Jesus, der Menschen- und Gottessohn, ist er auch jemand mit Narben? Er, der vernarbte Menschensohn, der vernarbte Gottessohn? Er war durch und durch Mensch, und dazu gehören Narben: die Narben der Enttäuschungen, die Narbe der Einsamkeit und des Nichtverstehens, die Narben, die das Leben so mit sich bringt. All das hat auch er erlitten. Insofern ist er ein vernarbter Stern für die Menschheit, womöglich gerade darin ein Stern, dem es zu folgen lohnt, eben weil er um die Narben des Lebens weiß, die verborgenen und die offensichtlichen. Menschsein heißt Narben mit und an sich tragen. Menschsein bedeutet, verwundbar, vulnerabel zu sein, auch in den Beziehungen.

Wer die Vulnerabilität des Menschen untersucht, der kommt heute nicht mehr umhin, auch die sogenannte Vulneranz zu untersuchen, also die menschliche Gewalt, die sich gegen den und die anderen richtet, die Macht, die Verwundungen anrichtet. Auch schlagen verwundete Menschen und Tiere um sich, verletzen andere – etwas, was immer wieder in Abhängigkeitsverhältnissen festzustellen ist, bis hin zu sexualisierter Gewalt an Schutzbefohlenen und Abhängigen. Macht wird missbraucht, und die Gewalt richtet sich gegen andere.[63]

Gemeinsame Erfahrungen von Gewalt und Verfolgung, von Schmerz und Narben können Menschen aber auch zusammenführen. Gemeinsames Leid schweißt zusammen,

durchbricht Grenzen und führt zu Solidarisierungen bis hin zu einem gemeinsamen Widerstand. Es zeigt sich die Kraft und Macht von Verwundungen, nicht nur das Erleiden, Ertragen und das Leid. Es ist ein Widerstand, der sich dann auch gegen andere Mechanismen von Gewalt und Verfolgung, Diskriminierung und Ausschluss richtet. Die Gewalt gegen Afro-Amerikaner in den USA in den vergangenen Jahren hat eine ungeheure Bewegung von Solidarität und von Widerstand gefördert, der eigene Erfahrungen miteinschließt, aber nicht in den eigenen vier Wänden bleibt, sich vielmehr gesamtgesellschaftlich formiert. Leider allerdings auch mit gewaltsamen Auswüchsen aufgrund von unterschiedlichen Gruppierungen und Bedürfnissen, die bei solchen Demonstrationen zusammenkommen. Dennoch: Gemeinsam geteilte und erfahrene Verwundungen verbinden und können positive Kräfte des Widerstands freisetzen.
Widerstand und Spiritualität, Verwundungen und Spiritualität – auch sie gehen und gehören zusammen. Nachfolge Jesu bedeutet nichts anderes, als dem armen und gekreuzigten (also zutiefst verwundeten) Gottessohn zu folgen, das eigene Kreuz und Leid auf sich zu nehmen, wie es Jesus immer wieder betont, und sich auf den Weg zu machen – mit den Verletzungen, Verwundungen und Narben, denn sie gehören zum Leben. Nachfolge Jesu bedeutet auch, mit dem Kind in der Krippe ernst zu machen: Es war klein, verletzlich, völlig abhängig von anderen, unterwegs in ärmlichen Verhältnissen geboren – in einem ungeschützten Raum wie so viele Kinder heute weltweit auch. Nur wenn andere sich um diese Kinder kümmern, haben sie eine Chance, zu überleben. Schließlich können Verwundungen auch zur Umkehr und

zum Heil finden, wie die Lebensgeschichten eines Franziskus von Assisi oder eines Ignatius von Loyola deutlich zeigen. Die Wunde kann so zu einem Ort der mystischen Erfahrung werden. Der Apostel Thomas wird von Jesus aufgefordert, die Wundmale zu berühren, sodass er glauben kann, dass es wirklich Jesus ist, der lebendig vor ihm steht: „Thomas, der Didymus genannt wurde, einer der Zwölf, war nicht bei ihnen, als Jesus kam. Die anderen Jünger sagten zu ihm: Wir haben den Herrn gesehen. Er entgegnete ihnen: Wenn ich nicht das Mal der Nägel an seinen Händen sehe und wenn ich meinen Finger nicht in das Mal der Nägel und meine Hand nicht in seine Seite lege, glaube ich nicht. Acht Tage darauf waren seine Jünger wieder drinnen versammelt, und Thomas war dabei. Da kam Jesus bei verschlossenen Türen, trat in ihre Mitte und sagte: Friede sei mit euch! Dann sagte er zu Thomas: Streck deinen Finger hierher aus und sieh meine Hände! Streck deine Hand aus und leg sie in meine Seite und sei nicht ungläubig, sondern gläubig! Thomas antwortete und sagte zu ihm: Mein Herr und mein Gott!" (Joh 20,24-28).

Resilienz, genau wie auch Spiritualität inzwischen ein Containerbegriff, gehört zur Betrachtung von Vulnerabilität und Vulneranz dazu. Resilienz ist die Fähigkeit, mit Krisen und Rückschlägen im Leben umzugehen und sich nicht von den negativen Konsequenzen erdrücken zu lassen. Es ist eine Kraft, die dem Leben und der eigenen Zukunft dient, insbesondere in Zeiten der Angst, der Unsicherheit und der Krise. Nicht die Unterdrückung, Bekämpfung oder Eliminierung dieser Herausforderungen ist mit resilienten Verhalten gemeint, sondern das positive Umgehen mit ihnen. Resilienz lässt sich somit auch als Widerstandskraft bezeichnen, eine Kraft, die erdrückenden Strukturen, lähmenden Krisen oder herausfordernden Momenten im Leben Widerstand entgegensetzt. Es sind also nicht nur ‚Nehmerqualitäten' gefragt, sondern vielmehr das Momentum des Widerstands, das aktive Tun, Strukturen und Ungerechtigkeiten zu durchbrechen. Es geht nicht nur darum, mit Stress umzugehen und ihn z.B. als eine positive Herausforderung anzunehmen, um dann noch besser im Beruf oder im privaten Leben agieren zu können. Vielmehr geht es um die Veränderung von Strukturen und Umständen, die zu erhöhtem Stress führen. Leider wird Resilienz allzu oft im Kontext von Verbesserung der persönlichen Belastbarkeit beschrieben, doch das ist eine sehr verkürzte Sicht.[64] Ist Resilienz mehr als nur so etwas wie ein Immunsystem des Geistes und der Psyche? Im Zusammenhang mit der Dimension des Widerstands ist es mehr als das. Es ist die Kompetenz, durch Krisen hindurchzukommen, sie positiv zu bewältigen und ihnen gleichzeitig Widerstand entgegenzusetzen.

Für eine solche Kompetenz tragen verschiedene Einflüsse bei: die Erfahrungen in der Kindheit, Umweltfaktoren, soziale und kulturelle Einflüsse, Erfahrungen im Umgang mit Krisen, vor allem Beziehungen, die tragen – und auch die Spiritualität. Diese ist eine Kraftquelle für das Leben, die Geist und Sinn stiftet. Sie ist ein wichtiger Faktor für die Kompetenz der Resilienz, für eine Lebenshaltung, die keinen Bogen um Krisen und Stress macht, die vielmehr positiv mit ihnen umzugehen vermag, ihnen also begegnet und sie ins Leben integriert. Denn es gibt kein Leben ohne Verwundungen, ohne Stress und ohne Krisen. Die Frage ist immer, wie man mit ihnen umgeht. Damit ist ein weiterer Faktor benannt, der für die Kompetenz der Resilienz einen wichtigen Faktor darstellt: die Einstellung zum Leben und Sinnfindung im Leben, das Vertrauen in die eigenen Quellen und Kompetenzen sowie in Gott, die Quelle des Lebens für die Christ:innen. „Resilienz ist die innere Stärke von Menschen, mit Krisen, Konflikten, lebensverändernden plötzlichen Ereignissen – z. B. plötzliche Kündigung, schwere Erkrankung, Krebsdiagnose, Trennung, beruflicher Misserfolg oder das Scheitern von Beziehungen und Lebensplänen – umzugehen, sie als Herausforderungen anzusehen."[65]

Letztlich ist Resilienz auch die Fähigkeit, die Freude und die Lust am Leben nicht zu verlieren, trotz allem. Auf die Kraft des eigenen Inneren, auf die Freunde, auf das Netzwerk im Leben und auf Gott zu bauen und zu vertrauen, das sind Stärken. Es gilt, sich das Leben nicht vermiesen lassen, sondern diese Haltung einzunehmen: „Das Glas ist halbvoll, nicht halbleer." Auf die Perspektive kommt es an. Ohne Freude geht es im Leben nicht. Damit ist keine oberflächliche und ‚platte' Freude gemeint, sondern eine tiefe Lebensfreude, die aus dem Wissen um eine Quelle des Lebens resultiert, die sich getragen und damit nicht allein weiß, die den eigenen Wert kennt und somit eine Selbstachtung an den Tag legt, die schließlich auch von Hoffnung geprägt ist.

In der Reflexion einer Krisensituation sind dabei die sogenannten SMART-Prinzipien von großer Hilfe, die ursprünglich im Kontext von Entscheidungs- und Veränderungsprozessen in der Wirtschaft formuliert worden sind. In der Suche nach dem Umgang mit der Krise ist immer zu fragen:

Ist der nächste Schritt spezifisch und klar (= S)?
Ist der nächste Schritt machbar (=M)?
Ist er attraktiv, so dass er auch gegangen wird (=A)?
Ist dieser Schritt realistisch, also erreichbar (=R)?
Ist er schließlich terminiert, denn die Kunst liegt oft in den kleinen Schritten und den zeitlich begrenzten Vorsätzen (=T)?
War schon einmal die Rede in diesem Buch von der Beheimatung in der Bibel, so lässt sich auch in Bezug auf Verwundbarkeit und Resilienz sagen: Die Kraft liegt darin, nicht nur in der Bibel, nicht nur in Gott, sondern auch in sich selbst beheimatet zu sein.

Spiritualität und Heimat

Ein Begriff und eine Wirklichkeit, die klar zu sein scheint, doch oft Probleme bereitet, wenn es um das Konkrete geht, ist der Begriff der „Heimat". Oft und gerne wird er im rechtspopulistischen Gedankengut in Vergangenheit und Gegenwart benutzt und ist sicherlich auch missbraucht worden. Heimatfilme werfen ein eher kitschiges Bild auf diesen Begriff und führten dadurch zu seiner Abwertung.
Was ist Heimat? Der Ort der Geburt und der Kindheit, der Ort, wo Menschen gerade leben und sich „zuhause" wissen? Ist es vielleicht eher ein Gefühl als ein Ort? Ist Heimat dort, wo Menschen sich angenommen, getragen und geliebt wissen? Ist es die Antwort auf die Frage: „Wo kommst Du her?" Da fällt einem vielleicht nicht immer der Geburtsort ein. Ist Heimat also eher etwas, das mit Identität zu tun hat?
In der Pandemie ist vielen wieder bewusst geworden, was ihnen wichtig ist und was ihnen fehlt: Beziehungen, die tra-

gen und das Leben ausmachen, also die Heimat geben. Dazu gehört auch die Wiederentdeckung der Natur und der Schönheiten vor Ort an dem Ort, den man Heimat nennt. Vielen Menschen ist jedoch auch bewusst geworden, wie einsam sie sind, dass sie weder einen Ort noch Beziehungen haben, die sie Heimat nennen können. Die Migrationsbewegungen in den Kontinenten und zwischen den Kontinenten sind Zeugnisse verlorener Heimat, die Menschen sind zwangsentfremdet, geflohen. Die Heimaterde wurde verlassen, geblieben sind die Erinnerungen, die Heimat stiften, aber mehr und mehr verblassen. Die Sehnsucht nach einer neuen Heimat wächst. Manche finden sie, andere bleiben heimatlos, auf der Suche, entfremdet, egal, wo sie sind und leben.

Heimat ist ein schwieriger Begriff, der sehr unterschiedlich definiert wird. Ist Heimat vielleicht nur ein anderer Begriff für Geborgenheit, die eben nicht vom Ort abhängig ist, sondern von der Kraft von Beziehungen?

Heimat, so viel wird deutlich, hat mit Geborgenheit und Wohlfühlen zu tun, mit einem Ort oder Beziehungen, die genau dieses vermitteln und geben. Geborgenheit verspüren Menschen, wenn sie sich geschützt und getragen, angenommen und geliebt wissen. Heimat hat somit durchaus eine räumliche Dimension, sprengt diese aber auch zugleich. Heimatverbunden bedeutet sehr oft, sich mit dem Land, der Landschaft und dem Ort der Kindheit verbunden zu wissen. Doch ist das ein tragendes Gefühl, etwas, das Leben schenkt? Das sind doch wohl mehr die Bindungen und Beziehungen, die dazu beigetragen haben oder dazu beitragen, dass Menschen sich geborgen wissen. Diese Bindungen sind ortsunabhängig. Orte und Menschen zeichnen Heimat aus. Das kommt sehr schön im Gedicht „Die Heimat" des westfälischen Lyrikers Friedrich Emil Rittershaus (1834-1897) zum Ausdruck:

„Was ist die Heimat? Ist's die Scholle?
Drauf Deines Vaters Haus gebaut?
Ist's jener Ort, wo du die Sonne,
das Licht der Welt zuerst geschaut?

O Nein, O nein, das ist sie nimmer!
Nicht ist's die Heimat, heißgeliebt.
Du wirst nur da die Heimat finden,
wo's gleichgestimmte Herzen gibt.

Die Heimat ist, wo man dich gerne
erscheinen, ungern wandern sieht.
Sie ist's, ob auch in weiter Ferne
die Mutter sang dein Wiegenlied."[66]

Im Hebräerbrief trifft der Autor im Zusammenhang mit dem Vertrauen im Glauben einige interessante Aussagen zum Thema Heimat. Zunächst zählt er verschiedene Gestalten des Alten Testaments auf, die sich aufgrund des Auftrags Gottes auf den Weg gemacht, ihre Heimat verlassen und eine neue Heimat gesucht haben: Noach, Abraham, Isaak und Jakob, Sara. „Im Glauben sind diese alle gestorben und haben die Verheißungen nicht erlangt, sondern sie nur von fern geschaut und gegrüßt und sie haben bekannt, dass sie Fremde und Gäste auf Erden sind. Und die, die solches sagen, geben zu erkennen, dass sie eine Heimat suchen. Hätten sie dabei an die Heimat gedacht, aus der sie weggezogen waren, so wäre ihnen Zeit geblieben zurückzukehren; nun aber streben sie nach einer besseren Heimat, nämlich der himmlischen. Darum schämt sich Gott ihrer nicht, er schämt sich nicht, ihr Gott genannt zu werden; denn er hat ihnen eine Stadt bereitet" (Hebr 11,13-16). Fremde und Gäste auf Erden sein, auf der Suche nach einer Heimat, auf der Suche nach einer besseren Heimat, der himmlischen, auf der Suche nach dem Gott, der eine Heimat bereitet, denen, die ihm glauben – das zeichnet viele der Gestalten aus, die hier im Hebräerbrief genannt werden. Zugleich haben sie ihr Ziel oft nicht erreicht, zumindest nicht auf Erden. Sie blieben Fremde und Gäste auf Erden. Doch die eigentliche und wahre Heimat liegt im Himmel bei Gott.

Jesus sagt von sich, er sei heimatlos: „Die Füchse haben Höhlen und die Vögel des Himmels Nester; der Menschensohn aber hat keinen Ort, wo er sein Haupt hinlegen kann" (Mt 8,20). Bedeutet nicht letztlich auch Menschsein, dass der Mensch immer ein Fremder und Heimatloser bleibt? Für eine Weile getragen, doch im Tiefsten allein? Oder kann in der Tat nur Gott die wahre Heimat schenken, die tiefe Annahme und das Geborgensein in einer bedingungslosen Liebe zum Menschen? Ist das Leben hier auf der Erde nur ein Zwischenschritt? Ist der Himmel das wahre Ziel und die eigentliche Heimat?

Die Gedanken zum Weg und zum Pilgersein als einem Motiv menschlichen Lebens im nächsten Kapitel greifen diesen Gedanken noch einmal auf.

Geistliche Freundschaft

„Das ist mein Gebot, dass ihr einander liebt, so wie ich euch geliebt habe. Es gibt keine größere Liebe, als wenn einer sein Leben für seine Freunde hingibt. Ihr seid meine Freunde, wenn ihr tut, was ich euch auftrage. Ich nenne euch nicht mehr Knechte; denn der Knecht weiß nicht, was sein Herr tut. Vielmehr habe ich euch Freunde genannt; denn ich habe euch alles mitgeteilt, was ich von meinem Vater gehört habe" (Joh 15,12f.). Dieser Text aus dem Johannesevangelium ist die Grundlage für viele Umschreibungen in der Geschichte der christlichen Spiritualität zum Thema „Geistliche Freundschaft". Jesus nennt die, die ihm nachfolgen, Freunde. Und er gibt sein Leben für seine Freunde, die er erwählt hat. Es gibt keine größere Liebe, als wenn einer sein Leben für seine Freunde hingibt. Starke Worte, herausfordernde Worte – Worte der Liebe!

Geistliche Freundschaft ist etwas anderes als geistliche Begleitung. Geistliche Freundschaft ist eine Verbundenheit und eine Beziehungsgestaltung, die über eine Begleitung hinausgeht. Sie ist zeitlich nicht begrenzt, sie hat keinen bestimmten Suchprozess oder ein Ziel vor Augen, vielmehr ist sie ein Geschehen zwischen zwei Menschen, die sich im Geist und im Glauben verbunden wissen und diese Beziehung miteinander in gegenseitiger Achtung, im Respekt und mit Liebe gestalten.

Freundschaft ist ein wichtiges Gut im Leben des Menschen. Wer ohne Freunde oder Freundinnen durchs Leben gehen muss, dem fehlt vieles. Freund:innen können Heimat schenken. Freund:innen helfen in schwierigen Situationen und machen deutlich, dass der Mensch nicht allein ist. Freund:innen haben bedeutet, auf Menschen bauen und ihnen trauen zu können. Sie geben Momente von Vertrauen, Verlässlichkeit, Gemeinschaft und Geborgenheit. Insofern sind sie aus dem Leben nicht wegzudenken. Was macht ein Mensch, wenn er keine Freund:innen hat? Der Mensch wird am Du zum Ich, so war es bei Buber zu lesen. Das bedeutet auch, ein Risiko einzugehen, denn Freundschaften können enttäuscht werden, Freundschaften stehen immer wieder auf dem Prüfstand, Freundschaften müssen manchmal einiges aushalten können – und sie können zerbrechen. Es gibt also sowohl das Moment der Abhängigkeit als auch der Unabhängigkeit in Freundschaften. Wie in Partnerschaften, so ist es auch in Freundschaften wichtig, das gesunde Mittelmaß zwischen beidem zu finden, sodass das Ende einer Freundschaft nicht das Ende allen Vertrauens in andere Menschen und den Rückzug in eine selbstgewählte Einsamkeit bedeuten. Menschsein bedeutet, in einem gewissen Maße von Beziehungen abhängig zu sein, die zum Leben und zu einem gelingenden Leben dazugehören.

Ein Blick auf die Tradition zeigt: Es gibt keinen besseren Weg zu Gott, als den der Beziehung, mehr noch den der Freundschaft. Der Bischof und Kirchenvater Augustinus von Hippo (354-430) schreibt dazu: „Miteinander reden und lachen, sich gegenseitig gewogen sein, gemeinsam gute Bücher lesen, einander mit spielerischem Humor und mit Respekt beggenen, so ab und zu unterschiedlicher Meinung sein, jedoch ohne Hass, so wie einer ja auch mit sich selbst uneins sein kann, und mit den seltenen Uneinigkeiten die reichlichen Übereinstimmungen würzen, sich gegenseitig unterweisen und voneinander etwas lernen, die abwesenden Freunde betrübt vermissen und die wiederkehrenden freudig empfangen, - durch solche und ähnliche Zeichen, wie sie von liebenden und wiederliebenden Herzen mit Küssen, Worten, Blicken und tausend freundschaftlichen Gebärden ausgedrückt werden, die Seelen wie mit Zündstoff zusammenschmelzen und mehrere Menschen zur Einheit zusammenbringen. Eben dies schätzt man an Freunden, und man schätz es so sehr, dass man Gewissensbisse bekäme, würde man nicht Liebe mit Gegenliebe und Gegenliebe mit Liebe vergelten, und man verlangt von der Person des Freundes nichts außer solchen Beweisen des Wohlwollens. Daher diese Trauer, wenn einer stirbt, diese kummervolle Finsternis und das weinende Herz, wenn seine Wonne in Bitterkeit verkehrt ist, und wegen dem verlorenen Leben der Sterbenden kommt es zum Streben der Lebenden. Glücklich ist derjenige, der Dich liebt, in Dir seinen Freund und um Deinetwillen auch den Feind! Er allein verliert keinen, der ihm lieb ist, da er alle in dem Einen liebt, der nie verloren gehen kann."[67]

Gottesliebe wird hier nicht gegen Menschenliebe ausgespielt, ganz im Gegenteil: Beide sind auf sehr intime Weise miteinander verknüpft. Freundschaft und Liebe sind Gottesgeschenke, so drückt es Theresa von Avila aus. Oder Madeleine Delbrel sagt: „Man läutet? Schnell, aufgetan. Gott ist es, der uns lieben kommt."[68]

Die Frage nach dem, was trägt, beantwortet Augustinus gleich doppelt: Gibt es etwas, was über die Beziehungen zu lieben Menschen das Leben trägt, über den Tod hinaus, über das Zerbrechen menschlicher Beziehungen hinaus? Ja, das ist Gott, der tragende Grund und die Liebe, die sich in der menschlichen Liebe finden lässt. Für Augustinus sind Freunde die wesentliche Voraussetzung dafür, dass Menschen glücklich sein können.

Aelred von Rivaulx drückt es wunderschön im Gespräch mit seinem Freund Ivo im 12. Jahrhundert aus: „Hier sind wir nun, Ich und Du, und ich hoffe, als Dritter ist Christus unter uns. Es gibt nichts, was uns stört, niemanden, der unser freundschaftliches Gespräch unterbricht. Sprich, mein Freund, öffne dein Herz, träufle den Ohren des Freundes ein, was immer du sagen möchtest."[69]

In der christlichen Spiritualität gibt es viele Beispiele geistlicher Freundschaft. Genannt seien die Beziehungen zwischen Aelread von Rivaulx (1110-1167) und einem Mönch in seiner Abtei, Franz von Sales und Johanna Franziska von Chantal (1572-1652), in jüngerer Zeit Hans Urs von Balthasar (1905-1988) und Adrienne von Speyr (1902-1967), um nur einige zu nennen. All diese Freundschaften sind getragen von der jeweiligen Freundschaft mit Christus, wobei manche erotischen Momente natürlich nicht auszuschließen sind und die Trennung von irdisch und himmlisch manchmal gekünstelt klingt, die Grenzen durchaus fließend zu sein scheinen. Wie trennt man das eine vom anderen? Die große Sehnsucht jedes Menschen nach dem Du! Dennoch: Geistliche Freundschaft ist eine Form der Beziehungsgestaltung zwischen Menschen, basierend auf Freiheit, Respekt und Liebe, fernab jeder Exklusivität und Abgrenzung. So ermutigt Papst Johannes Paul in einer Predigt am 17. November 1980 anwesende Priester und Seminaristen in Fulda mit den folgenden Worten: „... ich weiß, dass Stunden der Bedrängnis, der Erschöpfung und der Ratlosigkeit, der Überforderung und der Enttäuschung ... zum heutigen Leben der Priester gehören ... Welche Arznei kann ich euch in dieser Lage anbieten? Nicht äußere Vermehrung von Aktivitäten, nicht krampfhafte Anstrengung, sondern eine tiefere Einkehr in die Mitte eurer Berufung, eben zu jener Freundschaft mit Christus und zur Freundschaft miteinander. Durch sie will Christus selber als der Freund aller in eurer Mitte und in der Mitte eurer Gemeinden sichtbar werden."[70]

EINLADUNG ZUR REFLEXION UND ÜBUNG

„Wie mich der Vater geliebt hat, so habe auch ich euch geliebt. Bleibt in meiner Liebe! Wenn ihr meine Gebote haltet, werdet ihr in meiner Liebe bleiben, so wie ich die Gebote meines Vaters gehalten habe und in seiner Liebe bleibe. Dies habe ich euch gesagt, damit meine Freude in euch ist und damit eure Freude vollkommen wird. Das ist mein Gebot, dass ihr einander liebt, so wie ich euch geliebt habe. Es gibt keine größere Liebe, als wenn einer sein Leben für seine Freunde hingibt. Ihr seid meine Freunde, wenn ihr tut, was ich euch auftrage. Ich nenne euch nicht mehr Knechte; denn der Knecht weiß nicht, was sein Herr tut. Vielmehr habe ich euch Freunde genannt; denn ich habe euch alles mitgeteilt, was ich von meinem Vater gehört habe. Nicht ihr habt mich erwählt, sondern ich habe euch erwählt und dazu bestimmt, dass ihr euch aufmacht und Frucht bringt und dass eure Frucht bleibt. Dann wird euch der Vater alles geben, um was ihr ihn in meinem Namen bittet. Dies trage ich euch auf, dass ihr einander liebt" (Joh 15,9-17).

Fragen

1. Welche Beziehungen waren und sind mir in meinem Leben wichtig, welche möchte ich nicht missen? Wie gestalte ich sie?
2. In welchen Gemeinschaften lebe ich? Wie verbindlich sind diese? Und die Kirche?
3. Wie nutze ich die digitalen Medien? Bin ich von ihnen abhängig? Bereichern sie mein Leben?
4. Wo bin ich schon einmal tief verletzt worden? Wie gehe ich damit um?
5. Was ist Heimat für mich? Wo und wie erlebe ich sie?
6. Lebe ich mit den Verheißungen und Zusagen vom Reich Gottes und der Heimat nach dem Tod bei Gott, oder ist das alles weit weg?

Übungen

Ich lade einen Freund oder eine Freundin ein, mit mir über meinen und ihren/seinen Glauben zu sprechen. Was glaube ich, wo habe ich meine Zweifel, was hilft mir, was sind meine momentanen Fragen?

Zu jeder dieser Fragen erzählt zuerst die eine Person 15 Minuten, die andere hört zu und dann umgekehrt.

Gemeinsam ziehen wir ein Fazit: Wie war es? Sollen wir es wiederholen? Gibt es Kraft und Zuversicht?

VI. Umkehr und Alltag

Fragen
Ist Umkehr wichtig? Was bedeutet das im geistlichen Leben? Was bedeuten Veränderung und Verwandlung in der christlichen Spiritualität? Kann und darf ich als Christ scheitern? Gehen Macht und Spiritualität zusammen? Wie kann ich im Alltag und im Beruf meine Spiritualität leben, geht das überhaupt?

EINBLICK UND GESCHICHTE

Veränderung ist heute in aller Munde. Sie steht aufgrund mancher gesellschaftlichen Bedingungen im Mittelpunkt der Lebensbewältigung von einzelnen und Organisationen. Die Anforderungen, bedingt u.a. durch die Globalisierung, die Digitalisierung und Virtualisierung, werden immer größer. Privat wie beruflich sind kontinuierliche Veränderung und Anpassung gefragt. Auch die Kirchen nehmen Veränderungen wahr. Vor allem die zunächst schleichende, nun aber sehr offensichtliche Abkehr vieler Menschen erfordern Analysen und vor allem Reaktionen. Die drängende und kaum zu beantwortende Frage lautet: Wohin geht die Kirche? Ob die Umstrukturierungen und Zusammenlegungen von Pfarreien das Allheilmittel sind, das sei an dieser Stelle stark bezweifelt. Es scheint nicht zu helfen, eher werden Menschen in den neuen Strukturen noch mehr voneinander entfremdet und die Seelsorger, wenn man bei den alten Seelsorge- und Leitungskonzepten von Kirche bleibt, wie es Rom vorsieht, zu überfordern. Bleibt es bei den Strukturveränderungen, oder wird es auch eine Veränderung von innen geben, die dann nicht nur Veränderung, sondern auch Verwandlung bedeutet? Diese Verwandlung würde dann bedeuten, dass die Kirche wieder zu dem kommt, was sie prägt und ausmacht. Und das sind nicht die vielen Kämpfe um Macht und die Angst vor Machtverlust, das sind nicht die Strukturen und Finanzen, sondern das ist die Nähe zu den Menschen und Gläubigen. Man könnte in Bezug auf die Kirchen auch das Wort von Franziskus von Assisi zum Ende seines Lebens als Überschrift nehmen: „Fangen wir an, Brüder, Gott unserem Herrn zu dienen, denn bisher haben wir kaum Fortschritte gemacht."[71] Dieser Beginn hat viel mit einer Umkehr und mit Hinkehr zu Gott zu tun.

„Christliche Spiritualität ist die fortwährende Umformung eines Menschen...", so lautet der erste Satz der vorgestellten Spiritualitätsdefinition. Christ:innen haben per se mit Umformung, mit Veränderung und Wandlung zu tun. Ist das den einzelnen, den Ordensgemeinschaften, den Pfarreien, den Kirchen wirklich bewusst? Die Christen:innen sind also quasi per se Experten der Veränderung, des Wandels und der Verwandlung. Ein hoher Anspruch! Spirituelle Prozesse sind oft Veränderungs- und Wandlungsprozesse – in Bezug auf die Formen und die Person. Das Leben des Menschen und damit das geistliche Leben, ist dynamisch, prozesshaft, es wird fortwährend umgeformt – und damit verändert. Stillstand und Aufbruch, Rückstand und Fortschritt, Anfang und

Ende, Beginn und Vervollkommnung wechseln sich ab. In der Tradition spricht man von dem dreifachen Weg des Wandels: Abkehr vom falschen Weg, Umkehr zu Gott und Hinkehr zu sich selbst, zum anderen, zum wahren Leben, zu Jesus Christus. Abkehr, Umkehr und Hinkehr – das sind die drei Dimensionen des Wandels und damit der gelebten Spiritualität. Der Wille, es besser machen zu wollen und Christus immer gleichförmiger zu werden, ist der Motor dieser Bewegung. Stillstand ist nicht nur Rückschritt, Stillstand ist Verneinung der Berufung des Menschen: Hingezogen zu Gott und in einer konsequenten und fortwährenden Antwort auf den Anruf Gottes zu leben, der den Menschen zu sich ziehen will. Gott formt den Menschen, so wie es im Alten Testament beschrieben ist. Er schafft und formt ihn, geht ihn immer wieder an, spricht ihn an und berührt ihn, will von ihm eine Antwort, eine Lebensantwort. Und er formt ihn nach seinem Ebenbild in Freiheit und mit der Freiheit, sich von Gott abzuwenden, sich gegen ihn zu entscheiden. „Der Prozess unserer Erschaffung ist noch nicht zu Ende. Gott formt und baut noch an uns. Unser ganzes Leben mit seinem Auf und Ab ist ein Reifen und Werden, ein ‚Umformungsprozess' auf das Ziel hin, wie Johannes vom Kreuz sagt. […] Wir sind auf Erden, um so lieben zu lernen, wie Gott liebt, so frei und heil zu werden, wie Gott frei und heilig ist, so zuwendungsfähig für jeden anderen, wie Gott sich zuwendet zu jedem Du. Sich diesem ‚Umformungsprozess' bewusst aussetzen, das ist geistliches Leben. Nicht eine besondere Mentalität, eine ‚meditative Veranlagung' oder besondere äußere Lebensbedingungen sind demnach für ein geistliches Leben nötig, sondern zu allererst Ehrlichkeit gegenüber sich selbst (die Alten nannten das ‚Demut') und die Einsicht, dass es gut ist, ständig umdenken, sich hinterfragen und ändern zu müssen (‚Selbstverleugnung', ‚Absterben', ‚Loslösung' sagte man dazu)."[72] So alltäglich ist diese Umformung – immer wieder.

Umkehr ist ein Wort, das aus den Religionen nicht wegzudenken ist. Schon im Alten Testament ist der Mensch ein Mensch, der umkehrt. Er wendet sich wieder und wieder zu Gott, meistens aus der Erkenntnis heraus, sich zuvor von Gott entfernt zu haben. Buße, ein ziemlich unmodernes Wort, ist die Konsequenz. Von der Wortbedeutung hat es etwas mit ‚besser' zu tun, also etwas besser machen oder sich zum Besseren bekehren, was in sich gar nicht so unmodern ist und sein muss. Im Alten Testament gibt es viele Gestalten der Umkehr, manchmal kehrt sogar das ganze Volk um und bekennt sich zu Gott, wie beim Propheten Jona: „Und die Leute von Ninive glaubten Gott. Sie riefen ein Fasten aus und alle, Groß und Klein, zogen Bußgewänder an. Als die Nachricht davon den König von Ninive erreichte, stand er von seinem Thron auf, legte seinen Königsmantel ab, hüllte sich in ein Bußgewand und setzte sich in die Asche. Er ließ in Ninive ausrufen: Befehl des Königs und seiner Großen: Alle Menschen und Tiere, Rinder, Schafe und Ziegen, sollen nichts essen, nicht weiden und kein Wasser trinken. Sie sollen sich in Bußgewänder hüllen, Menschen und Tiere. Sie sollen mit aller Kraft zu Gott rufen und jeder soll umkehren von seinem bösen Weg und von der Gewalt, die an seinen Händen klebt. Wer weiß, vielleicht kehrt er um und es reut Gott und er lässt ab von seinem glühenden Zorn, sodass wir

nicht zugrunde gehen." (Jona 3,5-9). Getragen von der Erkenntnis, etwas falsch gemacht zu haben, sich von Gott abgewandt zu haben, wird ein Fasten ausgerufen, man hüllt sich in Bußgewänder und ruft zu Gott – das ganze Volk und der König. Wie hier bei Jona ist die Umkehr im Alten Testament oft mit Fasten und Beten verbunden, mit dem Bestreuen des Hauptes mit Asche, also mit Riten, die die innere Bekehrung und das Schuldbewusstsein äußerlich bezeugen. Umkehr ist oft auch begleitet vom Gefühl der Scham über die eigene Schuld, von der Reue („Es reut mich"), dem Aufbruch und der Kursänderung im Leben. Das ist nicht immer leicht und kann sehr mühsam sein – und doch: Wer seine Fehler sieht und sich seine Schuld eingesteht, der kann auch wieder aufstehen, umkehren und neue Wege gehen, sich zu Gott und zum anderen aufmachen: „Auf, lasst uns zum HERRN zurückkehren! Denn er hat gerissen, er wird uns auch heilen; er hat verwundet, er wird uns auch verbinden. Nach zwei Tagen gibt er uns das Leben zurück, am dritten Tag richtet er uns wieder auf und wir leben vor seinem Angesicht. Lasst uns ihn erkennen, ja lasst uns nach der Erkenntnis des HERRN jagen!" (Hos 6,1-3).
Selbst den Gott des Alten Testaments reut es manchmal. Immer wieder kehrt sich das Volk von Gott ab, traut ihm nicht mehr und verehrt andere Götter. Dafür straft Gott das Volk, doch manchmal nimmt er auch wieder Abstand von seinen Strafen. Es ist ein sehr menschliches Bild, das hier von Gott gezeichnet wird: Gott, der Strafende und Bereuende, ein Gott, der umkehrt? Es scheint dem Bild des liebenden Gottes nicht zu entsprechen – dem gerechten Gott schon? Das Gottesbild im Alten Testament hat viele Facetten. Vieles

ist Deutung im Nachhinein. Es wird dann grausam und unverständlich, wenn Gott als der Richtende und Strafende in Zusammenhängen dargestellt wird, die sich nicht erklären lassen und die Menschen fassungslos machen, wie z.B. der Holocaust. Manche jüdischen Theologen interpretierten diesen gar als eine Strafe Gottes für das Volk, das sich von ihm abgewandt und sich allzu sehr der Gesellschaft und dem Christentum angepasst hat. Das ist nur schwer bis gar nicht nachvollziehbar – und wird sicherlich den Opfern nicht gerecht. Abgesehen davon, dass auch die Nazis keine Werkzeuge Gottes waren. Doch auch im Christentum lässt sich immer wieder bei manchen Menschen feststellen, dass widerfahrenes Leid mit einer Strafe Gottes begründet wird. Warum sollte Gott das tun? Wer ist dieser Gott? Letztlich muss ein jeder und jede darauf ihre Antworten finden, dennoch ist Gott ein Gott der Lebenden und ein Gott, der das Leben will, nicht das Leid und nicht den Tod. Nur der Leidende selbst kann erkennen und bekennen, dass ein Leid eine Strafe sein kann und zur Umkehr führen will.

Zurück zur Buße: Johannes der Täufer ist der Inbegriff eines Bußpredigers im Neuen Testament. Er fordert die Menschen dazu auf, angesichts des Nahens des Gottessohnes das eigene Verhalten zu überprüfen und umzukehren, um im Gericht Gottes bestehen zu können. „Ich bin die Stimme eines Rufers in der Wüste: Ebnet den Weg für den Herrn!" (Joh 1, 23). Jesu Botschaft ist eine Botschaft der Umkehr, wie er es gleich zu Beginn des Markusevangeliums deutlich formuliert: „Die Zeit ist erfüllt, das Reich Gottes ist nahe. Kehrt um und glaubt an das Evangelium!" (Mk 1,15). Seine Worte über die

Nachfolge machen deutlich, dass diese Umkehr nicht unbedingt leicht ist. Gleichzeitig wird er aber nicht müde zu betonen, dass Gott sich über jeden, der umkehrt, freut. Die Erzählung vom verlorenen Sohn berichtet davon, wenn am Ende der Vater mit dem älteren Sohn über dessen Ärger diskutiert: „Mein Kind, du bist immer bei mir und alles, was mein ist, ist auch dein. Aber man muss doch ein Fest feiern und sich freuen; denn dieser, dein Bruder, war tot und lebt wieder; er war verloren und ist wiedergefunden worden" (Lk 15,31f.).
In der Tradition werden Buße und Umkehr immer wieder aufgegriffen.

Der amerikanische Trappist Thomas Merton (1915-1968) spricht in seinen autobiographischen Notizen über Umkehr und Veränderung, für ihn zusammengefasst in dem Wort „Bekehrung". Diese ist für Merton eine fortwährende Bekehrung, entsprechend der Definition von Spiritualität als eine fortwährende Umformung. Umformung ist immer verbunden mit Umkehr und Bekehrung. Thomas Merton schreibt dazu: „Meine Bekehrung geht immer weiter. Bekehrung erstreckt sich über das ganze Leben. Sie führt über Berge und Täler, aber normalerweise geht es langsam bergauf in dem Sinn, dass jedes neue Tal höher ist als das frühere."[73] Sein Leben war ein Leben in ständiger Bekehrung und führte ihn über Berge und Täler, immer weiter zu dem, der er sein sollte. In Frankreich, den USA und London aufgewachsen, studierte er zunächst Journalistik, um sich dann nach einigen einschneidenden Lebensereignissen als getaufter Protestant dem Katholizismus zuzuwenden, obgleich er sich eigentlich lange Jahre als Atheisten begriff. Er trat 1941 in den Orden der Trappisten ein und wurde mit den Jahren ein berühmter Buchautor. Im Orden selbst war er jahrelang für die Ausbildung zuständig. In seinen Forschungen widmete er sich eine Zeitlang dem Buddhismus und dem Zen, bevor er sich dann mehr und mehr mit politischen Fragen auseinandersetzte: der zunehmenden Aufrüstung, dem kalten Krieg, der atomaren Bedrohung und dem Vietnamkrieg. Kontemplation verstand er zunehmend nicht als Rückzug von der Welt, sondern als Einmischung und Wahrnehmung sowie Bewusstmachung der Verhältnisse. „Sich für die Welt entscheiden bedeutet in erster Linie, eine Aufgabe und eine Berufung in der Welt, in der Geschichte und in der Zeit zu übernehmen. [...] Es ist mir klar geworden, dass eine bloße Ablehnung der Welt und Verachtung für die Welt in Wirklichkeit keine Entscheidung ist, sondern das Ausweichen vor einer Entscheidung. Der Mensch, der sich einbildet, Auschwitz und Vietnam den Rücken kehren zu können, und so tut, als ob es diese nicht gäbe, macht sich einfach der Angeberei schuldig."[74] Für Thomas Merton wurde Kontemplation nicht zur Flucht, sondern zur Entscheidung für die Welt: Abkehr, Umkehr und Hinkehr! Auch als kontemplativ lebender Mensch ist es wichtig, die Stimme zu erheben, wo es notwendig ist. Thomas Merton tat es und hat somit in seinem Leben die wichtigen Dimensionen der Spiritualität in seiner Weise vereint: Suche und Sehnsucht, Umkehr und Bekehrung, Stille und Gemeinschaft, Gebet und Kontemplation, Mystik und Politik.

1966 zog er sich als Einsiedler zurück, schrieb weiter, hielt Vorträge – und starb an einem Stromschlag plötzlich und unerwartet 1968 in Bangkok, nachdem er kurz zuvor noch mit dem Dalai Lama gesprochen hatte. Er ist nur ein Beispiel von vielen, die auf das eigene Leben verweisen: eine Geschichte der Umkehr und Hinkehr, eine Geschichte der Veränderung und des Wandels. Das ist herausfordernd, macht das Leben aber spannend. Dazu gehören ebenso die Momente, die es schwer machen: das Akzeptieren von Grenzen und die Erfahrung des Scheiterns. Diese gehören zum Alltag, und damit auch zur Spiritualität.

Grenzen erfahren und eine Spiritualität des Scheiterns leben

Die Geschichte Gottes mit seinem Volk scheint eine Geschichte des Scheiterns zu sein. Schon in der ersten Erzählung der Bibel im Buch Genesis geht es um das Scheitern: Adam und Eva werden aus dem Paradies vertrieben. Sie haben Gott enttäuscht, der ihnen die Augen öffnet und sie wegschickt. Von Beginn an scheint die Geschichte Gottes mit den Menschen unter einem schlechten Stern zu stehen. Und so geht es weiter: Kain erschlägt seinen Bruder Abel, die Sintflut zerstört die Welt. Immer wieder beauftragt Gott Propheten, dem Volk die Augen zu öffnen, klare Worte zu reden und sie in seinem Auftrag zur Umkehr zu bewegen. Oft lässt sich das Volk darauf ein, manchmal aber auch nicht. Und von neuem läuft Gott seinem auserwählten Volk hinterher, das sich wieder einmal von ihm abgewandt hat. Es ist ein Auf und Ab, ein Werben und Mahnen, ein Drohen und Bestrafen von Seiten Gottes. Nennt man das eine geglückte Beziehung? Der markante Satz im Buch Genesis zu Beginn des Alten Testaments scheint programmatisch für diese Beziehung zu stehen: „Da reute es den HERRN, auf der Erde den Menschen gemacht zu haben, und es tat seinem Herzen weh" (Gen 6,6). Kann man insofern sagen, dass Gott auch ein Gott des Scheiterns ist, zumindest phasenweise und auf eine Zeit begrenzt?

Auch Jesus, der Menschen- und Gottessohn, scheint gescheitert zu sein. Mit der Geburt fängt schon alles an: klein, im Stall, unterwegs, im Abseits. Josef kann zuvor nicht begreifen, wie Maria schwanger werden konnte. Auch Maria kann es kaum fassen. Sie müssen fliehen. Kinder werden im Zuge der Suche nach dem Kind umgebracht. Er, der Auserwählte, sammelt später Menschen um sich, die er zu Jüngern macht. Sie gehen mit ihm seinen Weg und verstehen ihn nicht, wenden sich am Kreuz von ihm ab. Dort sind nur Johannes und die Frauen zu finden. Davor verrät ihn Judas für dreißig Silberlinge, anschließend verleugnet Petrus, einer seiner engsten Vertrauten, ihn dreimal (Vgl. Mk 14,66-72). Petrus erkennt zwar seine Schuld, aber der Verrat und die Verleugnung sind geschehen. Auch viele der Menschen, die ihn hören und erleben, glauben ihm nicht. Seine Botschaft kommt bei ihnen nicht an: wieder nur einer dieser vielen Scharlatane und falschen Propheten. Jesu Lebensweg endet am Kreuz, erbärmlich wie ein Verbrecher. Am Kreuz scheitert auch die Botschaft Gottes. Der Leichnam wird vom Kreuz genommen und ins Grab gelegt.

Es dauert etwas, bis die Jünger begreifen, dass vielleicht doch nicht alles aus ist, dass vielleicht doch nicht der Tod das letzte Wort hatte und ihre Hoffnung ans Kreuz genagelt wurde und gestorben war. Sie bezeugen einander ihre Erlebnisse. Aber sie trauen dem Ganzen nicht so recht. Die Gestalt des

Thomas, der nur dann glaubt, wenn er die Wunden berühren darf, spricht Bände. Doch die Botschaft lebt weiter, bis heute. Sie gibt Menschen immer noch Hoffnung und Trost, Zuversicht und Glauben. Das Kreuz, das Symbol des Scheiterns, ist zum Symbol der Auferstehung und Hoffnung geworden: Der Tod ist besiegt.

Die Liturgie der Kartage greift diese Symbolik eindrucksvoll auf: Nach dem Feiern des Abendmahls, nach der Bitte Jesu, der Kelch möge vorübergehen und dem Verrat des Judas erfolgen Verhör, Passion und Tod. Dann ist erst einmal nichts: Grabesstille am Karsamstag. Die Osternacht kommt erst danach. Es kann also keine Feier von Ostern ohne die Grabesstille und den Karfreitag geben. Diese drei gehören unweigerlich zusammen.
Und so ist es wohl auch im Leben. Das Scheitern von Hoffnungen und Wünschen, von Träumen und Visionen begleitet das Menschsein von der Geburt bis zum Tod. Krankheiten oder Ereignisse machen einen Strich durch Rechnungen. Beziehungen scheitern immer wieder aus verschiedenen Gründen. Situationen und Erlebnisse führen dazu, dass Menschen sich gescheitert fühlen, an ihre Grenzen stoßen oder zum Aufgeben gezwungen werden. Menschen erleben, dass sie immer wieder unterliegen, anderen, den eigenen Erwartungen und Wünschen gegenüber. Gott verschwindet auf einmal, der Glaube vertrocknet und ist keine Lebenshilfe mehr – so viele Momente im Leben sind mit Scheitern verbunden. Leben gelingt in vielen Momenten und in manchen Momenten scheitert es. Das tut weh, ist aber auch unvermeidbar.

Davor die Augen zu verschließen oder davonlaufen zu wollen, hilft nichts, eher im Gegenteil. Niederlagen und Scheitern eingestehen und zugeben können, das sind die ersten Schritte zu einem gelingenden Leben. Trauerarbeit und Abschiedsarbeit, auch von den möglichen Wunschbildern in Bezug auf sich selbst, tut Not und ist lebenswichtig. Durch die Schwächen und die Niederlagen hindurch kann so Neues, Unglaubliches und Schönes entstehen, ungeahnt und unverhofft, wie schon Paulus sagt: „... denn wenn ich schwach bin, dann bin ich stark" (2 Kor 12,10). Scheitern können ist somit eine Aufgabe des Lebens und des Alltags, denn das ‚Scheitern-Müssen' gehört dazu. Wenn man gescheitert ist, dann gilt es drei Dinge wahrzunehmen:

- das Scheitern realistisch betrachten, es annehmen und hinnehmen, was nicht zu ändern ist

- im Scheitern einen Sinn erahnen, auch wenn man ihn noch nicht versteht; das Scheitern bewusst akzeptieren mit der Offenheit für einen Sinn in einer noch nicht verstandenen Dimension

- das eigene Schicksal mit dem Schicksal Jesu verbinden; sich auch im Scheitern von ihm als getragen erfahren; hoffen, dass sich in der Rückschau das Scheitern als von Gott getragen erweist

Der Theologe Karl Rahner (1904-1984) fasst das ‚Scheitern-Müssen' in ein tief berührendes Gebet: „Die eigentlichen heiligen Stunden sind die Stunden, in denen die Not des Leibes und der Seele sich erdrückend auf mich legt; die Stunden, da Gott mir den Kelch des Leidens reicht; die Stunden, in denen ich weine über meine Sünden, die Stunden, in denen ich zu deinem Vater, o Jesus, rufe, scheinbar ohne Erhörung zu finden; die Stunden, da der Glaube zur qualvollen Not wird, die Hoffnung sich in Verzweiflung zu wandeln, die Liebe im Herzen tot zu sein scheint. Das sind die eigentlichen ‚heiligen Stunden' meines Lebens. […] Gib mir in solchen Stunden die Gnade zu beten, selbst wenn der Himmel bleiern und verschlossen zu sein scheint, selbst wenn das tödliche Schweigen Gottes mich begräbt, selbst wenn alle Sterne meines Lebens erloschen, selbst wenn Glaube und Liebe in meinem Herzen tot zu sein scheinen, selbst wenn der Mund Gebetsworte stammelt, die dem zermalmten Herzen wie Lügen klingen. Dann bete durch deine Gnade noch in mir die kalte Verzweiflung, die mein Herz töten will, ein Bekenntnis zu deiner Liebe: dann sei die vernichtende Ohnmacht einer Seele in Todesangst, einer Seele, die nichts mehr hat, woran sie sich klammern könnte, noch ein Schrei empor zu deinem Vater. Dann sei – es sei dir jetzt schon gesagt, wo ich vor dir knie – alles versenkt in deine Todesangst am Ölberg und von ihr umschlossen. Erbarme dich unser, o Jesus, wenn der Engel unsers Lebens uns, wie dir, den Kelch reicht."[75]

Die spirituelle Grundtugend der Demut

„Seid untereinander so gesinnt, wie es dem Leben in Christus Jesus entspricht: Er war Gott gleich, hielt aber nicht daran fest, Gott gleich zu sein, sondern er entäußerte sich und wurde wie ein Sklave und den Menschen gleich. Sein Leben war das eines Menschen; er erniedrigte sich und war gehorsam bis zum Tod, bis zum Tod am Kreuz. Darum hat ihn Gott über alle erhöht und ihm den Namen verliehen, der größer ist als alle Namen, damit alle im Himmel, auf der Erde und unter der Erde ihr Knie beugen vor dem Namen Jesu und jeder Mund bekennt: Jesus Christus ist der Herr zur Ehre Gottes, des Vaters." (Phil 2,5-11)

Diese Worte aus dem Philipperbrief kann man auf unterschiedliche Art und Weise lesen: politisch, zeitgeschichtlich oder auch theologisch im Sinne einer knienden Theologie. Es ist vor allem aber ein Text, der sehr klar umschreibt, worum es in der Nachfolge Jesu geht:

- Gesinnt sein wie Jesus Christus: Er ist Maßstab und Korrektiv.

- Entäußerung und Menschwerdung: Menschwerdung hat etwas damit zu tun, sich abhängig zu wissen.

- Gehorsam sein: Nachfolge bedeutet, vor Gott und seiner Größe die Knie zu beugen und ihn zu bekennen.

Letzten Endes geht es in allem um die Demut. Das ist ein altmodischer Begriff, der allerdings im Moment, auch in modernen Leitungs- und Leadership-Theorien, eine große Renaissance erfährt. Entgegen vielen Assoziationen hat Demut nichts mit einem negativen ‚Sich-Verdemütigen' zu tun. Es geht auch nicht darum, sich klein und unbedeutend zu machen. Demut ist ein Beziehungsbegriff, eine Tugend, von der schon der Patriarch von Konstantinopel, Johannes Chrysostomus (ca. 349-407), sagte, Demut sei die Mutter aller Tugenden – also eine wichtige Haltung im Umgang mit sich selbst und anderen. Die Wortbedeutung dabei ist, je nach Sprachhintergrund, unterschiedlich. Während im Alten Testament für Demut das hebräische Wort ‚nh (ana)' steht und soviel wie ‚sich ducken' oder auch ‚beugen' meint, also entweder das Ducken vor einer Gefahr oder eine Ehrfurchtshaltung Gott gegenüber bezeichnet, so hat das Wort im griechischen Kontext eine rein negative Bedeutung. Es umschreibt eine sklavische Haltung – das Gegenteil dessen, was die Griechen als Lebensideal anstrebten: Freiheit und Selbstbestimmung.

Bedeutsam für die Christianisierung Europas waren die iro-schottischen Mönche. Sie waren Wandermönche, die aus dem Bereich Irland/Schottland im 6. bis 8. Jahrhundert auf das Festland zogen und dort das Evangelium verkündeten. Sie verstanden ihre Mission auch als ein Martyrium und wollten darin Jesus nachfolgen, der auch keine Heimat hatte. Sie zogen aus ihrer Heimat in die Fremde und lebten ein Leben in der ‚peregrinatio', in der Fremde jenseits des heimischen Ackers. Für sie war die Demut eine Grundtugend, die sie auch gerne mit dem lateinischen Wort ‚humilitas' in Verbindung brachten, das wiederum so viel wie ‚Niedrigkeit und Kleinheit' bedeutet. In diesem Wort steckt ein anderes Grundwort: ‚humus', und das bedeutet ‚Boden'. Demut hat es also mit einer gewissen Bodenständigkeit zu tun. Man steht auf festem Boden, denn jemand, der demütig ist, weiß sich geschaffen, getragen und abhängig von einem Größeren, von Gott. Im Alten Testament bedeutet Demut auch das Beugen der Knie vor der Größe Gottes, so auch hier bei den iro-schottischen Mönchen. Schließlich ist das deutsche Wort

‚Demut' auf das germanische Wort ‚diomuti' zurückzuführen. Und das bedeutet: „einen Dienst verrichten ohne Lohn zu erwarten" – aus Treue.

Demut und Dienst, zwei Worte die ebenfalls miteinander zu tun haben. Doch genug der Worte und Begriffsbildungen. Sie unterstreichen jedoch, dass Demut keineswegs ein negativ gefärbter Begriff ist. Es geht um eine Haltung dem Leben und den Menschen gegenüber. Was heißt das nun heute für eine gelebte Spiritualität?

Die Demut verweist auf den Grund und die Quelle des Lebens und der Spiritualität. Die Welt ist von Gott in Liebe geschaffen, er trägt sie. Demütig sein drückt sich dann in einem Wissen um dieses Getragensein aus und in einem Vertrauen auf Gott und seinen Verheißungen gegenüber. Der Mensch weiß sich verortet und gleichzeitig verdankt von Gott. Er weiß, dass er aus sich heraus vieles nicht leisten kann, er ist Geschöpf, nicht Schöpfer. Er hält das Leben und Sterben auf der Welt in seinen Händen. Daraus mag auch die Einsicht erfolgen, dass man nicht alles selbst machen und lösen muss. Vertrauen bedeutet in diesem Falle auch, sich Gott in den Situationen zu überlassen, in denen der/die Einzelne von allein nicht weiterkommt. Insofern ist es nicht verwunderlich, dass Demut und Gelassenheit oft ein Duo bilden, das zusammen auftaucht. Manchmal ist es aber gar nicht so einfach, eine solche Einsicht walten zu lassen. Wenn man es gewohnt ist, alles selbst und allein zu lösen, fällt es schwer, sich einzugestehen, dass es in diesem oder jenem Fall nicht geht. Eine solche Selbsterkenntnis benötigt dann sehr viel Kraft. Loslassen können – das ist eine wichtige Dimension der Askese der christlichen Lebenskunst. Die Demut erkennt die

Größe Gottes und damit die eigene Abhängigkeit an. Daraus erwachsen Eigenschaften wie Geduld und Ernsthaftigkeit, der Gehorsam gegenüber Gottes Willen und die Ehrlichkeit im Umgang mit sich selbst und den anderen, sowie eine Zurückhaltung im Sprechen.

Nachfolge Jesu bedeutet in diesem Sinne, an die Kraft des Kleinen und Verwundbaren zu glauben, Gott zu vertrauen, der im Kleinen und Unscheinbaren zur Welt gekommen ist. Einem Gott glauben, der ein demütiger Gott ist, an den sich die Menschen, wie Papst Franziskus es zu Weihnachten 2015 formulierte, nie gewöhnen können. Sein Namenspatron, Franz von Assisi, formuliert es in seinem Brief an die Gläubigen: „O wunderbare Hoheit und staunenswerte Herablassung! O erhabene Demut! O demütige Erhabenheit, dass der Herr des Alls, Gott und Gottes Sohn, sich so erniedrigt, dass er sich zu unserem Heil unter der anspruchslosen Gestalt des Brotes verbirgt!"[76]
O demütige Erhabenheit, o erhabene Demut … ein Gott, der klein wird, ein Gott, der im Kleinen erscheint, ein Gott, der in aller Erhabenheit die Armut, das Kleine und leicht zu Übersehende liebt. Einer der ersten Gefährten des Franziskus, der selige Bruder Ägidius von Assisi (1190-1262), ein einfacher Bauer, drückte seine Spiritualität in kurzen und prägnanten Worten aus, die auch die goldenen Worte genannt werden. Zwei dieser Aussprüche über die Demut ergänzen und unterstreichen das Bild der erhabenen Demut: „Die Demut versteht sich nicht auf große Worte, die Unterwürfigkeit dagegen wagt kein Wort" und: „Durch die Demut findet der Mensch Gnade vor Gott und Frieden mit den Men-

schen. – Ein großer König, der seine Tochter auf Reisen schicken möchte, würde sie nicht einem ungezähmten, übermütigen und ausschlagenden Roß anvertrauen, sondern einem zahmen und frommen Reitpferd. Ebenso vertraut auch Gott seine Gnade nicht den Hochmütigen an, sondern den Demütigen."[77]

Demut geht aber nicht nur mit Gelassenheit Hand in Hand, sondern auch mit Mut. Sie riskiert also etwas, ist wagemutig. Demütig sein heißt für Christ:innen, ihren Glauben zu bekennen, in diesem Sinne mutig zu sein und in Wort und Tat Zeugnis abzulegen von der Hoffnung, die sie trägt: Gebt Zeugnis von der Hoffnung, die euch erfüllt! (vgl. 1 Petr 3,15). Sie mischt sich ein, das ist die Kraft des Mutes, sich nicht von anderen abhängig zu machen: ‚Was mögen die wohl denken?' Das ist eine ungesunde Frage, denn wenn sich jemand sicher ist, warum er/sie etwas tut oder unterlässt und auch dahintersteht, dann genügt das. Demut kann Dinge lassen und tun. Gemeinsam mit der Klugheit und der Gelassenheit, hat sie die Weisheit mit im Gepäck, den rechten Moment, die rechte Situation und Zeit zum Tun und oder Lassen zu erspüren. „Im Unterschied zum Fatalismus weiß die Demut, wer der Herr des Geschehens ist, wer das Regiment führt. Damit ist sie nicht mit allem, was geschieht, einverstanden. Wo es Not tut, organisiert sie den Widerstand gegen ungerechte Geschehnisse. Mit ihr fällt es leicht, mit Unfertigem fertig zu werden Ein Gottesbild, das wie ein in Stein gemeißeltes Fertigprodukt im Raum steht, macht ihr Angst. Wer kann je mit Gott fertig sein?"[78] Eine Frage – die eine im wahrsten Sinne des Wortes, demütige Frage ist – lautet: Was dient dem Leben?

Für die Wüstenväter war die Demut eine der wichtigsten Tugenden, die ihnen in ihrem Alltag half. So erzählt ein Ausspruch des Altvaters Antonios: „Ich sah alle Schlingen des Feindes über die Erde ausgebreitet. Da seufzte ich und sprach: Wer kann ihnen denn entgehen? Und ich hörte, wie eine Stimme zu mir sagte: Die Demut!"[79]

In der Benediktsregel ist das gesamte Kapitel 7 der Demut gewidmet, insgesamt 70 Verse und damit fast 8% der ganzen Regel, ein erstaunlich hoher Anteil. Das zeigt die Wichtigkeit dieser Tugend für Benedikt und sein Verständnis vom Leben einer Mönchsgemeinschaft. Benedikt spricht und entfaltet eine Demutsleiter, die zwölf Holme aufweist. „Die erste Stufe der Demut: Der Mensch achte stets auf die Gottesfurcht und hüte sich, Gott je zu vergessen."[80] Er fasst damit die zuvor genannten Grundprinzipien der Demut eindrucksvoll zusammen: Gottesfurcht ist die Säule und die Gottvergessenheit die Wurzelsünde. Wie sehr aber gehört gerade letztere oft zum Weg des Glaubens und der Spiritualität, einer fortwährenden Pilgerreise zu sich selbst und zu Gott, mit Höhen und Tiefen, mit Momenten der Gottesgewissheit und mit Momenten der Gottvergessenheit. Mitten im Alltag!

Die Pilgerreise des Lebens

Wer schon einmal zu einem Wallfahrtsort oder einem ‚heiligen Ort' gepilgert ist, der will es in der Regel wiederholen. Wenn es auch sehr mühsam sein kann, so wiegen die Erfahrungen auf dem Weg und vor allem auch das Erreichen des Zieles so manches der Mühsal wieder auf. Nicht zuletzt durch Harpe Kerkeling und sein Buch sowie den Film: „Ich bin dann mal weg" hat vor allem der Camino, der Pilgerweg nach Santiago de Compostela, einen enormen Zulauf erfahren. Inzwischen gibt es eigene Pilgermagazine, die sich großer Beliebtheit erfreuen. Es werden Tipps zum Wandern und zur Ausrüstung gegeben, spirituelle Impulse und wiederentdeckte alte oder neue Pilgerwege, die vielleicht gar nicht so weit vom eigenen Heim entfernt sind, werden vorgestellt. Es ist, als ob das Pilgern einfach vielen Menschen entspricht. Oder liegt es dem Menschen sogar im Blut? Das Wandern, das Sich-Aufmachen auf ein Ziel hin, die Etappen unterteilen und planen, das Ziel erreichen, wieder nach Hause gehen und dann, nach einer gewissen Zeit, wieder von neuem aufbrechen ... Ist nicht das Pilgern ein Ausdruck dessen, was es heißt, ein Mensch zu sein? Leben bedeutet nichts anderes, als sich auf einen Weg zu machen:

- zu sich selbst

- zum anderen

- zu Gott

- mit der Sehnsucht nach dem, was das Leben trägt

- auf der Suche nach Erfüllung und Liebe bis zum Tod

Dabei gibt es unterschiedlichen Erfahrungen, Höhen und Tiefen, Sackgassen und Umwege, Irrwege und Steigungen, erreichte Etappen und Neuaufbrüche, Stagnation und Unruhe, Wagemut und Verzagtheit. Die Pilgerreise oder der Weg sind uralte Bilder für menschliches Leben und auch für Spiritualität.

Immer schon machten sich Menschen in allen Weltreligionen auf den Weg zu Heiligtümern oder besonderen Orten. Wie bereits erwähnt, machten sich iro-schottischen Mönche auf den Weg auf das Festland, eine Pilgerschaft, die sie absichtlich in die Fremde führte. Ohne Besitz und Eigentum, ohne eine feste Heimstatt wie Jesus mit seinen Jüngern umherziehen und das Evangelium verkünden, darum ging es den Mönchen. Insofern verstanden sie ihr ganzes Leben als Pilgerschaft, als Hingabe an Gott, die sich nicht an einen bestimmten Ort bindet, sondern an eine Haltung dem Leben gegenüber. So beschreibt z.B. auch der heilige Bonaventura (1221-1274) den Weg eines Menschen zu Gott als einen Pilgerweg, der sich aus verschiedenen Stufen zusammensetzt. Warum machen sich heute so viele Menschen auf und folgen einem Pilgerweg, auch wenn sie eigentlich gar nicht so recht wissen, ob sie an Gott glauben oder was sie von ihm halten sollen? Sie machen sich auf den Weg, eine Sehnsucht treibt und spornt sie an. Menschen machen sich auf den Weg, erleben sich selbst im Gehen, gehen mit anderen und teilen Erfahrungen, erleben Gemeinschaft. Oft ist das gepaart mit der Konzentration auf das Wesentliche. Man kann nicht vieles mit auf den Weg nehmen, da man es tragen muss. Der Mensch wird auf sich und das Lebensnotwendige reduziert. Dabei erleben viele völlig Neues und gehen nicht selten aus diesem Weg verändert wieder hervor.

Ist nicht auch das eine grundsätzliche Erfahrung im Leben? Wenn man sich auf einen Weg macht, sich etwas Neues erschließt, etwas zuvor Fremdes, kann man daraus verändert hervorgehen? Auch Begegnungen verändern Menschen, Begegnungen auf dem Weg – wie auf einem Pilgerweg, den man vielleicht allein oder zu zweit begonnen hat. Unterwegs begegnen einem die verschiedensten Menschen, mit denen mehr oder weniger intensiv für ganz unterschiedliche Zeitintervalle Erfahrungen gemacht und auch ausgetauscht werden.

Auch Grenzerfahrungen gehören zum Pilgern dazu: die Erfahrung, nicht mehr weitergehen zu können. Man ist ausgelaugt, müde. Das Ziel ist noch so weit weg und im Moment erscheint alles einfach nur noch mühsam. Das Pilgern macht keinen Spaß mehr und selbst das Beten oder die Gottesdienste unterwegs spenden keinen Trost. Man möchte am liebsten umdrehen und nach Hause gehen. Oder das Wetter ist so schlecht, nass, feucht und kalt, dass das Pilgern keine Freude mehr macht. Es ist wie im Leben selbst: Immer wieder gibt es Momente, die zum Aufgeben verführen wollen oder Momente, wo man tatsächlich aufgeben und umkehren muss. Die Einsicht, dass man sich einfach zu viel vorgenommen, zugemutet und sich selbst überschätzt hat. Wie im richtigen Leben!

Im Pilgern wird sich der Mensch seiner Brüche und seiner Fragmenthaftigkeit bewusst, des Fremden und z.T. auch Abstoßenden in ihm selbst. Pilgern kann den Übergang vom Alten zum Neuen markieren, in der Wahrnehmung des Fremden und Anstrengenden, in der Annahme und der Auseinandersetzung mit dem, was einem begegnet. Während des Pilgerns hat der Mensch endlich Zeit, sich sich selbst zu stellen, bei sich zu sein, zweckfrei seine Zeit im Wandern und Laufen zu erleben. Eine Pilgerschaft ist eine Zeit einer Konzentration in Distanz, einer Fokussierung und der Einstellung einer Tiefenschärfe. „Eine konkret vollzogene Pilgerreise kommt nach einigen Tagen oder Wochen an ihr Ende. Nach dieser Zeit des intensiven Erlebens von Natur, Mobilität in eigenem Rhythmus, von selbst angegangenen und auch zu erleidenden territorialen, physischen und psychischen Grenzen, nach einer Zeit der intensiven Suche nach dem absoluten Urgrund, kehrt der Pilger in den Alltag zurück. Die Erfahrungen, die er in konzentrierter Form während seiner Wallfahrt gemacht hat, begegnen ihm – auf einen längeren Zeitraum ausgedehnt – im Laufe seines Lebens wieder. Auf diesem Hintergrund kann die vollzogene Pilgerfahrt dazu dienen, das gesamte Leben als zielgerichtetes Pilgern zu verstehen."[81] Das führt wieder zum Begriff der Veränderung, der sich mit dem Pilgern wie von selbst einstellt. Der Mensch wird im Pilgern ein neuer Mensch. Er kommt zu sich, stellt sich auf Tiefenschärfe ein und erlebt womöglich völlig neue Dimension an sich selbst.

Im Übrigen ist das Pilgern auch ein Bild für die Kirche, das pilgernde Volk Gottes. Die Kirchen täten gut daran, dieses vielleicht wieder mehr in den Mittelpunkt zu stellen. Kirche auf dem Weg, Kirche unterwegs und veränderbar, durch Begegnungen sich verändernd – oder anders formuliert: Kirche sollte Angebote schaffen, Gastfreundschaft zu gewähren für Menschen, die heute auf dem Wege sind, die Suchende sind in einer modernen Zeit voller Angst, Sehnsucht und Fragen hinsichtlich Zukunft und Sinn.

Die Pilgerreise als ein Bild und Symbol für das Leben setzt ebenso für die gelebte Spiritualität Akzente: Auch die Spiritualität ist eine Reise mit unterschiedlichen Etappen, Irr-, Um- und auch Kreuzwegen. Spiritualität ist nichts, was man einfach hat und ein Leben lang festhalten kann. Spiritualität ist etwas Dynamisches, das sich verändert, das den Menschen verändert und verwandelt. Es ist eine Dimension im Leben, um die sich der und die Einzelne immer wieder von neuem bemühen müssen, Schritt für Schritt, Etappe für Etappe. Und wie es die Tradition so schön in Schemata gefasst hat: Mal ist man am Beginn, mal macht man enorme Fortschritte, mal hat man das Gefühl und das innere Wissen, am Ziel zu sein, Gott berührt zu haben. Doch lässt sich das nicht festhalten und einmauern. Am nächsten Tag kann es schon wieder ganz anders aussehen.

Von der Macht der Spiritualität

Was hat Spiritualität mit Macht zu tun, und warum steht die Auseinandersetzung mit der Macht fast am Ende dieses Buches?

Macht ist ein sehr ambivalenter Begriff. Kraft und Power werden genauso damit verbunden wie Machtmissbrauch und Ohnmacht. Je nach Erfahrungen hat jeder Mensch ein anderes Verhältnis zur Macht, ein positives oder ein negatives – oder sogar ein neutrales? Geht das überhaupt?

Und die Spiritualität? Beides spielt auch dort eine Rolle: die negativen und die positiven Erfahrungen. Spiritualität kann sehr mächtig sein, immer dann, wenn Menschen sich ihrer Quelle und auch der Kraft ihrer Quelle bewusst sind. Wenn sie versuchen, ganz bewusst, ehrlich, profiliert und so wie es ihnen entspricht, ihre Spiritualität im Alltag zu leben – dann sind Menschen mächtig. Das ist mächtig in einer Zeit, in der Menschen suchen und fragen, den Kirchen den Rücken kehren und dennoch Spiritualität suchen. Diese lässt sich festmachen an Menschen mit Profil und Ausstrahlung. Das kann sehr überwältigend und damit mächtig sein. Zugleich aber liegt darin, wie in jeder Beziehung mit einem Machtgefälle, auch die Gefahr des Missbrauchs. Sehr schnell kann es dazu kommen, dass die Macht benutzt wird, nicht um Menschen in aller Kraft vom Evangelium zu erzählen und es zu leben, sondern um sie zu binden, sie zu blenden und zu überreden, subtil machtvoll oder ausdrücklich machtvoll. Doch zu einer Spiritualität, die befreien und dem Leben dienen will, kann niemand gezwungen werden. Diese, wie zu sehen war, hat nichts mit falschen Abhängigkeiten und Blendung zu tun, sondern muss in aller Freiheit geschehen und gelebt werden. Gerade in jüngster Zeit sind manche Arten der Begleitung von Menschen in Vergangenheit und Gegenwart nicht nur fragwürdig geworden, sondern fallen unter die Kategorie ‚geistlicher Missbrauch', der leider in manchen Fällen nur schwer nachzuweisen ist. Geistlicher Missbrauch liegt vor allem in der Manipulation von Menschen oder auch in sehr einseitigen Beziehungen vor, wenn z.B. der oder die Begleiter:in die seelsorgliche Beziehung zu eigenen Zwecken benutzt und damit missbraucht. Menschen werden zu Entscheidungen, zu einem geistlichen Weg oder zu Übungen gezwungen, die ihnen überhaupt nicht entsprechen. Nicht in der Freiheit des Geistes, sondern im Zwang durch die Begleitung. Menschen sprechen sich (oder aufgrund ihres Standes oder ihrer Ausbildung) eine geistliche Macht zu, die sie in die Versuchung führt oder es ihnen ermöglicht, sich andere hörig und abhängig zu machen. Es entstehen Abhängigkeiten und Einseitigkeiten, die in einer geistlichen Begleitung nichts zu suchen haben. Doch das – wie im ersten Kapitel dargelegt wurde – hat nichts mit einer gelebten und befreienden Spiritualität zu tun. Das ist alles andere als jesuanisch: „Ihr wisst, dass die Herrscher ihre Völker unterdrücken und die Großen ihre Vollmacht gegen sie gebrauchen. Bei euch soll es nicht so sein, sondern wer bei euch groß sein will, der soll euer Diener sein" (Mt 20,25-26). Bei euch soll es nicht so sein, sagt Jesus, der damit den Maßstab setzt.

Quelle der christlichen Spiritualität ist der Glaube an die Menschwerdung Gottes in Jesus und dessen Auferstehung von den Toten. Allein diese beiden Eckdaten des christlichen Glaubens sind ungeheuer machtvolle Glaubensgewissheiten. Wer aus diesem Glauben heraus lebt, der zeigt Profil und Authentizität im Glauben. In der Menschwerdung liegt die ungeheure Wertschätzung, die Gott all seiner Schöpfung entgegenbringt. Es ist eine machtvolle Wertschätzung, die von denen, die Jesus nachfolgen, in Wort und Tat umgesetzt werden will.

Engagement, Beziehungsgestaltung und Verantwortung, wie es die Definition über Spiritualität von IUNCTUS ausdrückt, sind logische Konsequenzen. Und damit ist denjenigen, die Jesus nachfolgen, auch die Macht und Vollmacht verliehen, sich um die verwundeten Menschen und die verwundete Schöpfung nicht nur zu kümmern, sondern ihnen und ihr wieder zum Heil zu verhelfen, in Wort und in Tat. „Die Zerstörung der menschlichen Umwelt ist etwas sehr Ernstes, denn Gott vertraute dem Menschen nicht nur die Welt an, sondern sein Leben selbst ist ein Geschenk, das vor verschiedenen Formen des Niedergangs geschützt werden muss. Alle Bestrebungen, die Welt zu hüten und zu verbessern, setzen vor allem voraus, dass sich die Lebensweisen, die Modelle von Produktion und Konsum und die verfestigten Machtstrukturen (von Grund auf) ändern, die heute die Gesellschaften beherrschen,"[82] so bringt es Papst Franziskus auf den Punkt.

Mit der Spiritualität ist dem Menschen eine ganz andere Macht geschenkt, nicht die Macht der Zerstörung und Manipulation, sondern die Macht des Lebens, die aus einer Kraftquelle resultiert. Das ist eine Macht, die weder Titel noch Besitz vorweist, sondern sich aus Gottes Liebe und Zusage nährt, und diese in das Leben der Welt und der Menschen hineinträgt. Das ist eine liebende Macht um des Lebens willen.

EINLADUNG ZUR REFLEXION UND ÜBUNG

„Euer Herz lasse sich nicht verwirren. Glaubt an Gott und glaubt an mich! Im Haus meines Vaters gibt es viele Wohnungen. Wenn es nicht so wäre, hätte ich euch dann gesagt: Ich gehe, um einen Platz für euch vorzubereiten? Wenn ich gegangen bin und einen Platz für euch vorbereitet habe, komme ich wieder und werde euch zu mir holen, damit auch ihr dort seid, wo ich bin. Und wohin ich gehe – den Weg dorthin kennt ihr. Thomas sagte zu ihm: Herr, wir wissen nicht, wohin du gehst. Wie können wir dann den Weg kennen? Jesus sagte zu ihm: Ich bin der Weg und die Wahrheit und das Leben; niemand kommt zum Vater außer durch mich" (Joh 14,1-6).

Fragen

1. Wie erlebe und gestalte ich meinen Alltag?
2. Wo bin ich in meinem Leben schon einmal gescheitert? Darf ich scheitern?
3. Was bedeutet mir das Wegmotiv und das Bild des Pilgerns? Kann ich etwas damit anfangen? Kenne ich vielleicht sogar Pilgererfahrungen?
4. Bin ich demütig?
5. Wie erlebe ich Macht? Wie gehe ich selbst mit Macht um?
6. Fühle ich mich mächtig in und mit meiner Spiritualität?

Übungen

Zur Dankbarkeit

Am Abend schaue ich auf meinen Tag zurück, nicht auf das, was misslungen ist oder nicht schön war. Ich schaue vielmehr auf das, wofür ich ausdrücklich danken möchte. Ich gehe den Tag durch und stelle vielleicht fest, dass vieles einfach nicht selbstverständlich ist, was so selbstverständlich zu sein scheint. Dafür danke ich Gott.

Ich wiederhole diese Übung am Ende einer Woche und schaue auf meine Woche zurück. Wofür bin ich dankbar?

Zur Macht

Ich gehe meine Erfahrungen mit Macht durch: Welche mächtigen Menschen habe ich erlebt? Wie hat sich ihre Macht dargestellt, wie haben sie sie genutzt? Ich gehe ebenso meine Erfahrungen mit Ohnmacht durch: Wo und warum habe ich mich ohnmächtig erlebt, oder auch andere?
Ich schreibe es auf und formuliere daraus, wie ich mit Macht umgehen möchte.

Auf den Punkt gebracht

Spiritualität im Alltag und im Beruf leben

Ich habe nun viel über Spiritualität geschrieben. Am Ende möchte ich den Blick auf zwei wesentliche Punkte lenken, um die es letztlich in all den sechs unterschiedlichen Kapiteln geht: zum einen um die gelebte Spiritualität im Alltag und zum anderen um die tiefgreifende Lebensfreude, die mit der Spiritualität einhergeht.

Wie kann ich meine Spiritualität im Alltag leben?

Es ist deutlich geworden, dass Spiritualität nicht nur eine Geisteshaltung ist oder etwas, das zu gewissen Momenten im Leben und im Alltag eine Rolle spielt. Spiritualität, wenn sich Menschen darauf einlassen, ist etwas, das das gesamte Leben prägt und in allem eine Rolle spielt: im Gottesdienst, im persönlichen Gebet, im Beruf, in der Beziehung zu Fremden, Freunden und Familie, im Umgang mit der Schöpfung und im Leben in der Welt. Nichts ist ausgeklammert, wenn die Spiritualität Quelle des Lebens ist, dann trägt sie in allen Momenten, immer mit unterschiedlichen Nuancierungen und Ausprägungen. Der Alltag ist Routine, das, was jeden Tag stattfindet, der normale Rhythmus, ist sozusagen das Gerüst des Lebens. Alltag und Sonntag, Beruf und Freizeit, so wird immer wieder unterteilt. Dabei fallen Alltag und Beruf oft auf die negative Seite. Man muss den Alltag überstehen. Das, was wichtig ist, das sind die Sonn- und Feiertage, die Freizeit und der Urlaub. Doch stimmt das wirklich? Und kann und darf man das Leben wirklich so streng unter-

teilen? Wenn man sich auf die Sonntage und die Freizeit konzentriert, verpasst man mehr als dreiviertel seines Lebens. Gesund ist das nicht, lebenstragend auch nicht. Vor lauter Urlaubs-, Freizeit- und Work-Life-Balance-Planung verpassen viele das wirklich Wesentliche im Leben: den Alltag. Dieser macht das Leben aus, diesen gilt es zu gestalten und auszufüllen – auch wenn der Beruf nicht behagt, wenn die Arbeitsstelle nicht so toll ist, wenn sich manchmal der Alltag als grau erweist. Das Leben wird wie in einem Hamsterrad oder einer sich ständig drehenden Mühle erlebt. Doch gibt es nicht auch in diesem Alltag Momente, die ihn nicht mehr so grau erscheinen lassen? Momente, die schön sind? Wenn sich Blicke des Verständnisses kreuzen, wenn Menschen miteinander ins Gespräch und sich dabei näherkommen, wenn etwas gelingt und womöglich auch wider Erwarten gut von der Hand geht, wenn man das Gefühl hat, etwas getan und sogar gut getan zu haben. All das sind Momente, die es wahrzunehmen gilt, die auch zum Alltag gehören.
Die Gegenwart heiligen, so könnte man, mit den Worten der christlichen Tradition, eine solche Haltung umschreiben. Den Moment und die Gegenwart ernstnehmen, nicht schon am Montag vom Samstag träumen, nicht schon am Morgen den Abend ersehnen, sondern wach sein für den Moment. Dann können ungeahnte Dinge geschehen, dann können ungeahnte Berührungen stattfinden – dann kann das Leben den Menschen im Innersten berühren.

Das ist eine gelebte Spiritualität im Alltag, die all die in diesem Buch genannten Momente ernst nimmt: Wachsamkeit und Aufmerksamkeit, die Wertschätzung des Lebens und

des Momentes, das Sich-Einlassen auf Fremdes und Fremde. Spiritualität im Alltag macht sich nicht fest an Gebetes- und Meditationsformen, an Momenten der Unterbrechung, Stille und Auszeiten, vielmehr ist sie eine Frage der Haltung, wie der und die einzelne den Tag zu meistern und zu leben versuchen. Wie sie die Beziehungen gestalten und auch aus ihrer Quelle leben, wenn einmal etwas nicht so gut läuft.
Natürlich gibt es auch ausdrückliche Gestaltungselemente, wie das kurze Innehalten am Morgen und am Abend. So hat der Tag ein Gerüst. Man verortet sich zu Beginn des Tages und macht sich seiner Quelle bewusst, betet oder meditiert, um gestärkt den Tag zu beginnen. Sich am Morgen bewusst zu machen, dass nichts selbstverständlich und dieser neu beginnende Tag ein großes Geschenk Gottes ist, das ist ein wertvoller Moment der Tagesgestaltung. Genauso legt man am Abend den Tag, mit all dem, was gut und auch schlecht war, mit dem Erfolg und Misserfolg, mit Höhen und Tiefen, in die Hände Gottes zurück, dankt und begrüßt die Nacht und den Schlaf. Das ist eine einfache Übung, die Disziplin erfordert, die sich einspielt und ein wichtiges Gestaltungselement einer gelebten Spiritualität im Alltag darstellt. Übungen, eine gewisse Disziplin und Ausdrucksformen sind wichtig, doch sie wollen mit Leben gefüllt sein und müssen in einer Haltung wahrgenommen werden, die sich auch dann zeigt, wenn die Momente der Stille und des Gebets nicht im Mittelpunkt stehen.
Jemand, der die Knie beugt und betet, aber den Nächsten und dessen Hilfsbedürftigkeit nicht sieht, dem fehlt etwas Fundamentales: die Ganzheitlichkeit des Glaubens und der Spiritualität, die Einheit von Wort und Tat, das in die Tat ge-

brachte Gebet der Worte. Beides muss zusammengehen. Das eine geht ohne das andere nicht.

Das gilt auch für den Beruf und die Umsetzung der Spiritualität im beruflichen Alltag. Es geht um eine Haltung dem Leben und den anderen gegenüber, getragen von Wertschätzung, Respekt und Ehrfurcht. Es ist wichtig, die oben genannten Eckdaten des Tages zu praktizieren, sich immer wieder neu zu verorten und so manche Minute im Arbeitsprozess zu nutzen, die frei wird. Auf Abstand gehen, kurz den Kreislauf der Tätigkeiten und Sitzungen durchbrechen, sich wenige Minuten wieder auf die Quelle des Lebens, die trägt und Kraft gibt, mit einem kurzen Gebet, einem Stoßgebet, ausrichten – das kann so viel sein und genügt. Damit heiligt der Mensch die Gegenwart und verbindet sie mit seiner Quelle.

Nicht die langen, frommen Übungen sind entscheidend, so gut sie manchmal auch sind und Menschen in ihrem Alltag tragen. Christliche Spiritualität geht nicht mit Leistungsdruck zusammen, vielmehr ist sie das kontinuierliche Sein in der Gegenwart Gottes, dessen man sich nicht immer bewusst sein muss. Es gilt, sich dann und wann Momente des Innehaltens und der Unterbrechung zu gönnen, um sich neu zu verbinden – ohne Druck.

Wenn Führungskräfte fragen, wie sich eine von einer christlichen Spiritualität getragene Kultur im Unternehmen auszeichnet, dann sind nicht die Gebete zu Beginn einer Pfarrgemeinderatssitzung oder anderer Meetings entscheidend. Diese sagen oft nur wenig über den Geist aus, der im Unternehmen, in der Gemeinde oder der Organisation herrscht. Vielmehr ist die Haltung entscheidend, mit der Menschen sich begegnen, mit der gemeinsam gesucht, gearbeitet und das Miteinander gestaltet wird. Hier zeigt sich die Spiritualität.

Spiritualität und Beruf sind scheinbar nur wenig miteinander zu vereinbaren. Sie kommt zur Sprache, wenn es um kritische oder unbeliebte Entscheidungen geht, wenn Konfliktgespräche oder sogar Entlassungen anstehen. Doch wie bereits zuvor festgestellt: Spiritualität, und auch christliche Spiritualität, bedeuten nicht immer Harmonie. Sie bedeutet nicht, dass alle immer an einem Strang ziehen müssen, dass man Konflikten und schweren Entscheidungen aus dem Wege geht. Im Gegenteil! Es ist immer die Frage wichtig, wie ein Konflikt ausgetragen wird und wie z.B. eine Entlassung vorgenommen wird. Eine gelebte Spiritualität schützt nicht vor diesen Entscheidungen, sie hilft besser mit ihnen umzugehen und Mitarbeiter:innen Wege aufzuzeigen, die dabei helfen, selbst wiederum mit solchen Situationen besser umgehen zu können. Jemand, der oder die alles glatt bürsten will, Konflikte unter den Teppich kehrt oder gar entscheidungsunfähig ist, denkt nicht im Ganzen und dient auch nicht dem Wohl des Ganzen. Die Vergangenheit und Gegenwart der Kirche weist in diesem Bereich viele Beispiele auf.

Karl Rahner spricht in seinem Buch ‚Von der Not und dem Segen des Gebetes' ein Gebet des Alltags: „Kann Gebet das Geschäft des Alltags sein? Des Alltags mit seiner Monotonie des ewig Gleichen, des Alltags mit seiner alltäglichen grauen Stimmung, mit der Stumpfheit der Herzen, die müde und verdrossen sind? Und doch muss es ein Gebet des Alltags geben. Denn es steht geschrieben: […] Betet ohne Unterlass (1 Thess 5,17); seid fröhlich in der Hoffnung, geduldig in der

Trübsal, beharrlich im Gebet (Röm 12,12). Zwei Dinge wollen wir vom Gebet des Alltags sagen. Sie lassen sich zusammenfassen in zwei Aufforderungen: Bete im Alltag; bete den Alltag. Bete im Alltag. Mit Gebet im Alltag meinen wir jenes regelmäßige Beten, das ohne Rücksicht auf augenblickliche Lust und Laune geübt wird, das der Mensch, ohne im einzelnen eigentlich dazu verpflichtet zu sein, als eigene Pflicht und liebe Gewohnheit sich selbst abverlangt, das Beten, das Gebetszeiten kennt, das mit bestimmten Zeiten und Gelegenheiten selbstverständlich verknüpft ist. […] Solches Beten ist im Alltag schwer. Vielen wird es schon schwer, dieses Gebet im Alltag nicht einfach zu vergessen. […] Geist und Herz sind von anderen Dingen erfüllt. Zeit hat man angeblich auch keine. […] Und dennoch: Trotz all dieser Schwierigkeiten bleibt die alte christliche Lebensweisheit und Lebensgewohnheit richtig und wahr auch für uns: täglich zu beten, im Alltag zu beten, das Gebet nicht zu beschränken auf die seltenen hohen Stunden innerer Ergriffenheit und Erschütterung, in denen der Mensch, so er gläubig ist und Gott nicht ganz aus den Augen verloren hat, gleichsam von selbst zu beten anfängt."[83]

Spiritualität als Lebensfreude

„Freut euch im Herrn zu jeder Zeit! Noch einmal sage ich: Freut euch! Eure Güte werde allen Menschen bekannt. Der Herr ist nahe. Sorgt euch um nichts, sondern bringt in jeder Lage betend und flehend eure Bitten mit Dank vor Gott! Und der Friede Gottes, der alles Verstehen übersteigt, wird eure Herzen und eure Gedanken in Christus Jesus bewahren. Im

Übrigen, Brüder und Schwestern: Was immer wahrhaft, edel, recht, was lauter, liebenswert, ansprechend ist, was Tugend heißt und lobenswert ist, darauf seid bedacht! Und was ihr gelernt und angenommen, gehört und an mir gesehen habt, das tut! Und der Gott des Friedens wird mit euch sein" (Phil 4,4-9).

Die Freude im Herrn soll am Ende dieser Ausführungen stehen. Sie ist die Frucht der gelebten Spiritualität. Sie ist die Frucht der Gottesbeziehung, auch wenn das Leben manchmal nicht zum Lachen ist, auch wenn Krankheiten, Scheitern und Leid den Menschen heimsuchen. Es geht nicht um eine billige und die Krisen des Lebens überspielende Heiterkeit, die platt und aufgesetzt ist. Die schweren Momente werden bleiben, man kann sie nicht weglachen. Doch die Freude im Herrn ist eine tiefe Freude, in der Gewissheit, dass es Gott gibt, dass er die Welt und das Leben trägt, dass er spürbar und erfahrbar ist und schließlich zu seinen Verheißungen und Zusagen steht. Im Philipperbrief ist von dem Frieden die Rede, der sich dann einstellt, wenn Menschen beten und flehen, ihre Bitten vor Gott bringen und Dank sagen. Friede wird in die Herzen einkehren. Es ist eine Gewissheit in aller Ungewissheit, dass der Glaube trägt, hilft und Ruhe verschafft. Eine Ruhe, die in allen Herausforderungen des Lebens eine Kraftquelle ist. Für Franziskus von Assisi war es von daher z.B. unmöglich, sich als Glaubender nicht zu freuen. Er wollte Brüder in seiner Gemeinschaft sehen, die sich zutiefst freuen und diesen Frieden im Glauben ausstrahlen, weil Gott Mensch geworden ist. Das ist eben keine oberflächliche Freude, sondern eine Freude über den Herrn, wie es im Philipperbrief gefordert wird.

Spiritualität will dem Leben dienen. Es gibt spirituell lebende Menschen oder solche, die das für sich in Anspruch nehmen, dabei aber eine Haltung ausstrahlen, ein Verhalten an den Tag legen, das alles andere als Freude verbreitet. Miesepetrig, übellaunig, stets meckernd und unzufrieden mit allem und jedem – das ist keine Frucht des Geistes. Leben wird damit nicht nur schlecht gemacht, sondern in seiner Fülle und Großartigkeit nicht wahrgenommen und gestaltet. Die befreiende Botschaft Gottes scheint bei solchen Menschen noch nicht im Herzen angekommen zu sein. Solche Menschen überzeugen nicht.

Gemeint ist damit nicht, dass die tiefe Freude im Herrn immer nur ein Lächeln auf das Gesicht zaubert, auch das wäre ein falsches Verständnis und würde das Leben in all seinen Dimensionen nicht ernstnehmen. Nein, es geht um Menschen, die einen Frieden ausstrahlen, die sich über das Leben und über die Freude anderer freuen können. Menschen, die in sich ruhen und immer noch Suchende, vielleicht auch Fragende sind. Menschen, die nichts weglachen, sondern das, was ihnen begegnet, ernst nehmen, die versuchen, ihr Leben in der Gegenwart Gottes zu begreifen. Solche Menschen können Anteilnahme zeigen, sie können das Leben feiern, im Wissen um die schweren und schwierigen Momente. Wie wohltuend ist es, solchen Menschen begegnen zu dürfen!

Weiterführende Literatur

Quellen

Die Regel des hl. Benedikt, hrsg. im Auftrag der Salzburger Äbtekonferenz, Beuron ²1992.

Deutsche Ausgabe der Werke des hl. Franz von Sales, nach der vollständigen Ausgabe der Oeuvres de Saint Francois de Sales der Heimsuchung Mariä zu Annecy, hrsg. v. Oblaten des hl. Franz von Sales, Eichstätt, Wien 1959–1983.

Delbrel, M., Wir Nachbarn der Kommunisten, Einsiedeln 1975.

Dionysius Areopagita. Über alles Licht erhaben, die Werke übers. von Edith Stein, Kevelaer 2015.

Edith Stein Gesamtausgabe, Bd. 20: Geistliche Texte II, bearbeitet von S. Binggeli, Freiburg, Basel, Wien 2007.

Franziskus-Quellen. Die Schriften des heiligen Franziskus, Lebensbeschreibungen, Chroniken und Zeugnisse über ihn und seinen Orden, hrsg. v. D. Berg, L. Lehmann, Kevelaer 2009.

Gertrud von Helfta, Exercitia Spiritualia, hrsg., übers. und kom. von S. Ringler, Elberfeld 2001.

Ignatius von Loyola, Geistliche Übungen. Übertragung und Erklärung von A. Haas, Freiburg, Basel, Wien ⁸1966.

Jungclaussen, E., Aufrichtige Erzählungen eines russischen Pilgers, Freiburg ¹⁷1989.

Mechthild von Magdeburg, Das fließende Licht der Gottheit, hrsg. v. M. Schmidt, Stuttgart 1995.

Merton, Th., Der Berg der sieben Stufen, Zürich, Einsiedeln, Köln 1950.

Merton, Th., Christliche Kontemplation. Ein radikaler Weg der Gottsuche, München 2020.

Papst Franziskus, Enzyklika Laudato Si', Stuttgart ²2015.

Quellen geistlichen Lebens, hrsg. v. G. Greshake, W. Geerlings, J. Weismayer
  Band 1: Die Zeit der Väter, Mainz 2008.
  Band 2: Das Mittelalter, Mainz 2008.
  Band 3: Die Neuzeit, Mainz 2008.
  Band 4: Die Gegenwart, Mainz 2008.

Die Schriften der heiligen Klara. Zeugnisse zu ihrem Leben und ihrer Wirkungsgeschichte, hrsg. v. J. Schneider, P. Zahner, P., Kevelaer 2013.

Sölle, D., Mystik und Widerstand, München 1999.

Therese vom Kinde Jesu, Selbstbiographische Schriften. Authentischer Text, Einsiedeln, 1958.

Weisung der Väter. Apophthegmata Patrum, auch Gerontikon oder Alphabeticum genannt, übers. von B. Müller, Trier ⁴1998.

Geschichte und Systematik

Handbuch Evangelische Spiritualität, hrsg. v. P. Zimmerling
    Band 1: Geschichte, Göttingen 2017.
    Band 2: Theologie, Göttingen 2018.
    Band 3: Praxis, Göttingen 2020.

Leppin, Volker, Ruhen in Gott. Geschichte der christlichen Mystik, München 2021.

McGinn, B., Die Mystik im Abendland,
    Band 1: Ursprünge, Freiburg i. Br. 1994.
    Band 2: Entfaltung, Freiburg i. Br. 1996.
    Band 3: Blüte. Männer und Frauen der neuen Mystik, Freiburg i. Br. 1999.
    Band 4: Fülle. Die Mystik im mittelalterlichen Deutschland, Freiburg i. Br. 2008.
    Band 5: Vielfalt. Die Mystik in den Niederlanden, Italien und England, Freiburg i. Br. 2016.

Peng-Keller, S., Einführung in die Theologie der Spiritualität, Darmstadt 2010.

Ruh, K., Geschichte der abendländischen Mystik,
    Band 1: Die Grundlegung durch die Kirchenväter und die Mönchstheologie des 12. Jahrhunderts, München 1990.
    Band 2: Frauenmystik und Franziskanische Mystik der Frühzeit, München 1990.
    Band 3: Die Mystik des deutschen Predigerordens und ihre Grundlegung durch die Hochscholastik, München 1996.
    Band 4: Die niederländische Mystik des 14.-16. Jahrhunderts, München 1999.

Spiritualität. Auf der Suche nach ihrem Ort in der Theologie, hrsg. v. Th. Möllenbeck, L. Schulte, Münster 2017.

Waaijman, K., Handbuch der Spiritualität, übersetzt v. E. Hense,
Band 1: Formen, Mainz 2004.
Band 2: Grundlagen, Mainz 2005.
Band 3: Methoden, Mainz 2007.
Englische Fassung: Spirituality. Forms, Foundations, Methods, Leuven/Paris/Dudley, MA 2002.

Weismayer, J., Das Leben in Fülle. Zur Geschichte und Theologie christlicher Spiritualität, Innsbruck, Wien 1983.

Zander, K., Als die Religion noch nicht langweilig war. Die Geschichte der Wüstenväter, Köln ²2001.

Ziegler, G., Die Wüstenmütter. Weise Frauen des frühen Christentums, Stuttgart 2015.

Praxis und Reflexion

Abbruch. Umbrüche. Aufbrüche. Gesellschaftlicher Wandel als Herausforderung für Glaube und Kirche, hrsg. v. Ursula Schumacher, Münster 2019 (Studia Oecumenica Friburgensia, 93).

Abramovic, M., Durch Mauern gehen, München 2016.

Baumann, Z., Leben in der Flüchtigen Moderne, Frankfurt 2007.

Bäumer, R., Plattig, M., Exerzitien begleiten. Grundlagen – Geschichte – Praxis, Kevelaer 2020.

Bangert, M., Mystik als Lebensform. Horizonte christlicher Spiritualität, Münster 2003.

Bianchi, E., Dich finden in deinem Wort. Die geistliche Schriftlesung, Freiburg 1988.

Brief von Papst Johannes Paul II. an die Künstler, Vatikanstadt 1999.

Bunge, G., Akedia. Die geistliche Lehre des Evagrios Pontikos vom Überdruß, Würzburg ⁴1995.

Dienberg, Th., Mit dem Pilgerstab durchs Leben, Würzburg 2022 (Franziskanische Akzente, Bd. 33).

Dorst, B., Resilienz. Seelische Widerstandskräfte stärken, Ostfildern 2015.

Eckert, S., Demut. Was uns gelassener leben lässt, Frankfurt 2015.

Friedmann, E., Die Bibel beten. Die Lectio divina heute, Münsterschwarzach 1995.

„Geh deinen Weg vor mir..." (Gen 17,1). Geistliche Begleitung und Wegbegleitung, hrsg. v. Th. Dienberg, Münster 2020.

Geistliche Trockenheit. Empirisch, theologisch, in der Begleitung, hrsg. v. A. Büssing, Th. Dienberg, Münster 2019.

Grün, A., Dufner, M., Gesundheit als geistliche Gesundheit Münsterschwarzach 1987 (Münsterschwarzacher Kleinschriften, Bd. 57).

Gottes Unverfügbarkeit und die Dunkle Nacht. Vom Umgang mit der geistlichen Trockenheit, hrsg. v. A. Büssing, Th. Dienberg, Regensburg 2021.

Grundkurs Spiritualität, hrsg. v. Institut für Spiritualität Münster, Stuttgart 2000.

Hense, E., Freundschaft und Liebe. Irdisch und Himmlisch, Stuttgart 2003.

Hense, E., Frühchristliche Profilierungen der Spiritualität. Unterscheidung der Geister in ausgewählten Schriften, Münster 2010, 145 (Theologie der Spiritualität, Bd. 2).

Höhn, H.-J., Essays über Identität und Heimat, Würzburg 2018.

Keul, H., Verwundbar sein. Vulnerabilität und die Kostbarkeit des Lebens, Ostfildern 2021.

Körner, R., Geistlich leben. Von der christlichen Art Mensch zu sein, Leipzig ²1997.

Macht und Kirche, hrsg. v. V. Dessoy, U. Hahmann, G. Lames, Würzburg 2021.

Marina Abramovic. Jenes Selbst / Unser Selbst, Ausstellungskatalog Kunsthalle Tübingen, Köln 2021.

Rahner, K., Gebete des Lebens, Freiburg ³1988.

Rahner, K., Von der Not und dem Segen des Gebetes, Freiburg ⁷1965.

Schneider, M., Das neue Leben. Geistliche Erfahrungen und Wegweisungen, Freiburg u. a. 1991.

Sill, B., Rauchalles, R., Die Kunst des Sterbens, Regensburg 2001.

Spiritualität der Zukunft, hrsg. v. Rötting/Chr. Hackbarth-Johnson, St. Ottilien 2018.

Spiritualität@Digitalität. Spirituell-theologische Wahrnehmungen der digitalen Medien, Dokumentation der Jahrestagung der AGTS vom 20.-22. September 2018 in Würzburg, hrsg. v. A. Findl-Ludescher, M. Rosenberger, Online-Publikation 2018 (Studien zur Theologie der Spiritualität, Bd. 3).

Wiesel, E., Alle Flüsse fliessen ins Meer, Hamburg 1995.

Wolf, N., Sr. E. Rosanna, Die Kunst, Menschen zu führen, Reinbek [4]2008, 30f.

Zeit ohne Ewigkeit. Lebensgefühl und Last des gehetzten Menschen, Ostfildern [2]2018.

Fußnoten

[1] Leppin, 9.
[2] Thomas von Celano, Zweite Lebensbeschreibung, in: Franziskus-Quellen, 289-421, 357.
[3] Erläuterungen und Erklärungen zu diesen und auch anderen Schulen der Spiritualität sind in den Literaturangaben von McGinn und Ruh in der Literatur zu finden.
[4] Dienberg, Th., Theologie der Spiritualität, in: Spiritualität, 43-63, 43.
[5] Mechthild von Magdeburg, in: Quellen geistlichen Lebens, Bd. 2: Das Mittelalter, 149.
[6] Edith Stein, Sancta Discretio, in: Edith Stein Gesamtausgabe, 114-117, 117.
[7] Vgl. Grün, Dufner.
[8] Johannes Cassian, zitiert nach Hense, Freundschaft, 15.
[9] Vgl. Dienberg, Th., Welt im Zwiespalt – Gedanken zu einer „gesunden Spiritualität", in: Gottes Unverfügbarkeit, 11-35.
[10] Franziskus von Assisi, Nicht-Bullierte Regel, in: Franziskus-Quellen, 69-93, 76.
[11] Weisungen der Väter, Nr. 111, 46f.
[12] Vgl. Dienberg, Th., Unerschrocken. Mit dem Glauben durch angstvolle Zeiten, Stuttgart 2017.
[13] Johannes Tauler, zitiert nach: Zekorn, S., Gelassenheit und Einkehr. Zu Grundlage und Gestalt geistlichen Lebens bei Johannes Tauler, Würzburg 1993, 84 (Studien zur systematischen und spirituellen Theologie, Bd. 10).
[134] Schülli, E., Wie gelebt - so gestorben. Erfahrungen eines Krankenseelsorgers, Münster 2002, 51f.
[15] Vgl. Dienberg, Th., Von der Ars moriendi und der Ars resurrectionis – gelebte Spiritualität in ungewisser Gewissheit, in: Wort und Antwort 57 (2016) 51-78.
[16] Wolfgang Amadeus Mozart, zitiert nach: Sill, 20.
[17] Thomas von Celano, Erste Lebensbeschreibung oder Vita des hl. Franziskus, in: Franziskus-Quellen, 195-282, 262.

18 Franziskus von Assisi, Sonnengesang, in: Ebd., 40f., 41.
19 Thomas von Celano, Erste Lebensbeschreibung, a. a. O., 266f.
20 Der Heiligsprechungsprozess der heiligen Klara 3, 74, in: Die Schriften, 115-139.
21 Kreidler-Kos, M., Lebensmutig. Klara von Assisi und ihre Gefährtinnen, Würzburg 2015, 72 (Franziskanische Akzente, Bd. 5).
22 Evagrios Pontikos, zitiert nach: Bunge, 61.
23 Metz, J. B., Gebet in der Geschichte, in: Metz, J., Rahner, K., B., Ermutigung zum Gebet, Freiburg 1977, 9-39, 17.
24 Vgl. Weismayer, 84-92.
25 Brief von Guigo dem Kartäuser an Gervasius über das kontemplative Leben, in: Bianchi, 105f.
26 Ebd., 106f.
27 Ebd., 109f.
28 Ebd., 119.
29 Franz von Sales, Philothea. Anleitung zum frommen Leben, in: Deutsche Ausgabe, Bd. 1, 78.
30 Vgl. Sudbrack, J., Kontemplation - Andacht zur Wirklichkeit. Zu einer aktuellen Thematik, in: GuL 73 (2000) 431-441.
31 Klara von Assisi, Vierter Brief an Agnes von Prag, in: Die Schriften, 30-33, 39f.
32 Vgl. Bangert.
33 Therese: Selbstbiographische Schriften 219f.
34 Franz von Sales, a. a. O., 40.
35 Vgl. Brief von Papst Johannes Paul.
36 Abramovic, 394f.
37 Marina Abramovic, in: Jenes Selbst / Unser Selbst, 32.
38 Wiesel, 117-119.
39 Brief von Papst Johannes Paul II., 36.
40 Zitiert nach: Zerfaß, R., Lebensnerv Caritas. Helfer brauchen Rückhalt, Freiburg 1992, 58f.
41 Weisung der Väter, Nr. 109, 46.
42 Die Regel des hl. Benedikt, 108f.
43 Delbrel, M., Wir Nachbarn, 265.
44 Madeleine Delbrel, zitiert nach: Annette Schleinzer, Die Liebe ist unsere einzige Aufgabe. Das Lebenszeugnis von Madeleine Delbrel, Ostfildern 1994, 145.
45 Nelly Sachs, Wenn Propheten einbrächen, zitiert nach: Psalmen vom Expressionismus bis zur Gegenwart, hrsg. v. P. K. Kurz, Freiburg, Basel, Wien 1978, 71f.
46 Franziskus von Assisi, Sonnengesang, in: Franziskus-Quellen, 41.

[47] Papst Franziskus, 220.
[48] Papst Franziskus, 75.
[49] Papst Franziskus, 218.
[50] Bonaventura, Legenda Maior – das große Franziskusleben, in: Franziskus-Schriften, 686-778, 696.
[51] https://christians4future.org (Abruf: 04.01.2022)
[52] Vgl.: https://alphahistory.com/northernireland/community-peace-people-pledge-1976/ (Abruf: 19.01.2022)
[53] Heinrich Böll, in: Was halten Sie vom Christentum? 18 Antworten auf eine Umfrage, München 1957, 21-24.
[54] Halik, T., Theater für Engel. Das Leben als religiöses Experiment, Freiburg 2019, 18.
[55] Buber, M., Ich und Du, Gütersloh 1972, 36.
[56] Hense, E., Hense, M., Von Angesicht zu Angesicht. Spiritualität der Beziehungen, in: Grundkurs Spiritualität, 72-145, 74.
[57] Vgl. Wolf, 30f.
[58] Baumann, 162.
[59] Baumann, 198f.
[60] Vgl.: https://www.zukunftsinstitut.de
[61] Vgl. www.kapuziner.de
[62] Vgl. Rosenberger, M., Auf der Suche nach einer Kultivierung des digitalen Lebens. Spirituelle Überlegungen aus der Sicht der Moraltheologie, in: Spiritualität@Digitalität, 38-44.
[63] Vgl. Keul.
[64] Vgl. Höhn.
[65] Dorst, 15.
[66] Friedrich Emil Rittershaus: Die Heimat, in: https://gedichte.xbib.de/--84236_56480_44497_32476_61955--.htm (abgerufen: 18.01.2022)
[67] Zitiert nach: Hense, Freundschaft, 13.
[68] Delbrêl, Wir Nachbarn, 53.
[69] Zitiert nach: Hense, Freundschaft, 34.
[70] http://katholisch-informiert.ch/2016/04/17-november-1980-papst-johannes-paul-ii-in-fulda/ (abgerufen: 19.01.2022)
[71] Bonaventura, Legenda Major, a. a. O., 771.
[72] Körner, 24f.
[73] Vgl. Waaijman, Handbuch, Bd. 3, 316.
[74] Vgl. Merton, Th., Is the world a problem? Notre Dame Press 1968, 48.
[75] Rahner, Gebete, 91f.
[76] Franziskus von Assisi, Brief an alle Brüder oder den gesamten Orden, in: Franziskus-Schriften, 114-120, 117.

77 Bruder Ägidius von Assisi, Goldene Worte, in: Quellen geistlichen Lebens, Bd. 2: Das Mittelalter, 125-127, 127.
78 Eckert, 65f.
79 Weisungen der Väter, Nr. 7, 16.
80 Die Regel, 50.
81 May, Chr., Pilgern. Menschsein auf dem Weg, Würzburg 2004, 287 (Studien zur systematischen und spirituellen Theologie, 41).
82 Papst Franziskus, 2.
83 Rahner, Von der Not, 60-75.

Autor

Bruder Thomas Dienberg ist Kapuziner und Priester. Er lebt in Münster und ist an der ordenseigenen Hochschule als Professor für Spiritualität tätig. Dazu leitet er das Institut IUNCTUS, das Kompetenzzentrum für Christliche Spiritualität.